主　　编　孙晓勇　国家法官学院院长
　　　　　　　　　　最高人民法院司法案例研究院院长
副 主 编　胡田野　国家法官学院副院长
　　　　　　刘　畅　最高人民法院司法案例研究院规划部主任
主编助理　赵文轩　最高人民法院司法案例研究院规划部编辑
　　　　　　刘丽媛　最高人民法院司法案例研究院规划部编辑

《中国法院年度案例》编辑人员（按姓氏笔画）
王　锐　刘　畅　朱建伟　朱　琳　吴光荣　李晓果
李　谦　杨小利　胡　岩　赵文轩　唐世银　徐一楠
贾　停　曹海荣　梁　欣　程诗翰　程　瑛

本书编审人员　唐世银

中国法院2022年度案例

国家法官学院 最高人民法院司法案例研究院 / 编

民间借贷纠纷

中国法制出版社
CHINA LEGAL PUBLISHING HOUSE

《中国法院2022年度案例》通讯编辑名单

凌　巍　北京市高级人民法院
刘晓虹　北京市高级人民法院
董　扬　天津市高级人民法院
王　佳　河北省高级人民法院
刘冬梅　山西省高级人民法院
杨智勇　内蒙古自治区高级人民法院
周文政　辽宁省高级人民法院
张功岩　吉林省高级人民法院
孙学诗　黑龙江省高级人民法院
牛晨光　上海市高级人民法院
戴鲁霖　江苏省高级人民法院
缪　芳　江苏省高级人民法院
符东杰　江苏省南通市中级人民法院
周耀明　江苏省无锡市中级人民法院
杨　治　浙江省高级人民法院
蒋　莹　浙江省高级人民法院
吴　婧　安徽省高级人民法院
林文君　福建省高级人民法院
章光园　江西省高级人民法院
王露爽　山东省高级人民法院
郭宇凌　河南省高级人民法院
宋淼军　湖北省高级人民法院
杨晓彤　湖北省宜昌市中级人民法院
唐　竞　湖南省高级人民法院
谢佩宏　广东省高级人民法院
邹尚忠　广西壮族自治区高级人民法院
韦丹萍　广西壮族自治区高级人民法院
李周伟　海南省高级人民法院
谭中平　重庆市高级人民法院
任　梦　四川省高级人民法院
李丽玲　云南省高级人民法院
石　瑾　云南省昆明市中级人民法院
龙　媛　贵州省高级人民法院
施辉法　贵州省贵阳市中级人民法院
王丽萍　西藏自治区高级人民法院
郑亚非　陕西省高级人民法院
吴　莹　甘肃省高级人民法院
央　措　青海省高级人民法院
康　莹　宁夏回族自治区高级人民法院
马小菊　新疆维吾尔自治区高级人民法院
王　琼　新疆维吾尔自治区高级人民法院生产建设兵团分院

序

党的十八大以来，以习近平同志为核心的党中央高度重视法治在推进国家治理体系和治理能力现代化中的重要作用，党的十九届六中全会通过的《中共中央关于党的百年奋斗重大成就和历史经验的决议》指出，必须坚持中国特色社会主义法治道路，贯彻中国特色社会主义法治理论，坚持依法治国、依法执政、依法行政共同推进，坚持法治国家、法治政府、法治社会一体建设，全面增强全社会尊法学法守法用法意识和能力。人民法院始终坚持以习近平法治思想为指导，把加强司法案例研究作为推进全面依法治国的重要途径，通过发布具有普遍指导意义的典型案例，统一法律适用、提高审判质效，提升司法公信力，努力让人民群众在每一个司法案件中感受到公平正义。《中国法院年度案例》丛书，旨在总结提炼典型案例的裁判规则和裁判方法，发挥司法规范、指导、评价、引领的重要作用，大力弘扬社会主义核心价值观，增强全民法治意识和法治素养，展现新时代我国法治建设新成就。

《中国法院年度案例》丛书自2012年编辑出版以来，已连续出版11年，受到读者广泛好评。近年来，为更加全面地反映我国司法审判执行工作的发展进程，顺应审判执行实践需要，响应读者需求，丛书2014年度新增金融纠纷、行政纠纷、刑事案例3个分册，2015年度将刑事案例调整为刑法总则案例、刑法分则案例2个分册，2016年度新增知识产权纠纷分册，2017年度新增执行案例分册，2018年度将刑事案例扩充为4个分册。自2020年起，丛书由国家法官学院与最高人民法院司法案例研究院共同编辑，每年年初定期出版。在全国各级人民法院的大力支持下，丛书编委会现编辑出版《中国法院2022年度案例》系列丛书，共23册。为助力实施环境资源审判专门化的司法政策，推进生态文明建设与绿色发展，自今年起，丛书将土地纠纷（含林地纠纷）分册改为土地纠纷（含环境资源纠纷）分册。

《中国法院年度案例》丛书以开放务实的态度、简洁明快的风格，在编辑中坚持以下方法，努力把案例书籍变得“好读有用”：一是高度提炼案例内容，控制案例篇幅，每个案例基本在3000字以内；二是突出争议焦点，剔除无效信息，尽可能在有限的篇幅内为读者提供有效、有益的信息；三是注重对裁判文书的再加工，大多数案例由案件的主审法官撰写“法官后语”，高度提炼、总结案例的指导价值，力求引发读者思考，为司法工作提供借鉴，为法学研究提供启迪。

《中国法院年度案例》丛书编辑工作坚持以下原则：一是广泛选编案例。国家法官学院和最高人民法院司法案例研究院每年通过各高级人民法院从全国各地法院汇集上一年度审结的典型案例近万件，使该丛书有广泛的精选基础，优中选优，可提供给读者新近发生的全国各地多种类型的典型性案例。二是方便读者检索。为体现以读者为本的宗旨，丛书分卷细化，每卷下还将案例主要根据案由分类编排，每个案例用一句话概括裁判规则、裁判思路或焦点问题作为主标题，让读者一目了然，迅速找到目标案例。

中国法制出版社始终全力支持《中国法院年度案例》丛书的出版，给了作者和编辑们巨大的鼓励。2022年，丛书将继续提供数据库增值服务。购买本书，扫描前勒口二维码，即可在本年度免费查阅往年同类案例数据库。我们在此谨表谢忱，并希望通过共同努力，逐步完善，做得更好，真正探索出一条编辑案例书籍、挖掘案例价值的新路，更好地服务社会主义法治国家建设、服务法治社会建设、服务学习研究法律的读者。

《中国法院年度案例》丛书既是法官、检察官、律师等法律工作者的办案参考和司法人员培训的实用教材，也是社会大众学法用法的经典案例读本，同时是教学科研机构案例研究的良好系列素材。当然，案例作者和编辑在编写过程中也难以一步到位实现最初的编写愿望，客观上会存在各种不足甚至错误，欢迎读者批评指正。我们愿听取各方建议，不断扩宽深化司法案例研究领域，立足新发展阶段，实现中国特色司法案例研究事业的高质量发展。

国家法官学院

最高人民法院司法案例研究院

2022年1月

目　录

Contents

一、借贷关系认定

二、夫妻共同债务认定

四、债务偿还认定

五、利息与违约金认定

六、债权转让与债务承担

七、证据与时效

一、借贷关系认定

1

如何判断是否存在借贷合意

——初某诉李某民间借贷案

【案件基本信息】

1. 裁判书字号

山东省聊城市中级人民法院（2020）鲁15民终1048号民事判决书

2. 案由：民间借贷纠纷

3. 当事人

原告（上诉人）：初某

被告（被上诉人）：李某

【基本案情】

2011年6月12日，初某将现金1万元交付给李某，李某为初某出具收款条。2011年6月15日，李某将1万元存入农业公司，并取得农业公司出具的借据一份。借据中载明收到初某现金1万元，借入经办为李某。初某持收款条诉至法院，要求李某偿还借款1万元及利息。李某提出初某手中掌握着其他时间由农业公司出具的借据，初某对此予以认可。

【案件焦点】

初某与李某之间的民间借贷关系是否成立。

【法院裁判要旨】

山东省聊城市茌平区人民法院经审理认为：初某据以起诉的“借条”载明：“今收到　事由：初某存款1万元　月息1.5分　2011年6月12日　经手人：李某（姓名章）”，其实质为收款条，只能证实李某收到初某交付的1万元。至于两人之间是否存在借贷关系，需要结合其他证据予以确定。李某提交的借据内容为农业公司于2011年6月15日收到初某现金1万元，借款于2012年6月15日到期，借入经办为李某。该借据为农业公司对外出具的制式借据，其时间与初某提交的收款条时间相差不大，可以证明初某交付给李某的1万元存入了农业公司。同时，初某认可自身手中掌握时间在先的由农业公司出具的借据，该借据与本案借据高度类似，可以看出初某与李某之间存在不止一次钱款往来。综合分析来看，初某对其交给李某的款项存入了农业公司这一事实，应当知情或至少是认可的，即初某与李某之间不存在借贷合意，具有高度可能性。合法的民间借贷关系应当由双方的借贷合意及款项的实际交付共同构成。本案中，初某与李某之间不构成民间借贷关系。故初某持收款条要求李某偿还借款及利息的诉讼请求，没有事实和法律依据。

山东省聊城市茌平区人民法院依照《中华人民共和国民法总则》[①] 第一百四十三条，《最高人民法院关于适用〈中华人民共和国民事诉讼法〉的解释》[②] 第九十条规定，判决：

驳回初某的诉讼请求。

初某不服一审判决，提起上诉。

山东省聊城市中级人民法院经审理同意一审法院裁判意见，依照《中华人

---

① 《中华人民共和国民法典》于2021年1月1日起实施，《中华人民共和国合同法》《中华人民共和国民法总则》等同时废止。本书收录的部分案例裁判于《中华人民共和国民法典》生效前，适用的是当时有效的法律规定，下文将不再对此进行提示。

② 配合《中华人民共和国民法典》的施行，最高人民法院对大量司法解释进行了修正。本书收录的部分案例裁判于相关司法解释修正之前，适用的是当时有效的司法解释。下文将不再对此进行提示。

民共和国民事诉讼法》① 第一百六十九条、第一百七十条第一款第一项、第一百七十五条规定，判决：

驳回上诉，维持原判。

【法官后语】

自2015年9月1日《最高人民法院关于审理民间借贷案件适用法律若干问题的规定》实施以来，人民群众对民间借贷的认识有了显著提高，民间借贷案件的审理更加有序，民间借贷秩序逐渐规范。但是，在广大农村地区，仍然存在对借贷关系认识不清、借条不规范等情况。民间借贷关系的构成要件并不复杂。一是借贷合意，即款项交付的原因必须是双方认可的借贷行为，这也是民间借贷法律关系成立的首要前提。如双方存在认识偏差或一方对借贷合意提出异议，人民法院应当依据查明的案件事实，按照基础法律关系审理。二是款项交付，即双方应实际交付了合意中确定的金额，这是民间借贷法律关系成立的必要条件。如借款未实际交付或实际交付数额与借款凭证载明的不一致，人民法院应当按照实际交付情况认定法律关系成立与否、利息如何计算。

司法实践中，对借款是否实际交付及交付数额的审查，已经得到了普遍的遵循。但对借贷合意的审查，因具有一定的主观性，且没有统一标准，导致部分案件中“经手人”“介绍人”对非基于借贷合意的款项交付承担偿还责任。具体到本案中，初某持有收款条，李某对收到1万元亦没有异议。但李某提交了“借款”去向的证据，且能够证明初某对该款存入的资金融通公司知情。因此，一、二审法院均作出双方不存在借贷合意的认定。在审理民间借贷纠纷案件中，应当综合审查借贷合意和款项交付，一旦对任何一项内容存在疑问，应耐心谨慎，从严把握《最高人民法院关于适用〈中华人民共和国民事诉讼法〉的解释》第一百零八条第一款确定的高度可能性标准，准确适用法律，公正裁断案件。

编写人：山东省聊城市茌平区人民法院　张松

---

① 《中华人民共和国民事诉讼法》已于2021年12月24日修改，于2022年1月1日实施。本书收录案例均裁判于该法修改之前，适用的是当时有效的条文，下文将不再对此进行提示。

2

借贷合意的认定标准

——工程公司诉王某民间借贷案

【案件基本信息】

1. 裁判书字号

江苏省南通市中级人民法院（2020）民终字第 3341 号民事判决书

2. 案由：民间借贷纠纷

3. 当事人

原告（上诉人）：工程公司

被告（被上诉人）：王某

【基本案情】

王某所承包的项目部以建设集团名义承接工程项目，工程公司系建设集团的子公司，受建设集团委托对王某承包的项目部行使管理职能并收取管理费。2013 年 10 月 19 日至 2016 年 4 月 12 日，王某及其所承包项目部的会计虞某多次向工程公司预借工程款等款项，由工程公司以现金方式交付给王某和通过工程公司账户汇入王某名下的银行账户。2015 年 7 月 1 日，工程公司（作为事业部）与王某（作为项目部负责人）签订《精诚合作框架协议》一份。

【案件焦点】

1. 案涉法律关系主体和内容应当如何确定；2. 王某是否系案涉法律关系的主体、是否应当承担民事责任。

【法院裁判要旨】

江苏省启东市人民法院经审理认为：本案中，工程公司虽提供了与王某代表项目部签订的《精诚合作框架协议》、王某和虞某出具的领借款凭证及银行转账明细等证据，但并无证据证明双方之间有借款合意之存在。

首先，工程公司认为双方借贷关系成立的基础是 2015 年 7 月 1 日签订的《精诚合作框架协议》，但该协议系工程公司与王某承包的项目部签订的，而项目部又系建设集团根据工程项目设立的，故王某个人并非协议主体；其次，工程公司所主张的借款事实基本发生在《精诚合作框架协议》签订以前的 2013 年至 2015 年，与《精诚合作框架协议》之间并无关联；最后，案涉借款、还款和项目部承接工程项目的工程款均自工程公司的银行账户予以支出和收取，故工程公司、王某之间的经济往来属性法院无法界定。

江苏省启东市人民法院依照《最高人民法院关于审理民间借贷案件适用法律若干问题的规定》第二条规定，判决：

驳回工程公司的诉讼请求。

工程公司不服一审判决，提起上诉。

江苏省南通市中级人民法院经审理认为：工程公司提供《精诚合作框架协议》作为其与王某之间存在借贷关系的依据。王某抗辩该协议签订是在双方发生资金往来期间的后期，不足以作为认定双方关系的依据。其实，在上述协议中，工程公司的身份是建设集团的事业部，王某代表建设集团的项目部，故工程公司尽管具有法人资格，但在其所主张的法律关系中并不是作为独立法人，而是作为建设集团的一个分支机构与另一个分支机构即王某项目部之间进行资产流转。工程公司在本案中也陈述，王某项目部由该公司实施管理。就王某而言，其和虞某系代表项目部与工程公司进行往来，所实施行为法律后果不由其自行承担，工程公司对其提出诉讼请求缺乏法律依据。

江苏省南通市中级人民法院依照《中华人民共和国民事诉讼法》第一百七十条第一款第一项规定，判决：

驳回上诉，维持原判。

【法官后语】

民间借贷属于实践性民事法律行为。民间借贷法律关系的成立，除要有交付款项的事实外，双方当事人之间是否达成借贷合意亦是关键性审查要素。借贷合意是对民间借贷合同基础关系的认定，是区分此法律关系与彼法律关系的根本性问题。本案中，根据工程公司提供的领借款凭证、银行转账明细等证据，证明王某个人账户与工程公司账户之间有资金往来，还应审查双方当事人之间是否达成相应的借贷合意。

在合同类案件中，不能只从形式上作出判断，需要根据合同约定的双方当事人的权利义务来确定合同类型，考察其是否符合某类合同的核心特征，进而确定合同性质。本案的争议焦点即为双方的《精诚合作框架协议》性质究竟为何。首先，判断协议的性质要结合协议的内容和条款，不能只根据协议名称判断，在协议中约定项目部和事业部根据出资额进行利润分成，未约定借款的合意；其次，判断当事人是否是案涉法律关系的主体、是否应当承担民事责任，在《精诚合作框架协议》中，工程公司的身份是建设集团的事业部，王某代表建设集团的项目部，故工程公司尽管具有法人资格，但其所主张的法律关系中其并不是作为独立法人，而是作为建设集团的一个分支机构与另一个分支机构之间进行资产流转，故王某代表项目部与工程公司进行往来，所实施法律行为的法律后果非由其自行承担，王某个人并非协议主体；最后，可以判断非民间借贷法律关系，一审法院在审理中已经向工程公司进行释明，建议其变更诉讼请求，工程公司坚持以民间借贷法律关系进行诉讼，故法院驳回其诉请。

从本案可以看出，合同的名称对于合同的性质不产生必然影响，合同性质要通过合同内容、条款和法律规定得出结论。在民间借贷案件中，要综合考量借贷合意和款项交付的事实。

编写人：江苏省启东市人民法院　胡丹

3

借贷需要有双方合意，情侣之间没有借贷合意的特殊含义的款项往来无法认定为借贷关系

——潘某诉张某民间借贷案

【案件基本信息】

1. 裁判书字号

广西壮族自治区柳州市中级人民法院（2020）桂 02 民终 2648 号民事判决书

2. 案由：民间借贷纠纷

3. 当事人

原告（上诉人）：潘某

被告（被上诉人）：张某

【基本案情】

潘某、张某曾经为情侣关系，在恋爱期间，双方当事人互有微信转账记录，潘某从 2018 年 1 月至 2019 年 8 月陆续向张某微信转款共计 35142 元，金额从 500 元至 10000 元不等，且有两次“520 元”，一次“1314 元”的转账；张某于 2018 年 2 月、5 月、2019 年 10 月向潘某微信转款共计 5000 元。

【案件焦点】

本案转款的性质是否为借款。

【法院裁判要旨】

广西壮族自治区柳州市柳南区人民法院经审理认为：“民间借贷，是指自

然人、法人、其他组织之间及其相互之间进行资金融通的行为。”“出借人向人民法院起诉时，应当提供借据、收据、欠条等债权凭证以及其他能够证明借贷法律关系存在的证据。”本案中，双方当事人在恋爱期间互相有资金方面的往来，且有三笔“520元”“1314元”代表特殊含义的资金往来，对于潘某微信转款给张某的款项，潘某未能就此提交双方已达成借款合意的证据，故潘某主张其转款给张某的行为系借款行为，证据不充分，法院不予以支持。

广西壮族自治区柳州市柳南区人民法院依照《最高人民法院关于审理民间借贷案件适用法律若干问题的规定》第一条、第二条规定，判决：

驳回潘某的诉讼请求。

潘某不服一审判决，提起上诉。

广西壮族自治区柳州市中级人民法院经审理认为：潘某主张该款项为借款，张某则抗辩称该款项为情侣日常生活的开销、人情往来及潘某对张某的赠与。根据《最高人民法院关于适用〈中华人民共和国民事诉讼法〉的解释》第九十一条第一项规定：“主张法律关系存在的当事人，应当对产生该法律关系的基本事实承担举证证明责任。”现潘某主张其与张某存在民间借贷关系，除证明款项已经交付外，还应对双方存在借贷的合意承担举证责任。而对于双方借贷的合意，潘某仅提供其与张某的微信聊天记录截图予以证明，但从聊天记录的内容上看，并未出现明确涉及还款及借贷关系的表达，无法直接认定该2000元款项性质为还款。此外，从潘某提供的证据看，潘某向张某转款时间持续一年半，共计十几次，每次转款数额大小不等，转款中亦存在“520元”“1314元”“888元”等具有特殊含义的款项，且潘某从未向张某催收过款项，潘某主张以上款项均为借款不符合民间借贷的交易习惯及日常生活经验。综上所述，潘某未能完成双方存在借款合意的举证责任，应当承担举证不能的法律后果，一审法院对于款项性质认定正确，法院予以维持。

广西壮族自治区柳州市中级人民法院依照《中华人民共和国民事诉讼法》第一百七十条第一款第一项规定，判决：

驳回上诉，维持原判。

【法官后语】

随着当前经济的发展，可支配收入的增加，越来越多的情侣间会产生或多或少的经济往来，这一类型的民间借贷案件也如雨后春笋般出现，情侣这种特殊关系之下的经济往来是否均不能成立借贷关系，这个问题，需要在不同的案件中进行具体分析，本案主要看两个方面：第一，是否有借款的合意。民间借贷属于借款合同的一种，虽然是不要式合同，不要求书面形式，但是必须符合合同的成立、生效要件，而在这类案件中特别要看双方之间是否存在借款合意。根据《最高人民法院关于适用〈中华人民共和国民事诉讼法〉的解释》第九十一条第一项规定："主张法律关系存在的当事人，应当对产生该法律关系的基本事实承担举证证明责任。"原告对于双方之间达成借款合意负有举证责任，但在情侣这种特殊的关系中，原告举证是很困难的事情，双方之间一般都没有借条/借款合同，转账时一般也不会备注借款，也不会催还款，原告极容易处于不利的诉讼地位。第二，双方转账的金额。情侣之间常用特殊的转款金额来表达爱意，如"520""666""888""999""1314"等，本案中潘某转款也有多次为这种特殊数字，而从日常生活习惯看，这些特殊的数字都有特殊的含义，多为恋爱期间的示爱、祝福、赠与，很难认定为借款。对于某些不是特殊数字的转账要看金额的大小，如本案中的2000元需考虑是否为情侣之间共同生活支出，如为大额转账则张某对于该款项并非借款的主张亦承担举证责任。每个案件都具有特殊性，对案件的分析仍应立足于该案件的法律事实，以事实为依据，以法律为准绳。

在情侣关系中，如实在无法避免经济往来，转款时应当明确载明转款性质，如借款、还款、祝福等，让客观事实有再次呈现的载体，让法律事实更加无限接近于客观事实，这既是对自身合法权益的保护，亦是对感情的负责，更是对法律公平的维护。本案中，潘某提交的证据并不能证明自己的观点，且潘某的主张并不符合交易习惯和日常生活经验，故潘某的主张无法得到支持。

编写人：广西壮族自治区柳州市柳南区人民法院　覃珊珊

4

情谊行为中的财产纠纷问题

——张某诉肖某民间借贷案

【案件基本信息】

1. 裁判书字号

广西壮族自治区来宾市中级人民法院（2021）桂 13 民终第 55 号民事判决书

2. 案由：民间借贷纠纷

3. 当事人

原告（上诉人）：张某

被告（被上诉人）：肖某

【基本案情】

张某与肖某结识，2020 年 4 月，张某支付 304264 元钱给汽车公司购买小轿车一辆；支付 13000 元为该车购买了相关保险，轿车落户在肖某名下。轿车一直由肖某使用至今。2020 年 6 月 25 日，肖某向张某承诺："给我发个卡号，我分期转给你。"

【案件焦点】

1. 张某与肖某之间是一般情谊关系还是恋爱乃至稳定同居关系；2. 张某出钱买车，车登记在肖某名下的行为是借贷行为还是赠送行为。

【法院裁判要旨】

广西壮族自治区来宾市兴宾区人民法院经审理认为：张某转账行为均是在追求肖某的过程中自愿为肖某买车而向车行转款，是赠与行为，双方之间没有借贷合意及实际交付相关款项，不符合民间借贷的形式要件和实质要件，所以双方之间不存在民间借贷关系。

广西壮族自治区来宾市兴宾区人民法院依照《中华人民共和国民法通则》第九十条，《中华人民共和国民事诉讼法》第六十四条第一款，《最高人民法院关于民事诉讼证据的若干规定》第二条规定，判决：

驳回张某的诉讼请求。

张某不服一审判决，提起上诉。

广西壮族自治区来宾市中级人民法院经审理认为：张某凭借付款记录提起民间借贷诉讼，在肖某承认是为其买车及保险而发生的支付行为，且肖某有“分期转给你”的还款承诺。足以证实双方之间的民间借贷关系成立。但是双方之间未有关于利息方面的约定，所以张某请求肖某支付利息的请求没有依据，不应支持。肖某抗辩张某支付行为系恋爱交往中无条件赠与行为，未能提供相应证据予以证实，抗辩理由不能成立。

广西壮族自治区来宾市中级人民法院依照《中华人民共和国民事诉讼法》第一百七十条第一款第二项规定，判决：

一、撤销广西壮族自治区来宾市兴宾区人民法院民事判决；

二、肖某偿还张某的借款 317264 元；

三、驳回张某的其他诉讼请求。

【法官后语】

民法不调整恋爱、交往之间的私密领域，因为法有局限性，法律不干涉道德领域。但是如果在恋爱关系上出现了财产纠纷，就会出现法律干涉的可能性。从本案肖某提交的通话记录，张某向肖某发表达爱意的微信红包的记录来看，双方之间存在有一定的情谊关系。但这样的情谊关系并不必然导致一方向另一方交付钱款、物品都会被认定为无条件赠与行为。接收钱款、货物方主张或者抗辩相关行为属于赠与行为，仍需提交相关证据予以证实。

本案也不是男女之间“好意施惠”的情谊行为。男女之间的情谊行为与赠与行为是有异同的，二者虽然都属于“施惠”表达，但是情谊行为下的给付行为是一方为了表达向另一方增进感情的愿望，加强双方社会交往的道德上的行为。情谊行为没有意思表示中的效果意思，它不以追求发生民法上的效果为目的，仅是为增进感情、加强交往。而赠与行为属于民事法律责任行为，无偿赠与行为属于合同行为，无偿合同行为需要当事人双方的意思表示，有缔约的合意，能产生法律上的效果，如可能产生的撤销行为，因违反法律法规等强制性规定而导致无效的后果。

男女之间在结婚之前的交往关系，没有权利义务关系，无论哪一方提出不再交往，另一方都不能提出精神损害赔偿。婚姻关系中，除了双方的精神交流，还涉及家庭财产，后代抚养等问题。如果一方与其他人谈恋爱或者同居，婚姻中的另一方就可以作为无过错方请求对方予以赔偿。因为婚姻关系中双方负有“忠诚义务”。财产关系亦然。男女之间在没有成为婚姻家庭关系之前，在平时的交往活动中，发生的金钱或者物品的转移行为，一定要明确转移行为的性质，并运用合法工具进行固定。只有这样，双方发生财产纠纷寻求法律保护时，法院可以依据具体法律规定进行救济。本案中，张某支付钱款保留有转账凭证；交付给车行得到肖某的认可属于指示交付；肖某有向张某“分期付款”的偿还承诺，可以认定双方之间存在借贷行为。

编写人：广西壮族自治区来宾市中级人民法院　谢聪乐

5

恋爱期间转账的性质

——严某诉高某民间借贷案

【案件基本信息】

1. 裁判书字号

北京市第二中级人民法院（2020）京02民终10588号民事判决书

2. 案由：民间借贷纠纷

3. 当事人

原告（被上诉人）：严某

被告（上诉人）：高某

【基本案情】

2018年8月9日，严某与高某确立男女朋友关系。8月12日，严某通过微信向高某转账2000元，高某收款后当天向严某转回2000元，并表示“我跟朋友说了你的事，她就给我把钱收了”，严某未领取高某转回的2000元，表示“这点钱是我真心对你的一片心意，还望你能接收”；8月24日，严某通过微信向高某转账2000元，并表示“我现是想靠近你、表现自己对你的爱……以后你的事就是我的事，不管任何事情，我都会义无反顾为你去做的”；9月1日，严某通过微信向高某转账5000元，并表示“媳妇：这是给你的奖金”；9月24日，严某收到高某邮寄的月饼后通过微信向高某转账2000元，表示如果高某母亲不吃月饼就给家里打点钱过去；9月29日，高某在微信中表示“我自己看找别人能不能借点”，严某表示“没事，实在不行我从家里拿点钱吧”，高某“你都多大了，还找家里人拿，我自己找别人借看看有没有”，严某表示“不用，人家还我钱，我再补上就行了，你跟我说大概多少就行了”，高某表示“我明天问我朋友看看有没有，借一万多救急”，严某表示“那明天我给你打过去一万五够吗”，之后严某向高某转账5000元、1万元；11月1日，严某在微信中问“这两天该还房贷了吗”，高某表示“嗯，找朋友借了1万”，严某表示“为什么跟人家借呀，我不说我给你吗”，高某表示“你也要用钱啊”，严某表示“我现在用什么钱呀，现在只为你，还人家啊，明天我给你打过去啊”；11月2日，严某通过微信向高某转账1万元；11月22日，严某通过微信向高某转账2000元，表示恰逢感恩节和高某妹妹生日，让高某给妹妹、孩子们买点好吃的。

严某于2019年1月7日、1月28日、2月4日通过微信向高某转账5000元、2000元、1万元。之后二人分手。高某称2018年12月15日之后的微信聊天记录无法提交，严某也表示因手机损坏无法提交上述聊天记录。

2019 年 7 月 13 日，严某在与高某的微信中表示“当初我们是以搞对象的名义才接触的吧……但我们认识以后，一共见了三次面吧，一共给了你有五六万吧……钱必须得退我，至少一半”。

【案件焦点】

严某与高某之间转账的性质。

【法院裁判要旨】

北京市西城区人民法院经审理认为：严某与高某之间的微信转账发生在双方作为男女朋友相处期间，对每笔转账的性质应具体问题具体分析。

1. 针对 2018 年 12 月之前的转账，从双方在转款前后的聊天记录可以看出，2018 年 9 月 29 日严某向高某转账的 1.5 万元，系高某主动提到自己的用款需求后严某表示“实在不行我从家里拿点钱吧”，严某并无赠与钱款的意思表示，因此该笔 1.5 万元应认定为严某向高某出借的借款。

2. 2019 年之后的三笔转账，因高某无法提交相应的微信聊天记录证明款项的赠与性质，法院认为该三笔转账共计 1.7 万元应认定为借款为宜。

3. 针对其余转账，从双方微信聊天记录可以看出，均属于严某在恋爱期间出于自愿，主动向高某表达爱意和祝福的赠与，在赠与完成的情况下，严某无权要求返还。因此，法院确认严某向高某出借的金额为 3.2 万元。

4. 借贷双方未约定还款期限的，出借人可以催告借款人在合理期限内返还。根据严某与高某的微信聊天记录，二人分手后，严某曾于 2019 年 7 月 13 日向高某主张还款，因此法院确认 2019 年 11 月 26 日严某向高某催告还款的合理期限届满。

5. 高某至今仍未清偿借款，故严某有权主张高某偿还借款 3.2 万元并按照年利率 6%的标准支付自 2019 年 11 月 26 日起至实际清偿之日止的利息。因此，法院对严某的诉讼请求中合理部分予以支持，对超出上述部分不予支持。

综上，北京市西城区人民法院根据《中华人民共和国合同法》第一百八十五条、第一百九十六条、第二百零六条，《最高人民法院关于审理民间借贷案件适用法律若干问题的规定》第十七条、第二十九条第二款第一项，《最高人民法院关于适用〈中华人民共和国民事诉讼法〉的解释》第一百零九条规定，判决：

一、高某于本判决生效之日起十日内偿还严某借款本金 3.2 万元并支付利息；

二、驳回严某的其他诉讼请求。

高某不服一审判决，提起上诉。

北京市第二中级人民法院经审理认为：《最高人民法院关于审理民间借贷案件适用法律若干问题的规定》（2015 年）第十七条规定："原告仅依据金融机构的转账凭证提起民间借贷诉讼，被告抗辩转账系偿还双方之前借款或其他债务，被告应当对其主张提供证据证明。被告提供相应证据证明其主张后，原告仍应就借贷关系的成立承担举证证明责任"。

本案中，严某于 2018 年 9 月 29 日、2019 年 1 月 7 日、1 月 28 日、2 月 4 日分别通过微信向高某转账 15000 元、5000 元、2000 元、10000 元。严某据此主张上述款项均系其向高某的借款。高某则主张上述款项均系严某的赠与，应由高某对此负举证证明责任。《最高人民法院关于适用〈中华人民共和国民事诉讼法〉的解释》第一百零九条规定："当事人对欺诈、胁迫、恶意串通事实的证明，以及对口头遗嘱或者赠与事实的证明，人民法院确信该待证事实存在的可能性能够排除合理怀疑的，应当认定该事实存在"。涉及 2018 年 9 月 29 日转账的相关微信内容中并无严某向高某赠与钱款的意思表示，2019 年之后的三笔转账，高某亦未提交相应的微信聊天记录等证据证明款项为赠与性质。高某未就上述款项性质系赠与尽到举证证明责任，故一审法院认为上述转账共计 3.2 万元应认定为借款是正确的。

综上所述，高某的上诉请求不能成立，应予驳回。一审判决认定事实清楚、适用法律正确，应予维持。北京市第二中级人民法院依照《中华人民共和国民事诉讼法》第一百七十条第一款第一项规定，判决：

驳回上诉，维持原判。

【法官后语】

恋爱期间，男女双方互相间的财务往来比较常见，或是表达爱意，或是共同承担生活开销，或是资金拆借，但即使是借款，也因感情因素，基于彼此之间的信任或者出于面子，鲜有出具正式的借条或者借款合同的情况。然而一旦情感生变，财产纠纷也会随之爆发。

由于《最高人民法院关于审理民间借贷案件适用法律若干问题的规定》（2020 年）第十五条对出借人的举证标准有所放宽，所以近年来选择以民间借贷为由起诉的案件越来越多。一般而言，情侣之间的民间借贷纠纷具有如下特点：1. 诉讼标的相对较小；2. 对借款事实争议较大；3. 多数未约定利息、还款期限。由于情侣间的借贷与赠与的认定常常会存在模糊性，因此应当综合考虑转账金额、转账双方的经济能力、转账双方的具体关系及首先提出用款需求的是哪一方等多种因素予以考虑。一般而言，对于金额不大的转账，或者具有特殊含义如“520”“1314”等金额转账，一般会认定为赠与；对于数额较大的转账，一般会结合双方经济能力、消费习惯、生活需求等多种因素综合予以判断。

本案中，高某表示，严某为追求自己，向其转过“520 元”“1314 元”“666 元”“2019 元”之类含有特殊寓意的款项，也转过其他金额的款项，都是严某主动赠与高某的。严某自己也表示上述特殊金额的转账已经作为对高某的赠与主动放弃了，并不在本案主张的借款之中。严某表示本案中双方当事人的相处模式不同于其他恋人，双方自 2018 年 8 月经人介绍相识至 2019 年分手仅见了三次面，其余时间均为微信聊天，高某甚至不告知严某其真实姓名，更无其他共同生活支出的情况，高某在向严某倾诉经济紧张后短短数月收到严某几万元款项，此种情形下的转账不应直接推定为赠与。

《最高人民法院关于审理民间借贷案件适用法律若干问题的规定》（2020 年）第十五条规定：“原告仅依据金融机构的转账凭证提起民间借贷诉讼，被告抗辩转账系偿还双方之前借款或其他债务的，被告应当对其主张提供证据证明。被告提供相应证据证明其主张后，原告仍应就借贷关系的成立承担举证证明责任”。《最高人民法院关于适用〈中华人民共和国民事诉讼法〉的解释》第一百零九条规定：“当事人对欺诈、胁迫、恶意串通事实的证明，以及对口头遗嘱或者赠与事实的证明，人民法院确信该待证事实存在的可能性能够排除合理怀疑的，应当认定该事实存在”。结合本案的具体情况，法院认为高某对2018年9月29日及2019年之后的三笔转账的性质尚未尽到相应程度的举证证明责任，因此应对上述款项承担还款责任。

民事活动应遵循公平、合理、诚信的原则，恋爱关系是成年男女在社会交往中一种特殊的情感关系，也是一种民事活动，同样要遵循民事活动的基本准则。

编写人：北京市西城区人民法院 李蕾

6

微信转账中民间借贷关系的认定

——杨某诉郭某民间借贷案

【案件基本信息】

1. 裁判书字号

湖北省咸宁市中级人民法院（2020）鄂12民终1059号民事判决书

2. 案由：民间借贷纠纷

3. 当事人

原告（上诉人）：杨某

被告（被上诉人）：郭某

【基本案情】

杨某在广东省湛江市务工，从2019年7月开始，杨某经常在微信上与“倾城之恋”“等待”“一个人的黑夜”“一个人也要好好的!”等微信号聊天，双方言语亲昵，常有小额转账往来。

【案件焦点】

杨某、郭某之间是否存在民间借贷关系。

【法院裁判要旨】

湖北省嘉鱼县人民法院经审理认为：民间借贷，是指自然人、法人、其他组织之间及其相互之间进行资金融通的行为。民间借贷合同属于实践性合同，需要借款人和贷款人之间存在借贷的合意，且贷款人实际向借款人支付了借款。本案中，杨某要求郭某偿还借款 65200 元缺乏充分的证据支持，法院不予支持，理由为：其一，杨某并未提供郭某出具的借据、收据、欠条等债权凭证，仅提供了杨某与“倾城之恋”“等待”“一个人的黑夜”“一个人也要好好的!”等微信号的聊天转账记录及杨某向支付宝账号“遇见”的转账记录，对于前述微信号、支付宝账号的真实身份以及与郭某之间的关系，杨某并未举证证明，故根据杨某所举证据不足以认定杨某与郭某之间存在借贷关系，杨某应承担举证不能的后果。其二，在杨某与“倾城之恋”“等待”“一个人的黑夜”“一个人也要好好的!”等微信号的聊天记录中，双方言语亲昵，超越了普通朋友关系，同时，杨某向微信号“倾城之恋”“等待”、支付宝账号“遇见”的多次转账均为小额转账，单笔转账金额多数不超过 2000 元，且转账时多数缺乏明确的借贷合意，在此情形下，难以判断杨某的转账是出于男女交往目的赠与还是出于借贷目的。

湖北省嘉鱼县人民法院依照《中华人民共和国合同法》第一百九十六条，《最高人民法院关于审理民间借贷案件适用法律若干问题的规定》第二条，《中华人民共和国民事诉讼法》第六十四条第一款、第一百四十四条和《最高人民法院关于适用〈中华人民共和国民事诉讼法〉的解释》第九十条规定，判决：

驳回杨某的诉讼请求。

杨某不服一审判决，提起上诉。

湖北省咸宁市中级人民法院经审理同意一审法院裁判意见，依照《中华人民共和国民事诉讼法》第一百七十条第一款第一项规定，判决：

驳回上诉，维持原判。

【法官后语】

随着社会科技的发展，传统民间借贷形式也发生了新的变化，出现了微信转账、移动支付、电子付款等新的交易给付形式，这对法官审理民间借贷案件提出了更高的要求，但不论交易形式如何变化，法官都应该严格按照法律规定，从借贷发生的原因、借贷双方关系、双方有无借贷合意、款项交付方式、当事人经济状况、借贷金额大小以及交易习惯等多方面对是否产生借贷关系进行综合认定，维护当事人的合法权益。

1. 基于情侣、恋人、订婚男女或其他特殊两性关系，为了表达爱意和联络感情的小额给付或者特殊金额支付，如“52”“520”“1314”等，在无其他证据佐证的情况下，根据生活经验可认定为无偿赠与，一般不宜认定为民间借贷。在两性关系结束时，赠与方要求返还，人民法院一般不予支持。

2. 小额的微信转账，其金额不超过日常生活所需、一般消费以及情侣金钱往来的限度，在无证据证明双方存在借贷关系合意的情形下，一般不宜认定为民间借贷。

3. 法院在审理民事案件中，亦应注意保护公共秩序和善良风俗，对于不正当男女关系中的相互转账，应严格按照法律规定的借贷关系各要素进行判断，在缺少借贷关系要素的情形下，一般不宜认定为民间借贷。

4. 通过微信转账的借款，如双方并未出具债权凭证，则应从微信聊天记录等记载的信息中去判断双方是否存在借贷关系合意，并按照“谁主张，谁举证”的民事诉讼基本原则来判定。

编写人：湖北省咸宁市嘉鱼县人民法院　黄纯贺

7

民间借贷关系成立的债权凭证认定以及交易习惯之应用

——林某诉朱某民间借贷案

【案件基本信息】

1. 裁判书字号

福建省宁德市中级人民法院（2020）闽 09 民终 940 号民事判决书

2. 案由：民间借贷纠纷

3. 当事人

原告（上诉人）：林某

被告（被上诉人）：朱某

【基本案情】

2014 年 8 月 25 日，朱某向林某借款 30 万元并向其出具借条，同日，林某通过其妻子吴某账户依约向朱某转账 20 万元，并以现金方式向朱某给付剩余借款 10 万元。2016 年 12 月 16 日，朱某向林某出具借条，载明其于 2014 年 8 月 25 日向林某借款 30 万元未偿还的事实，并约定该笔借款以月利率 2% 计付利息，利息已给付至 2015 年 6 月。借款后朱某未全面履行还本付息义务，林某遂诉至法院。

【案件焦点】

林某与朱某关于案涉另 10 万元借贷关系是否成立。

【法院裁判要旨】

福建省福鼎市人民法院经审理认为：林某与朱某之间的借款关系合法有效，

应受法律保护。朱某未按约还款，应承担相应的违约责任，林某主张自2015年7月起以30万元为基数按月利率2%计付利息，法院予以支持。关于朱某是否向林某借款10万元的问题，林某提供的收据上所载收款事由“借人民币10万元”无法体现该笔款项系朱某同林某间借款，且林某提供的建行转账记录无法证实该笔款项系转入朱某指定的他人账户，综合林某提供的收据及银行转账记录，无法证实案涉款项10万元的性质为借款，故对林某提出的要求朱某偿还借款10万元的主张，法院不予支持。

福建省福鼎市人民法院依照《中华人民共和国合同法》第二百零六条、第二百零七条，《最高人民法院关于审理民间借贷案件适用法律若干问题的规定》第二十九条第一款及《中华人民共和国民事诉讼法》第六十四条第一款规定，判决：

一、朱某应于本判决生效之日起十日内偿还林某借款30万元及利息（自2015年7月起至借款还清之日止以本金30万元为基数按月利率2%计算）；

二、驳回林某的其他诉讼请求。

林某不服一审判决，提起上诉。

福建省宁德市中级人民法院经审理认为：林某在一审提供的收据虽然载有朱某签名，但该签名落款在经办处，日期亦载明在入账日期处，双方对收据上收款事由无法明确，且该收据并未载有债权人姓名，不符合一般借条形式。林某主张涉案10万元款项的当日分两笔转账也并未汇入朱某账户，难以认定两笔款项是按照朱某的要求打入指定账户。根据“谁主张，谁举证”的证据规则，林某提供的证据不足以证明其与朱某关于案涉10万元借贷关系成立，对其上诉请求法院不予支持。一审判决认定事实清楚，适用法律正确，判决结果适当，应予维持。

福建省宁德市中级人民法院依照《中华人民共和国民事诉讼法》第一百七十条第一款第一项规定，判决：

驳回上诉，维持原判。

【法官后语】

本案是一起民间借贷纠纷案件，在借贷关系成立的债权凭证认定以及交易习惯的适用方面具有一定典型性，值得探讨。

认定民间借贷关系成立，需结合当事人提供的债权凭证、借款给付方式等证据予以综合判断。实践过程中，因借款给付方式大多可以根据转账凭证、收款凭证等客观书证或结合借款金额之大小、当事人给付能力等因素予以考量认定，故多数情况下，关于借款给付方式的认定并非司法裁判过程中的难点问题。债权凭证作为双方当事人存有借贷合意之意思表示的物化载体，其在民间借贷司法审判中法效意思的认定方面具有重大意义，故债权凭证的认定往往成为当事人存有争议之重点所在。民间借贷行为系对正规金融方式的一种补充，其主要源于“熟人社会”并以交易双方之信赖为基础，故相较于其他商事交易行为，民间借贷行为具有突出的简便性、随意性特征，因此当事人间签订的债权凭证形式各异。民间借贷关系成立，应以双方当事人间存在借贷合意为前提，债权凭证作为当事人间存有借贷合意之证据，经过长时间的发展，已形成一般性且为社会大众普遍认可的要素范式，如债权凭证上应当载明借贷双方当事人、借款金额、借款日期等信息，并符合经济人的一般理解，即债权凭证需符合一般形式与交易习惯。本案中，当事人所提供的借款凭证系载于《收据》上，且另一方当事人系于《收据》经办人处签名，时间亦是落款于入账日期处，不符合债权凭证的一般形式，亦不符合经济人的常识认知，故在持有债权凭证一方当事人无法对此作出合理解释或未能提供其他相关证据予以补强证实借贷关系成立的情况下，持有债权凭证一方当事人应承担举证不利后果。

所谓“交易习惯”，系指经过长期反复实践形成的，在某一领域、某一行业或某一经济流转关系中普遍采用的、法律未作规定的习惯作法或方法。交易习惯作为一种事实习惯，它不以国家认可为前提，其产生的基础系源于社会大众对“普适性规范”的熟悉与信赖，其具备一定民意基础与民意因素。民间借贷纠纷中，除债权凭证的认定需结合习惯外，就债务清算方式、债权人推定等问题，在双方均未能举证证明情况下，法院亦应主动结合交易习惯即日常生活经验法则予以认定或分配各方举证责任，以此保障司法裁判的公平性。

编写人：福建省福鼎市人民法院　周冬冬

8

村主任依据村委出具的借条提起民间借贷诉讼情形下借贷事实是否成立的正确认定

——周某诉薛家村委民间借贷案

【案件基本信息】

1. 裁判书字号

山东省淄博市中级人民法院（2020）鲁03民终2262号民事判决书

2. 案由：民间借贷纠纷

3. 当事人

原告（被上诉人）：周某

被告（上诉人）：薛家村委

【基本案情】

薛家村委的记账明细载明：2011年4月周某担任薛家村委主任前，薛家村委尚有余款241005.03元，周某担任薛家村委主任后，至2011年年底薛家村委负债534657.1元，至2012年5月1日薛家村委负债1411174.5元，为了平账并补足占地补偿25万元亏空，周某在2012年5月28日出具了1161174.5元的借条，使薛家村委的账目在2012年5月底平账后外欠款为零。由周某出具虚假借条、单据的村委平账行为在2012年年底、2013年3月、2014年12月底多次发生，2012 年 12 月 1 日薛家村委负债 220477.4 元，为平账周某出具虚假垫支 220477.4 元；2013 年 3 月 1 日薛家村委负债 200397.92 元，为平账周某出具虚假借条 247652.58 元，村委结余 47254.66 元，接着冲 2013 年 3 月 1 日 7 号凭证 47254.66 元；2013 年 4 月 30 日村委负债 239714.58 元，为平账周某出具虚假垫支 286969.24 元，村委结余 47254.66 元；至 2014 年 12 月 31 日周某担任村委主任换届时的外欠款为 742568 元，对周某在任期间的村委欠款作换届交接余额欠款的账目处理，使薛家村委平账后外欠为零。

周某以其在担任薛家村委主任期间为修路、村务开支、道路绿化等事项垫付资金共 1161174.5 元为由，以薛家村委 2012 年 5 月 28 日为其出具的收款凭证（借条）作为证据向法院提起民间借贷诉讼，要求薛家村委返还垫付款 1161174.5 元并支付利息 10 万元。但其在诉讼中未提交其实际支付薛家村委 1161174.5 元的证据，也未提交该资金来源、现金流水等证据。

【案件焦点】

周某与薛家村委之间的借贷事实是否存在。

【法院裁判要旨】

山东省淄博市临淄区人民法院经审理认为：法律关系是依据法律而产生的社会关系，是在本源性社会关系的基础上产生的调整性社会关系，故诉讼过程中应当根据主体、客体、内容对案由予以认定。在收款凭证“收款事由”栏中明确记载为“借现金”，该涉案纠纷当为民间借贷关系。薛家村委向周某借款本金为 1161174.5 元，有薛家村委为周某出具的收款凭证、记账凭证为证，借款事实客观真实存在。周某要求薛家村委支付借款本金 1161174.5 元，应予支持。薛家村委主张仅凭收款凭证和记账凭证不能证实借款事实的真实发生，应附三本会计记账凭证予以佐证的抗辩，根据证据规则，会计记账凭证记载的是薛家村委的财务流水，可以自行提供，此项抗辩的举证责任在薛家村委，不予采纳。周某主张利息为 10 万元（2012 年 5 月 28 日起算至 2019 年 8 月 28 日，按照银行同期贷款利率计算只主张 10 万元），因系未约定履行期限约定利息之债，应当从周某主张权利且给予薛家村委合理宽限期后开始计算，周某未能完成此项请求的举证责任，不予支持。

综上所述，山东省淄博市临淄区人民法院依据《中华人民共和国民法通则》第一百零八条，《中华人民共和国民事诉讼法》第六十四条规定，判决：

一、薛家村委返还周某垫付款 1161174.5 元，于判决生效后十日内予以支付。

二、驳回周某的其他诉讼请求。

薛家村委不服一审判决，提起上诉。

山东省淄博市中级人民法院经审理认为：根据查明的事实，周某于 2012 年 5 月 28 日向薛家村委出具的 1161174.5 元借条（收款凭证），仅是其时任村委主任期间出现大量外债为外欠款平账而书写的借条，该借款并未真实发生，也未实际给付，与该期间的各项账目支出不存在对应关系，周某亦未能举证证明其合法的资金来源，该借款行为系以虚假借条的形式进行账目平账，本身已违反法律规定，并没有发生真实的现金或者转账流水，现周某又以该借条主张薛家村委还款，于法无据，不予支持。周某不仅在 2012 年 5 月 28 日向村财务出具借条平账所欠债务，还于 2012 年年底、2013 年 3 月、2014 年 12 月底多次以借条形式平账，至 2014 年 12 月 31 日周某担任村委主任换届时，薛家村委的外欠款为 742568 元，薛家村委对周某在任期间的村委欠款作换届交接余额欠款的账目处理。一审未查明案涉借条是否真实及借款资金来源，认定事实错误，依法予以纠正。

综上所述，薛家村委的上诉请求成立，予以支持。山东省淄博市中级人民法院依照《中华人民共和国民事诉讼法》第一百七十条第一款第二项规定，判决：

一、撤销山东省淄博市临淄区人民法院民事判决；

二、驳回周某的诉讼请求。

【法官后语】

本案涉及的主要问题在于，在村主任依据村委出具的借条提起民间借贷诉讼的情形下，对于双方借贷事实是否成立应如何正确认定。

随着经济社会的不断发展，民间借贷行为层出不穷，由此也引发了大量的民间借贷诉讼案件。对于民间借贷诉讼来说，最基本的法律关系就在于双方的借贷关系。为此《最高人民法院关于审理民间借贷案件适用法律若干问题的规定》第二条第一款明确规定：“出借人向人民法院提起民间借贷诉讼时，应当提供借据、收据、欠条等债权凭证以及其他能够证明借贷法律关系存在的证据。”而在审判实务中，出借人作为原告提起民间借贷诉讼的，一般也会提供借条、收据、借款合同等证据来证明双方存在借贷法律关系。在被告无法提供有效证据推翻条、收据、借款合同等证明借贷关系存在的证据的情况下，人民法院依法对双方存在借贷关系予以确认。

不过从本案所反映出的情况来看，对于民间借贷诉讼而言，不容忽视的一个问题则在于对借贷事实是否真实存在的审查。从逻辑上来讲，存在借贷关系的前提是存在借贷事实，如果不存在借贷事实，那么就不能认定存在借贷关系。然而实践中不乏像本案这样原告提供了形式上的借条等能够证明借贷关系存在的证据，但实际却并不存在真实借贷事实的情况。这种情况无疑增大了法院审查的难度，这就需要法院在审理案件时结合各方面情况进行综合审查判断。本案系村主任依据村委出具的借条提起的民间借贷诉讼，这种情形下的民间借贷诉讼并不鲜见，且在这类案件中被告即村委一方通常都会对借贷事实予以否认。在这种情形下，即使原告提供了借条等借款凭证，也应当对借贷事实是否存在予以审慎对待。因为这种民间借贷诉讼往往都是村主任在卸任后持村委盖章的借条向村委主张偿还借款，而实践中因村主任在任时掌握村委公章，其加盖公章具有天然的便利性，因此仅凭村委盖章的借条并不能直接认定借贷事实存在。而即便是像本案这样，周某除提供了村委盖章的借条外还提供了村民会议纪要和记账本，在周某未能提供其转账记录和资金来源等证据的情况下，对于借贷事实存在的问题亦不能轻易认定。故对此在审查时应严格按照《最高人民法院关于审理民间借贷案件适用法律若干问题的规定》（2020年）第十五条第二款的规定进行。尤其是对于村主任起诉村委要求偿还明显不合理的大额借款时，必须要考察原告的资金来源和如何支付等情况；并且考虑到目前实践中村级账务一般都由乡镇或街道办事处进行代管，人民法院在审理此类案件时还应当依职权到被告所在的乡镇或街道办事处调取其相关财务资料以核实借贷事实是否真实存在。本案就极为典型。本案一审中双方当事人对涉案借条是否真实及借款资金来源争议非常大，尤其是周某从2011年4月开始任薛家村委主任，至其所称债务形成时间2012年5月仅一年多的时间，涉案款项高达116万余元，如果真的是周某每月为村委垫付高达10万元，其是否有这么大的垫付能力，有无相应银行支付凭证，对此一审均未查明。一审判决依据的是周某提交的2012年5月28日借条即农村财务专用收款凭证，该凭证虽然加盖了薛家村委公章，但没有负责人、管理人签字，周某陈述该凭证系会计李某书写，村委提交了与该凭证同一天出具的凭证能够证明2012年5月28日该村会计是张某而不是李某，李某出具的证言是虚假的，其未出庭作证，不能作为认定事实的依据。关于2012年5月28日的村民会议纪要，村委申请了部分村民代表出庭作证，证明并未参加过该会议，不知道周某垫款的事情，该会议纪要是伪造的。三本账本中的垫支款中的部分票据，付款人是薛家村委并不是周某，这些票据证明所谓周某垫付款的事实并不存在。在此情况下，一审未作进一步的调查核实即认定存在借贷事实明显不当。而二审法院依职权调取了薛家村委案涉借款期间的财务凭证两本及明细账，最终查明案件实情，并据此认定双方之间借贷事实不存在从而判决驳回了周某的诉讼请求。

编写人：山东省淄博市中级人民法院　荣明潇
山东省淄博市临淄区人民法院　刘海红

9

出借人明知借款用于放贷且借款人构成职业放贷的民间借贷合同无效

——曹某军诉汤某芹、董某友民间借贷案

【案件基本信息】

1. 裁判书字号

江苏省无锡市中级人民法院（2020）苏 02 民再 9 号民事判决书

2. 案由：民间借贷纠纷

3. 当事人

原告（被上诉人）：曹某军

被告（上诉人）：汤某芹

被告：董某友

【基本案情】

自 2013 年至 2017 年，曹某军与汤某芹间存在借贷关系，由曹某军出借款项给汤某芹。诉讼中，曹某军提供了十张由汤某芹出具给曹某军的借条原件、通话录音、往来银行明细清单及对账明细、证人证言等证据，证明汤某芹结欠借款 337 万元及相应利息。汤某芹对银行往来明细清单没有异议。汤某芹与董某友于 2016 年 6 月 3 日已离婚。

经查案件关联系统，自 2017 年以来汤某芹在法院作为原告涉民间借贷案件有约百件，多件案件被认定存在经济犯罪嫌疑，裁定驳回起诉，移送公安机关侦查。

【案件焦点】

曹某军明知汤某芹借款是用于放贷仍然出借，且汤某芹构成职业放贷的情况下，曹某军与汤某芹之间的民间借贷合同是否有效。

【法院裁判要旨】

江苏省无锡市惠山区人民法院经审理认为：从曹某军提供的 2013 年至 2017 年银行往来明细清单来看，因汤某芹对此证据无异议，该证据能够证明双方存在多年的借贷关系，而汤某芹也认可其借款用于放贷赚取利息，故曹某军称由汤某芹向曹某军借款用于放贷的事实成立，法院予以采信，该借贷关系合法有效，双方应按约履行。另对于利息按照双方口头约定月息 2 分确定。又因未有证据证明为夫妻共同债务，不予支持曹某军要求董某友承担共同还款责任的诉请。

江苏省无锡市惠山区人民法院依照《中华人民共和国合同法》第二百零五条、第二百零六条、第二百零七条，《最高人民法院关于审理民间借贷案件适用法律若干问题的规定》第二十六条第一款、第二十九条第二款第二项，《最高人民法院关于审理涉及夫妻债务纠纷案件适用法律有关问题的解释》第三条，《中华人民共和国民事诉讼法》第一百四十四条，《最高人民法院关于适用〈中华人民共和国民事诉讼法〉的解释》第九十条规定，判决：

一、汤某芹应于判决书发生法律效力之日起十日内归还曹某军借款本金 337 万元；

二、汤某芹应于判决书发生法律效力之日起十日内归还曹某军借款利息 564981 元；

三、驳回曹某军要求董某友承担还款责任的诉讼请求；

四、驳回曹某军的其他诉讼请求。

汤某芹不服一审判决，提起上诉。

江苏省无锡市中级人民法院经审理同意一审法院裁判意见，依照《中华人民共和国民事诉讼法》第一百七十条第一款第一项规定，判决：

驳回上诉，维持原判。

江苏省无锡市中级人民法院经院长提交审判委员会讨论，认为二审判决确有错误，决定进入再审。[①]

江苏省无锡市中级人民法院再审认为：本案民间借贷合同无效。1. 经查案件关联系统，自 2017 年以来汤某芹在全省法院作为原告涉民间借贷案件约百件，多件案件被认定存在经济犯罪嫌疑，裁定驳回起诉，移送公安机关侦查。汤某芹在一审中也自认从事赚取利息的民间放贷行为。综合上述涉诉及自认情况，可以认定汤某芹未经批准，擅自从事经常性的贷款业务，其放贷行为违反了《中华人民共和国银行业监督管理法》第十九条规定“不得设立银行业金融机构或者从事银行业金融机构的业务活动”的情形，属于违法活动。2. 一审诉讼中，曹某军明确汤某芹向其所借款项是用于放贷，在明知的情况下仍然提供借款，符合《最高人民法院关于审理民间借贷案件适用法律若干问题的规定》第十四条第三项规定“出借人事先知道或者应当知道借款人借款用于违法犯罪活动仍然提供借款的”，人民法院应当认定民间借贷合同无效的情形，双方之间的合同应当认定为无效，一、二审认定合同有效应予纠正。另还认定由汤某芹返还曹某军出借款项 337 万元，利息不予支持，董某友不承担基于夫妻共同债务的共同还款责任。

江苏省无锡市中级人民法院依照《中华人民共和国合同法》第五十八条，《中华人民共和国银行业监督管理法》第十九条，《最高人民法院关于审理民间借贷案件适用法律若干问题的规定》第十四条第三项，《最高人民法院关于审理涉及夫妻债务纠纷案件适用法律有关问题的解释》第三条，《中华人民共和国民事诉讼法》第一百七十条第一款第二项、第二百零七条，《最高人民法院关于适用〈中华人民共和国民事诉讼法〉的解释》第九十条、第四百零七条第二款规定，判决：

一、撤销江苏省无锡市中级人民法院民事判决及江苏省无锡市惠山区人民法院民事判决；

二、汤某芹应于本判决发生法律效力之日起十日内返还曹某军 334 万元；

三、驳回曹某军的其他诉讼请求。

---

① （2019）苏 02 民监 68 号。

【法官后语】

本案为民间借贷案件，属于合同纠纷范畴，首先应判定合同效力问题，这是后续审理流程的必要前提。合同效力问题反映的是法律对民事主体意思自治和契约自由的基本态度和观念，通过有效和无效设定，划定意思自治和契约自由的边界。合同效力问题是人民法院应当依职权审查的事项，不受当事人诉辩意见约束。

《最高人民法院关于审理民间借贷案件适用法律若干问题的规定》（2020 年）第十三条第四项规定，出借人事先知道或者应当知道借款人借款用于违法犯罪活动仍然提供借款的，人民法院应当认定民间借贷合同无效。该条文的构成要件可以分为两个部分，第一部分为借款人借款用于违法犯罪活动，第二部分为出借人在出借时知道或者应当知道借款用途。审判实践中，借款用于“犯罪”活动范围的理解不存在争议，只要受到刑事法律评价即可，但是对于“违法”如何理解及认定存在争议，至于典型的情形，如借款用于赌资、毒资、嫖资等认定为“违法”自然不存在争议，而对于借款人构成职业放贷的，能否归于“违法”范畴存在争议。

关于职业放贷的违法性评价，《中华人民共和国银行业监督管理法》第十九条规定“未经国务院银行业监督管理机构批准，任何单位或者个人不得设立银行业金融机构或者从事银行业金融机构的业务活动”，意味着欲进行放贷行为，必须经过国务院银行业监督管理机构批准，取得放贷资格。表明银行业金融业务活动系国家特许经营业务，这也是金融市场事关国家经济命脉和社会稳定的特性所决定的。对于未依法取得放贷资格的以民间借贷为业的法人，以及以民间借贷为业的非法人组织或者自然人从事民间借贷行为的，显然违反了上述法律规定，实际上相当于未经国家法律允许从事银行业金融业务活动，对国家金融市场秩序带来了冲击，扰乱了金融管理秩序，容易诱发涉黑恶犯罪，进而影响社会和谐稳定，故应当给予违法性评价。当然是否需要刑法予以规范，还要看是否达到了严重侵害社会公共利益和扰乱金融管理秩序的程度，但无论怎样，构成违法活动毋庸置疑，因此民事上必须给予否定性评价。

具体到本案中，自 2017 年以来汤某芹在江苏法院作为原告起诉要求归还借款的涉民间借贷案件约百件，多件案件被认定存在经济犯罪嫌疑，裁定驳回起诉，移送公安机关侦查。汤某芹在一审中也自认从事赚取利息的民间放贷行为。综合上述涉诉及自认情况，足以反映出汤某芹未经批准，擅自从事经常性的贷款业务，可以认定构成职业放贷，违反了银行业监督管理法等规定。一审诉讼中，出借人曹某军明确借款人汤某芹向其所借款项是用于放贷，在明知的情况下仍然提供借款，符合“出借人事先知道或者应当知道借款人借款用于违法犯罪活动仍然提供借款的”情形，双方之间的合同应当认定为无效，一、二审认定合同有效不当，再审予以了纠正。

编写人：江苏省无锡市中级人民法院　申富军

10

出借人使用金融机构资金转贷的民间借贷合同效力认定

——王某诉余某民间借贷案

【案件基本信息】

1. 裁判书字号

湖北省宜昌市中级人民法院（2020）鄂 05 民终 2092 号民事判决书

2. 案由：民间借贷纠纷

3. 当事人

原告（反诉被告、被上诉人）：王某

被告（反诉原告、上诉人）：余某

【基本案情】

王某、余某系表兄弟关系。余某因需资金周转于 2016 年 9 月 21 日至 2017 年 7 月 30 日多次向王某借款，同时王某将其名下的信用卡借给余某使用。王某出借给余某的资金来源于网贷及其自有资金，网贷的贷款发放人为银行，借款利率为日利率0.05%。王某提交的还款证据显示，王某在借款后1~3个月内都用自有资金对网贷的款项提前进行了清偿。

其中四笔借款约定了利息。王某向余某谎称该四笔借款资金来源于他人，向余某收取了高额的利息（高于年利率24%），且提前扣除了相应的利息，实际转款共计346690元。该部分资金来源为自有资金28190元，其他均为网贷。

另四笔借款未约定利息，共计160000元。王某向余某谎称这些资金来源为网贷，实际网贷金额为156000元，其自有资金4000元。王某与余某约定，由余某承担分期偿还的利息及手续费，并及时向网贷还款，王某不另行收取余某利息。王某提前清偿网贷支付158181.2元，后王某依然按照网贷利率自行制作的分期还款表，要求余某依据该表分期还款金额及还款时间将资金转给王某后由王某向网贷还款。

余某使用王某信用卡产生了部分欠款，王某偿还余某使用其信用卡产生的债务20989.95元。

2016年9月21日至2019年9月30日，余某共向王某信用卡账户、银行账户及微信转款765904元。约定了支付利息的四笔借款，还款金额为148240元。未约定利息的四笔借款，还款金额为161742元。余某向王某信用卡内还款金额为435922元，均用于偿还余某使用王某信用卡产生的账单。

【案件焦点】

1. 关于案涉借贷行为效力认定；2. 关于借款本金及利率认定。

【法院裁判要旨】

湖北省宜昌市猇亭区人民法院经审理认为：1. 案涉借贷行为效力认定。王某与余某之间有利息的借贷行为，虽然最初出借资金有绝大部分来源于网贷，但王某均及时用自有资金提前还清，应认定为以自有资金出借。该部分借贷行为除利率高于国家限定标准的部分约定无效外，其他部分合法有效。未约定利息的借贷行为，虽有部分资金来源于信贷资金，但因仅由余某承担分期偿还的本金、利息及手续费，出借人并无虚构事实套用信贷资金的事实，亦未牟取高息，认定为有效。

2. 借款本金及利率认定。约定利息的四笔借贷，均存在在本金中预扣利息的情形，只应将实际出借的金额认定为本金。王某四次出借给余某借款本金应为346690元。虽然借款利息均高于年利率24%，但王某仅主张按年利率24%计算借款利息，符合法律规定。截至本案立案之日2020年5月28日，余某应付王某借款本金为307022.67元，利息为130568.06元。2020年5月28日以后的利息以实际欠付的本金为基数，按照年利率24%计算。未约定利息的四笔借贷，因双方约定，由余某偿还网贷欠款，王某不另行收取利息，王某提前偿还网贷，而继续依据网贷的分期还款金额及利息向余某收取利息，无法律及事实依据。故余某应向王某偿还的金额为王某偿还给网贷的金额即158181.2元及自有资金4000元，余某已偿还161742元，还应支付王某439.2元。余某还应向王某偿还因借用信用卡产生的债务20989.95元。余某关于其还款金额已超出其应还金额、应由王某退还的意见，与查明事实不符。

湖北省宜昌市猇亭区人民法院依照《中华人民共和国合同法》第六十条、第二百零六条、第二百一十条、第二百一十一条，《最高人民法院关于审理民间借贷案件适用法律若干问题的规定》第十四条、第二十六条、第二十七条、第二十九条，《最高人民法院关于适用〈中华人民共和国合同法〉若干问题的解释（二）》第二十一条规定，判决：

一、余某于本判决生效之日起十日内向王某偿还借款本金328451.82元，并支付其中307022.67元借款的利息（截至2020年5月28日的利息按年利率24%为标准计付为130568.06元，自2020年5月28日起借款实际还清之日止以307022.67元为基数，按年利率24%的标准据实计算）；

二、驳回王某的其他诉讼请求；

三、驳回余某的诉讼请求。

余某不服一审判决，提起上诉。

湖北省宜昌市中级人民法院经审理同意一审法院裁判意见，依照《中华人民共和国民事诉讼法》第一百七十条第一款第一项规定，判决：

驳回上诉，维持原判。

【法官后语】

随着金融市场的发展，金融借贷呈现出手续简单、放款快等特点，许多人将金融借贷作为日常资金周转的一种方式。本案涉及出借人使用金融机构借贷转贷，民间借贷合同效力的认定。对于使用金融机构借贷转贷行为，并不必然导致民间借贷合同无效，需要从以下两个方面来判断把握：一是出借人的行为符合相关法律规范的构成要件；二是出借的人的行为是否具有一定的危害性。

一、从法定的构成要件分析

《最高人民法院关于审理民间借贷案件适用法律若干问题的规定》（2020 年）第十三条第一项规定，套取金融机构借贷转贷的民间借贷合同无效。即客观上实施了套取金融机构借贷转贷的行为，主观上也有转贷的意图。本案中，从客观行为上分析，出借人王某出借给余某的资金大部分来源于网贷，部分借款向余某收取了高息（年利率高于 24%），部分借款依据网贷利率收取了利息，王某实施了套取信贷资金转贷的行为，且获得部分利息收益；从主观意图上分析，王某在借款后 1~3 个月内用自有资金对网贷提前进行了清偿，其自有资金充足，相较于余某与王某之间借期而言，王某使用网贷借期很短，其主要收益来源于其自有资金借贷收取利息，故王某的意图为出借自有资金牟取高额利息，其行为视为使用信贷资金用于资金周转更为适宜。由此，认定王某使用金融机构资金用于资金周转，其出借的资金为自有资金，王某与余某间的民间借贷合同除利率高于国家限定标准的部分约定无效外，其他部分合法有效。

二、从危害性上分析

《第九次全国法院民商事审判工作会议纪要》第五十二条“出借人套取金融机构信贷资金又高利转贷给借款人的民间借贷行为，既增加了融资成本，又扰乱了信贷秩序，根据民间借贷司法解释第 14 条第 1 项的规定，应当认定此类民间借贷行为无效”的规定意味着，出借人套取金融机构借贷转贷的行为危害为两点，一是增加了融资成本，二是扰乱了信贷秩序。

本案中，王某在与余某发生借贷过程中，告知余某部分资金来源于网贷，不另收取利息。王某网贷信用额度为10万元，而王某与余某之间未约定利息的借款金额已超出10万元，故王某该行为并未增加余某的融资成本。王某借用网贷资金用于资金周转，其能使用自有资金短期内提前清偿欠款，并无逾期还款的危险，故未扰乱信贷秩序。基于私法自治之原则，王某与余某之间民间借贷合同合法的部分为有效。

笔者认为，对于出借人使用金融机构借贷转贷的，若要判定该民间借贷合同无效，应符合相关法律规范的构成要件或者存在一定危害性。

编写人：湖北省宜昌市猇亭区人民法院　钟雪

11

职业放贷的民间借贷合同的效力认定及法律后果

——王某诉冷某、张某民间借贷案

【案件基本信息】

1. 裁判书字号

黑龙江省鸡西市中级人民法院（2020）黑03民终880号民事判决书

2. 案由：民间借贷纠纷

3. 当事人

原告（上诉人）：王某

被告（被上诉人）：冷某、张某

【基本案情】

2018年8月9日，冷某、张某为王某出具《借据》，载明："今借到王某现金人民币13000元。月利息按商业银行四倍计算。"冷某在借款人处签名捺手印，张某在担保人处签名捺手印。同日，冷某为王某出具《收据》，载明："今收到王某现金人民币 13000 元。"冷某在收款人处签名捺手印。庭审中，王某认可冷某已给付 3900 元。另查明，王某未取得任何贷款业务的资格，并在近几年内多次反复从事有偿民间借贷行为。

王某作为原告，2016 年提起民间借贷诉讼 2 件，2017 年提起民间借贷诉讼 7 件，2018 年提起民间借贷诉讼 3 件，2019 年提起民间借贷诉讼 3 件，2020 年提起民间借贷诉讼 3 件。王某自认，上述借款中除丁某、陈某借款未约定借款利息外，其余借款利息均约定为商业银行四倍，实际为 3 分。

【案件焦点】

1. 案涉借款合同的效力应如何认定；2. 利息应按何标准给付；3. 张某是否应承担担保责任。

【法院裁判要旨】

黑龙江省虎林市人民法院经审理认为：根据《中华人民共和国银行业监督管理法》第十九条规定，该强制性规定直接关系国家金融管理秩序和社会资金安全，事关社会公共利益，属于效力性强制性规定。违反法律行政法规强制性规定的合同无效。本案中，王某未依法取得放贷资格且在一定期间内多次反复从事有偿的民间借贷行为，对于本案借款合同，依法应认定无效。依据《中华人民共和国民法总则》第一百五十七条、《中华人民共和国合同法》第五十八条的规定，合同无效，因该合同取得的财产应予返还。

关于借款利息的问题。案涉借款合同无效，双方在借款合同中约定的利率亦应无效，故王某要求按照约定的商业银行四倍利率（月利率 30‰）计算利息及后续按照月利率 20‰计算利息的请求，法院均不予支持。案涉借款的利息应按中国人民银行规定的同期同类贷款基准利率予以保护。根据中国人民银行公告，自 2019 年 8 月 20 日起案涉借款利息应按照全国银行间同业拆借中心公布的贷款市场报价利率计算。关于担保人张某应否承担保证责任的问题。根据《中华人民共和国担保法》第五条第一款，《最高人民法院关于适用〈中华人民共和国担保法〉

若干问题的解释》第八条规定，现王某与冷某间的主合同《借款合同》无效，张某作为担保人对主合同的无效并无过错，故张某不承担民事责任。王某要求张某承担保证责任的请求，法院不予支持。

对于冷某已给付王某3900元应如何认定的问题。本案中，王某表示冷某已给付的3900元是10个月（2018年8月9日至2019年6月8日）的利息；冷某称3900元是本金，但未提供有效证据证实其主张。现冷某已偿还的3900元不足以清偿全部债务，且双方没有明确约定3900元系本金还是利息，根据《最高人民法院关于适用〈中华人民共和国合同法〉若干问题的解释（二）》第二十一条的规定，冷某已经给付的3900元，应按王某认可的10个月利息先行冲抵，如果尚有剩余则抵扣本金。即13000元借款自2018年8月9日起，按中国人民银行规定的同期同类贷款基准利率（4.35%）计算至2019年6月8日，利息应为475.96元；自2019年6月9日起，应以本金9575.96元为基数，按中国人民银行规定的同期同类贷款基准利率计算至2019年8月19日止；自2019年8月20日起，以本金9575.96元为基数，按全国银行间同业拆借中心公布的贷款市场报价利率计算至借款实际给付之日止。冷某在询问笔录中称，王某借款时预先扣除2300元（2个月利息和服务费，利息按8分计算），其借款本金实际应为10700元，但其未提供有效证据证实，故对其该抗辩主张，法院不予采信。综上所述，本案的借款合同无效，冷某应当返还王某借款本金9575.96元及相应利息，张某不承担本案民事责任。

黑龙江省虎林市人民法院依照《中华人民共和国民法总则》第一百五十七条，《中华人民共和国合同法》第五十二条、第五十六条、第五十八条，《中华人民共和国担保法》第五条，《最高人民法院关于适用〈中华人民共和国合同法〉若干问题的解释（二）》第二十一条，《最高人民法院关于适用〈中华人民共和国担保法〉若干问题的解释》第八条，《中华人民共和国银行业监督管理法》第十九条，《中华人民共和国民事诉讼法》第六十四条规定，判决：

一、冷某于本判决生效后三日内给付王某借款本金9575.96元及利息［以本金 9575. 96 元为基数，自 2019 年 6 月 9 日至 2019 年 8 月 19 日，按中国人民银行同期同类贷款基准利率计算；以本金 9575. 96 元为基数，自 2019 年 8 月 20 日起至借款实际给付之日止，按全国银行间同业拆借中心公布的贷款市场报价利率（LPR）计算]；

二、驳回王某的其他诉讼请求。

王某不服一审判决，提起上诉。

黑龙江省鸡西市中级人民法院经审理认为：王某未经批准，未取得任何贷款业务资格，并在近几年内多次反复从事有偿民间借贷行为以赚取利息，违反了《中华人民共和国银行业监督管理法》第十九条的效力性、强制性规定，一审判决认定其与冷某签订的民间借贷合同为无效合同正确。借贷合同无效，双方在合同中约定的利率亦应无效。依据《中华人民共和国民法总则》第一百五十七条，《中华人民共和国合同法》第五十八条的规定，双方对于取得的财产应予返还。故冷某应当返还王某借款，同时应按人民银行同期同类贷款基准利率支付王某资金占用期间的利息损失。但自 2019 年 8 月 20 日起，中国人民银行已经授权全国银行间同业拆借中心于每月 20 日（遇节假日顺延）9 时 30 分公布贷款市场报价利率（LPR），中国人民银行贷款基准利率这一标准已经取消，故一审判决 2019 年 8 月 19 日前按中国人民银行同期同类贷款基准利率计算利息，自 2019 年 8 月 20 日起按 LPR 计算利息正确。张某作为担保人对主合同的无效并无过错，一审依据《最高人民法院关于适用〈中华人民共和国担保法〉若干问题的解释》第八条判决张某不承担民事责任正确。

综上所述，王某的上诉请求不能成立，应予驳回；一审判决认定事实清楚，适用法律正确。黑龙江省鸡西市中级人民法院依照《中华人民共和国民事诉讼法》第一百七十条第一款第一项规定，判决：

驳回上诉，维持原判。

【法官后语】

一、如何认定职业放贷人

实践中，借款人主张出借人为职业放贷人，需证明其向社会不特定对象提供资金以赚取高额利息，且需证明其出借行为具有反复性、经常性，出借款项目具有营业性，完成上述举证责任存在一定困难，尤其是放贷人通常采取一定手段掩盖其非法营利行为，使得对于职业放贷人的证明更加困难。民间借贷是否为职业放贷行为，可根据同一原告或关联原告在一段时间内所涉的民间借贷案件数量、利率、合同格式化程度、出借金额、资金来源等特征综合认定。同时，在案件审理过程中应加强对证据和事实的审查，尽量促使双方当事人见面，查清债权债务真实情况。本案中，二审法院查明王某作为原告，2016年提起民间借贷诉讼2件，2017年提起民间借贷诉讼7件，2018年提起民间借贷诉讼3件，2019年提起民间借贷诉讼3件，2020年提起民间借贷诉讼3件。王某自认，上述借款中除丁某、陈某借款未约定借款利息外，其余借款利息均约定为商业银行四倍，实际为3分。据此，法院认定王某出借行为具有反复性、经常性，借款目的具有营业性，从而认定民间借贷合同无效。

《最高人民法院、最高人民检察院、公安部、司法部关于办理非法放贷刑事案件若干问题的意见》第一条明确规定，经常性地向社会不特定对象发放贷款，是指2年内向不特定多人以借款或其他名义出借资金10次以上。刑事上明确打击的违法犯罪行为，民事上必须予以否定性评价，但民事标准应低于刑事司法解释的标准，故笔者认为1年内出借资金3次或以上，即可认定为职业放贷人。

二、职业放贷行为认定无效后的处理

法院认定职业放贷人签订的民间借贷合同无效后，依据《中华人民共和国民法典》第一百五十七条的规定，双方对于取得的财产应予返还。借款人应当返还借款，同时应当支付资金占用期间的利息损失，法院一般应当按照贷款市场报价利率确定损失的数额，对合同中约定的高额利息不予支持。主合同无效，从合同无效，担保人不承担担保责任。

需要注意的是，人民法院在审理民事案件过程中，如果发现涉嫌刑事犯罪，应按照规定将案件移送有关部门处理。

编写人：黑龙江省鸡西市中级人民法院　徐媛凤

12

职业放贷行为的认定及其效力

——刘某诉俞某、周某花民间借贷案

【案件基本信息】

1. 裁判书字号

广西壮族自治区钦州市中级人民法院（2020）桂07民终1279号民事判决书

2. 案由：民间借贷纠纷

3. 当事人

原告（上诉人）：刘某

被告（上诉人）：俞某

被告（被上诉人）：周某花

【基本案情】

刘某与俞某系同学关系，俞某与周某花系夫妻关系，2011年至2017年，俞某以需要资金周转等为由，陆续向刘某借款，其间也不断还款，双方主要通过银行转账、代付购房款、购车款、微信转账、以物抵债（房屋、汽车）等方式发生极为频繁的账目往来和交易。其中，刘某支付借款给俞某的方式包括银行转账2279494.88元，代俞某支付购房款300000元（刘某直接支付给卖主），代俞某支付购车款170000元（含车辆购置税、保险、上牌等费用）。俞某归还借款给刘某的方式主要是通过银行转账1444310元，以房抵债350000元，以车抵债140000元，微信转账2400元。

【案件焦点】

刘某出借给俞某的借款是否属于职业放贷，借款行为的效力如何认定。

【法院裁判要旨】

广西壮族自治区灵山县人民法院认为：合法的借贷关系应受法律保护，但如果借贷行为违反禁止性法律规定，则该借贷行为应属无效。首先，经检索，刘某在 2019 年以出借人的身份向法院起诉的民间借贷纠纷案件 5 件，刘某诉请的标的额高达 3070360 元，均约定有利息，出借的时间从 2011 年至 2017 年。其中，本案及法院正在审理的刘某诉周某固民间借贷案的利率，刘某自认月息为 2%~4.5%，属于高息借款，故刘某自 2011 年以来，通过向社会不特定对象提供借款以赚取高额的利息为目的，其出借行为具有经常性、反复性、借款目的具有营业性，尤其是刘某持有、管理、使用案外人赵某、周某固的银行卡用于出借借款及收取利息，与正常的民间借款行为有悖；其次，民间借贷出借的本金应该是出借人自有的资金，但从本案看，刘某自认出借俞某购买汽车款，是刘某用其持有他人的信用卡刷卡付款的，此外，经法院调查核实，刘某的个人征信报告中显示，刘某在向他人出借借款期间（包括本案借款），在金融机构抵押贷款的金额达 1124560 元，故刘某出借给他人包括本案俞某的款项很难认定为其自有资金；最后，从双方当事人的微信聊天记录、刘某庭后接受法院询问时承认曾通过邮箱向俞某发送借款及利息统计表，该统计表对每一笔借款的本金及利息、借款人均详细列举，利息每月 2%~5%不等，同时该统计表也与微信聊天记录、刘某银行账户历史明细的“交易摘要”及俞某有关帮助刘某放贷的辩解意见，相互印证了刘某通过俞某向不特定其他人放贷的可能性极大。综上，刘某的上述借款行为不属于正常的民间借贷行为，根据相关法律规定，应属职业放贷人。

根据《中华人民共和国银行业监督管理法》第十九条的规定，刘某未经批准，擅自从事经常性的贷款业务，属于从事非法金融业务活动，其行为违反了上述法律强制性规定。另根据《中华人民共和国合同法》第五十二条第五项及《最高人民法院关于审理民间借贷案件适用法律若干问题的规定》第十四条第五项的规定，本案中，刘某属于职业放贷人，其违反了法律法规的强制性规定，故其与俞某之间的民间借贷合同属无效合同，其出借给俞某借款的行为属无效行为，应按照无效合同进行处理。

根据《中华人民共和国民法总则》第一百五十七条，《中华人民共和国合同法》第五十六条及第五十八条的规定，本案中，刘某与俞某的民间借贷行为无效，俞某从刘某处取得的借款应当向刘某返还，同时应当支付资金占用期间的利息损失。

综上所述，广西壮族自治区灵山县人民法院依照《中华人民共和国民法总则》第一百五十七条，《中华人民共和国合同法》第五十二条、第五十六条、第五十八条，《中华人民共和国银行业监督管理法》第十九条，《最高人民法院关于审理民间借贷案件适用法律若干问题的规定》第十四条第一项，《最高人民法院关于适用〈中华人民共和国民事诉讼法〉的解释》第九十条规定，判决：

一、俞某返还给刘某借款本金 812784.88 元及资金占用期间利息（第一阶段：以本金 812784.88 元为基数，按照中国人民银行同期同类贷款基准利率自 2017 年 6 月 15 日起计算至 2019 年 8 月 19 日；第二阶段：以本金 812784.88 元为基数，2019 年 8 月 20 起按全国银行间同业拆借中心公布的贷款市场报价利率计算至实际清偿之日止）；

二、驳回刘某的其他诉讼请求。

刘某、俞某不服一审判决，提起上诉。

广西壮族自治区钦州市中级人民法院经审理认为：首先，合法的借贷关系应受法律保护。刘某自 2011 年以来，通过向社会不特定对象提供借款以赚取高额的利息，其出借行为具有经常性、反复性、借款目的具有营业性，并且刘某持有、管理、使用案外人赵某、周某固的银行卡用于出借借款及收取利息，与正常的民间借款行为有悖；其次，民间借贷出借的本金应是出借人的自有资金。本案中，刘某自认出借给俞某的购车款是其用持有的他人信用卡刷卡付款的。刘某的个人征信报告中显示，刘某在向他人出借借款期间（包括本案借款），在金融机构（其中于 2015 年 10 月 27 日、2016 年 2 月 5 日分别在农村信用合作联社抵押贷款 520000 元和 450000 元，于 2016 年 6 月 6 日在汽车公司抵押借款 154560 元）抵押贷款的金额达 1124560 元，故刘某出借给他人包括俞某的款项很难认定为其自有资金；最后，刘某承认曾通过邮箱向俞某发送借款及利息统计表，该统计表对每一笔借款的本金及利息、借款人均详细列举，利息每月 2%~5%不等，该统计表也与微信聊天记录、刘某银行账户历史明细的“交易摘要”及俞某有关帮助刘某放贷的辩解意见，相互印证了刘某通过俞某向不特定其他人放贷。刘某在 2019 年度以出借人的身份起诉的民间借贷纠纷案件 5 件，刘某诉请的标的额高达 3070360 元，出借的时间从 2011 年至 2017 年。其中，刘某诉周某固民间借贷纠纷案的利率，刘某自认月息为 2%~4.5%，属于高息借款，《中华人民共和国银行业监督管理法》第十九条规定：“未经国务院银行业监督管理机构批准，任何单位或者个人不得设立银行业金融机构或者从事银行业金融机构的业务活动。”刘某未经批准，擅自从事经常性的贷款业务，属于从事非法金融业务活动，其行为违反了上述法律强制性规定。同时，依据《中华人民共和国合同法》第五十二条规定：“有下列情形之一的，合同无效……（五）违反法律、行政法规的强制性规定。”及《最高人民法院关于审理民间借贷案件适用法律若干问题的规定》第十四条规定：“具有下列情形之一，人民法院应当认定民间借贷合同无效……（五）其他违反法律、行政法规效力性强制性规定的。”一审判决认为刘某属于职业放贷人，其违反了法律法规的强制性规定，故其与俞某之间的民间借贷合同属无效合同，其出借给俞某借款的行为属无效行为，按照无效合同进行处理正确，二审依法采纳。

《中华人民共和国民法总则》第一百五十七条规定：“民事法律行为无效、被撤销或者确定不发生效力后，行为人因该行为取得的财产，应当予以返还；不能返还或者没有必要返还的，应当折价补偿，有过错的一方应当赔偿对方由此所受到的损失；各方都有过错的，应当各自承担相应的责任。法律另有规定的，依照其规定。”《中华人民共和国合同法》第五十六条规定：“无效的合同或者被撤销的合同自始没有法律约束力……”及第五十八条规定：“合同无效或者被撤销后，因该合同取得的财产，应当予以返还；不能返还或者没有必要返还的，应当折价补偿。有过错的一方应当赔偿对方因此所受到的损失，双方都有过错的，应当各自承担相应的责任。”一审判决认为，刘某与俞某的民间借贷行为无效，俞某从刘某处取得的借款应当向刘某返还，同时应当支付资金占用期间的利息损失正确，二审依法采纳。

本案债务发生在俞某、周某花夫妻关系存续期间，但因本案的借款行为认定无效，应按照无效合同处理，因此不能认定为夫妻共同债务，应由俞某负责返还。一审判决对刘某主张以出借给俞某的借款属夫妻共同债务为由，诉请周某花连带偿还不予支持正确，二审依法维持。

综上所述，一审判决认定事实清楚，适用法律正确，刘某、俞某的上诉理由均不成立，上诉请求依法不能支持。据此，广西壮族自治区钦州市中级人民法院依照《中华人民共和国民事诉讼法》第一百七十条第一款第一项规定，判决：

驳回上诉，维持原判。

【法官后语】

本案需要探讨的焦点问题为：职业放贷人的认定标准及其效力。

根据2019年11月14日最高人民法院发布的《全国法院民商事审判工作会议纪要》第五十三条“同一出借人在一定期间内多次反复从事有偿民间借贷行为的，一般可以认定为是职业放贷人”的规定，职业放贷行为具有反复性、经常性和营利性三个特征。

经常性是指出借人经常向社会不特定对象出借资金以赚取高额利息。所谓“社会不特定对象”是指不明确、不确定的社会公众。放贷行为的经常性是职业放贷行为最基本的特征。出借人在一定时期内多次向多名借款人出借资金并收取高额利息，可以认定出借人的出借行为是职业放贷行为。审判实践中，承办法官通过审判管理系统进行关联案件检索，对出借人在一定时期起诉民间借贷案件数量进行审查。如果出借人作为原告起诉的民间借贷案件达到一定数量，出借人行为可以定性为职业放贷行为。具体到本案，经检索，刘某在2019年以出借人的身份向法院起诉的民间借贷纠纷案件5件，刘某诉请的标的额高达3070360元，并且均约定有高额利息，完全符合“具有经常性”这一职业放贷行为的特征。

反复性是指出借人二次以上向同一借款人出借资金。目前反复性在司法实践中尚存争议，但《全国法院民商事审判工作会议纪要》第五十三确定了放贷行为具有反复性特征。本案中，刘某与俞某自2011年至2017年长期存在借贷关系，且该借贷关系一直处于续借续还的状态，因此本案完全符合反复性这一特征。

营利性即借款合同约定高额违约金或高额逾期利息实现赚取高额利息的目的。司法实践中，民间借贷具有高额利息才能满足营利性这一特点，本案中，刘某出借给俞某的借款约定的利息为月利率2%~5%不等，双方的约定已经超出了民间借贷保护利率上限，足以认定刘某出借给俞某的借款具有营利性目的，尤其是刘某在出借给俞某借款期间，尚欠银行贷款，其出借给俞某的借款难以认定为其自有资金。

综上，刘某是不具有放贷资格的自然人，其以营利为目的，在一定时期经常性地反复地向社会不特定对象发放贷款业务，刘某应认定为职业放贷人。

职业放贷行为因违反了《中华人民共和国银行业监督管理法》第十九条的规定，应认定为无效行为。本案一、二审法院均认为《中华人民共和国银行业监督管理法》第十九条规定为效力性强制性规定，是效力性强制性规定的扩张适用，符合民法总则的相关规定。因此，一、二审认定本案借款合同违反法律强制性规定无效。

职业放贷无效的法律后果，即为民间借贷合同无效的法律后果，《中华人民共和国民法典》第一百五十七条作出了一般性规定，而《最高人民法院关于审理民间借贷案件适用法律若干问题的规定》未作出特别规定。民间借贷合同实际履行且被判决无效后，对于借款人应当返还出借人的本金问题，司法实务中不存在争议。但是，对于已付或未付的利息处理，各地法院裁量标准并不统一，裁判结果因而不同。

关于借款人已付利息的处理。本案中，因双方当事人对于自己支付的金融分歧很大，均不能确认俞某已支付的金额本金、利息是多少，尤其本案借款自2011年至2017年，是边借款边返还的状态，故一、二审法院均认为俞某归还的借款均为借款本金。笔者认为，鉴于本案借款持续时间长、借款金额大、借还款频繁的实际情况，一、二审法院认定俞某偿还的金额均为借款本金符合实际。

关于借款人未付利息的处理。民间借贷合同无效后，关于未付利息或者资金占用费的处理，我国各级法院裁判标准并不统一，有的认为因合同无效，故对于未支付的利息不应得到支持，有的认为自2019年8月20日起，中国人民银行贷款基准利率这一标准已经取消，自此之后人民法院裁判贷款利息的基本标准应改为全国银行间同业拆借中心公布的贷款市场报价利率。本案一、二审法院认为，对于已付利息和未付利息的处理，考虑到资金在借款人处占有的时间，客观上给出借人造成了一定损失，借款人不应当据此获得额外收益，同样出借人不应当获取高于正常利率的高额利息，而且借款双方一般均有过错。根据公平原则判决俞某尚未归还本金及利息，因本案借款跨2019年8月20日前后，故对于2019年8月19日前的利息按照中国人民银行同期同类贷款基准利率，2019年8月20起按全国银行间同业拆借中心公布的贷款市场报价利率计算利息。

编写人：广西壮族自治区灵山县人民法院　黄富伟

13

对职业放贷人的认定不应局限于涉诉记录

——朱某诉林某民间借贷案

【案件基本信息】

1. 裁判书字号

浙江省温州市中级人民法院（2020）浙03民终4866号民事判决书

2. 案由：民间借贷纠纷

3. 当事人

原告（被上诉人）：朱某

被告（上诉人）：林某

【基本案情】

朱某持有林某作为借款人签字的四份借据，第一份借据载明“借款人林某今向朱某借到32000元，借款人在填写本借条时已以现金转账方式收到。借款期限自2019年2月22日至2019年3月22日，借款利率月息2%”；第二份及第三份借据均载明“借款人林某今向朱某借到3万元，借款人在填写本借条时已以支付宝转账方式收到。借款期限自2019年5月18日至2019年6月16日；借款利率月息2%”；第四份借据载明“借款人林某今向朱某借到6万元，借款人在填写本借条时已以银行转账方式收到。借款期限自2019年7月23日至2019年8月23日；借款利率月息2%”。朱某于2019年5月18日向林某支付宝账户分别转账3万元和2万元，2019年7月23日朱某向林某银行账户转账6万元。

涉案四份借据均系填空式格式借据，且借款人、出借人、借款金额、支付方式、借款日期及借款利率均系手书填写。2019年2月至7月，双方款项往来频繁，其中林某主张2019年5月20日、26日、27日，其向朱某转账的1000元、3000元、2000元，2019年7月3日、23日，其向朱某转账的1500元，9000元、23000元均系归还第二、三笔借款的利息。经审查，除本案外朱某作为债权人以民间借贷起诉的案件有四起，其中在朱某诉庄某挺、庄某案件中，朱某认可借款20000元实际约定的月利息为每月2200元。

【案件焦点】

除朱某的涉诉记录外，审判实践中还应根据结合哪些特征和因素对朱某是否属于职业放贷人进行判定。

【法院裁判要旨】

浙江省瑞安市人民法院经审理认为：民间借贷关系系实践性合同，自出借人提供借款时生效。2019 年 5 月 18 日借据载明借款金额 6 万元，约定交付方式为支付宝转账，但朱某提供的支付宝转账金额仅 5 万元。朱某陈述另以现金方式交付 1 万元，与约定支付宝转账交付方式不符，因朱某并未提供相应证据证实其完全履行交付义务，故 2019 年 5 月 18 日的实际借款金额应为 5 万元。其他借款朱某均已全面履行交付义务。

故浙江省瑞安市人民法院依照《中华人民共和国合同法》第二百零五条、第二百零六条、第二百零七条、第二百一十条，《最高人民法院关于审理民间借贷案件适用法律若干问题的规定》第三十条，《中华人民共和国民事诉讼法》第一百四十四条规定，判决：

一、林某于判决生效之日起十日内偿还朱某借款本金 142000 元，并支付利息（以 32000 元为基数自 2019 年 2 月 23 日起、以 50000 元为基数自 2019 年 5 月 19 日起、以 60000 元为基数自 2019 年 7 月 24 日起，均按月利率 2%计算至实际履行之日止）；

二、驳回朱某的其他诉讼请求。

林某不服一审判决，提起上诉。

浙江省温州市中级人民法院经审理认为：朱某除本案外虽仅存在四起作为债权人起诉的民间借贷纠纷案件，但由于个案审查的局限性，法院的涉诉记录难以全面反映职业放贷的经常性、经营性的特点，还应结合其他职业放贷特性进行综合判断。本案中，朱某所提供的借据系填空式格式借据，部分款项主张系现金交付，且经审查其另案涉诉案件中 20000 元的借款利息高达月 2200 元，朱某存在高利放贷的情形，故可以认定朱某属于职业放贷人，相应的借款行为应认定无效。

在当前支付手段非常便捷的情况下，职业放贷人采用现金方式交付款项往往是有意为之，通常是利用现金方式交付无迹可寻的特点，从而实现规避法院对虚增债务金额、高息累入本金等违法债务审查的非法目的，故应由朱某对其主张的第一份借条中 32000 元借款均系现金交付的事实承担进一步的举证责任，现朱某并未提供进一步的证据予以证明，故朱某主张 2019 年 2 月 22 日 32000 元借条中的款项均以现金交付，依据不足，不予支持，本案朱某实际出借的金额应以支付宝银行转账的 11 万元为准。

二审中林某对于其所主张的还款事实已经提供了相应的还款记录，针对林某提供的证据，朱某并未提供相应的反驳证据，故应由朱某承担举证不能的不利后果，对林某所主张的第二、三笔借款已经还款 39500 元的事实予以认定。因涉案借款合同无效，借款合同中约定的利息不应支持，借款人应当返还出借人借款并支付资金占用期间的利息损失。故将朱某出借款项 11 万元与林某的还款 39500 元相抵后，林某尚欠朱某借款 70500 元，且林某应支付朱某自款项出借之日起按照年利率 6%计算的资金占用期间的利息损失，其中 10500 元自 2019 年 5 月 18 日起算，6 万元自 2019 年 7 月 23 日起算。

综上，林某的上诉理由成立，浙江省温州市中级人民法院依照《中华人民共和国民事诉讼法》第一百七十条第一款第二项规定，判决：

一、撤销浙江省瑞安市人民法院民事判决；

二、林某于本判决生效之日起十日内偿还朱某借款 70500 元并赔偿利息损失（其中 10500 元自 2019 年 5 月 18 日起算，6 万元自 2019 年 7 月 23 日起算，均按年利率 6%计算至实际履行完毕之日止）；

三、驳回朱某的其他诉讼请求。

【法官后语】

2019 年 11 月，最高人民法院印发的《全国法院民商事审判工作会议纪要》第五十三条对职业放贷人作出规定，即“未依法取得放贷资格的以民间借贷为业的法人，以及以民间借贷为业的非法人组织或者自然人从事的民间借贷行为，应当依法认定无效。同一出借人在一定期间内多次反复从事有偿民间借贷行为的，一般可以认定为是职业放贷人”。2020 年对《最高人民法院最高人民法院关于审理民间借贷案件适用法律若干问题的规定》进行修订，并在民间借贷合同无效情形中将职业放贷人界定为“未依法取得放贷资格的出借人，以营利为目的向社会不特定对象提供借款的”。因此，出借人是否获得有权机关的依法批准，出借行为是否具有营利目的以及是否属于向不特定对象提供借款，应当作为认定职业放贷人的三大构成要件。但在实践中，借款人证明出借人向社会不特定对象提供资金赚取高额利息，其出借行为具有经常性、出借款项目的具有营业性，存在一定困难，尤其是放贷人通常采取一定的手段掩盖其非法营利行为，使得对于职业放贷人的证明更加困难。为了进一步明确职业放贷人的认定标准，许多地方的高级人民法院通过量化标准的方式并结合本地区的实际经济情况，根据同一原告或关联原告在一定时间段内在民间借贷纠纷案件中作为债权人起诉案件的数量作为具体标准来认定原告是否属于职业放贷人。从各地的审判实践来看，通过关联案件检索及建立职业放贷人名单是确立该项甄别方法的有效工作机制，该量化标准提高了甄别原告是否属于职业放贷人的实效。但由于个案审查的局限性，法院涉诉记录难以全面反映职业放贷的“经常性”“经营性”特点，为统一裁判规则，提高规制职业放贷行为的成效，审判实践中还应结合以下的特征及因素来对原告是否属于职业放贷人进行综合判定。

一、使用填空式的格式借据

从经验常识及需求的角度分析，熟人之间的借款有的连借据也不打，偶尔出借，大可让债务人当场书写借据，填空式的格式借据本身就是为反复使用而事先拟制，因此以填空式的格式借据进行放贷是职业放贷人的常见特征。而且职业放贷人利用填空式格式借据事后变造的便利性，在起诉前任意变造出借人身份、借款金额、借款期限、利率标准等要素事实，制造“阴阳”合同条款，规避司法审查，以谋取不当利益，也成为当前民间职业放贷的常见套路。

二、双方当事人之间是否属于非熟人关系

民间借贷由最初基于血缘、地缘关系的同乡、同行、亲朋好友等熟人之间的借贷，发展到非熟人间的借贷，民间资本由最初基于生活消费性和简单的生产性而产生的借贷逐步转向投资经营性借贷。因此，参与民间借贷主体的多元化及借贷的市场化，导致借贷关系复杂化，双方之间的熟识程度，可作为原告是否具有职业放贷人特征的考量因素。

三、原告是否具备出借能力

职业放贷分工已趋产业链条化，若原告明显不具备出借能力，应对其是否属于职业放贷人的放贷“马甲”进行必要审查。在大量的职业放贷案件中，原告所提供的借据中“出借人”一栏多采取填空式，一旦被告逾期被诉至法院，实际债权人往往会在借据上任意填写案外人，由该案外人作为债权人参加诉讼，其目的之一即规避法院对职业放贷群体管理。因此，可以根据借款人所抗辩的实际出借人，对原告的关联主体进行审查，来进一步识别原告的身份。

四、存在高利贷的表象

职业放贷人以营利为目的，且通常是通过约定高额利息来获得收益，因此存在民间高利放贷的，亦应为原告作为职业放贷人的重要特征。

五、存在套路放贷行为的

近年来，职业放贷人由于盲目追求高额回报，且为规避合法性审查，转嫁风险，放贷套路手段层出不穷，主要的套路放贷手段有：利用现金交付方式无迹可寻的特点，假借现金给付来规避法院对款项实际交付事实的审查；放贷人通过掌控借款人账户或指定款项汇入其掌控的第三人账户，制造款项已足额交付的假象，实际款项部分或全部通过多次转账和提现仍“回流”到了放贷人，制造走账流水；放贷人通过多次或多人转贷，层层平账，制造借新还旧的假象，将借款人到期未付的高额利息计入本金进行转贷平账等。

六、存在以暴力等非法手段催收借款或有因实施虚假诉讼，套路贷等不诚信行为受司法惩戒或刑罚记录的

举重以明轻，若原告曾在民间借贷案件中因不诚信诉讼行为受到司法惩戒或曾涉及假借民间借贷之名实施侵犯财产类的“套路贷”犯罪等，则相关的司法惩戒和刑罚记录自然应成为原告在民间案件中的相关借贷行为是否属于职业放贷行为的重要考量因素。

编写人：浙江省温州市中级人民法院　李劼

14

名为投资实为借贷关系的认定

——申某某诉传媒公司、刘某某民间借贷案

【案件基本信息】

1. 裁判书字号

北京市第三中级人民法院（2020）京 03 民终 3515 号民事判决书

2. 案由：民间借贷纠纷

3. 当事人

原告（被上诉人）：申某某

被告（上诉人）：传媒公司、刘某某

【基本案情】

2016 年 5 月 26 日，申某某与传媒公司签订《影视投资协议书》《影视剧收益分红协议》，约定申某某向传媒公司投资 5 万元，期限 6 个月，到期归还申某某投入的资金 5 万元，到期分红 1 万元，协议签订后，申某某以现金方式向传媒公司出资 43600 元。2016 年 6 月 21 日申某某与传媒公司再次签订《影视投资协议书》《影视剧收益分红协议》，约定申某某向传媒公司投资 5 万元，期限 6 个月，到期归还申某某投入的资金 5 万元，到期分红 8000 元，申某某称协议签订后，其以现金的方式向传媒公司出资 43900 元，但其中金额为 12000 元的收据已交给传媒公司，无法向法院提交。2016 年 11 月 16 日，传媒公司为申某某出具还款计划，内容为："至 2016 年 10 月 31 日传媒公司欠申某某人民币总计 6 万元，现公司拟定还款计划如下……备注：如果因故到第四次还款期末尚不能做到按计划还清全部借款，我公司将采取项目抵押贷款进行还款……"

2016年12月20日，传媒公司为申某某出具还款计划，内容为："至2016年10月31日传媒公司欠申某某人民币总计5.8万元，现公司拟定还款计划如下……如果因故到第四次还款期末尚不能做到按计划还清全部借款，我公司将采取项目抵押贷款进行还款……"传媒公司在两份还款计划上捺印。2017年5月10日，传媒公司出具证明两份，其中一份内容为："传媒公司于2016年11月16日与申某某签订的《还款计划》，即人民币6万元。在未还清所有款项之前，原《还款计划》有效。"另一份的内容为："传媒公司于2016年12月20日与申某某签订的《还款计划》，即人民币5.8万元。在未还清所有款项之前，原《还款计划》有效。"同日，传媒公司出具承诺书两份，其中一份内容为："传媒公司法人刘某某承诺于2017年12月31日之前返还申某某金额6万元（注：此承诺书是对《还款计划》的承诺，并非独立的合同，必须同时与《还款计划》一起使用方可生效）……"另一份的内容为："传媒公司法人刘某某承诺于2017年12月31日前返还申某某金额5.8万元（注：此承诺书是对《还款计划》的承诺，并非独立的合同，必须同时与《还款计划》一起使用方可生效）……"传媒公司、刘某某对上述《影视投资协议书》《影视剧收益分红协议》《还款计划》等申某某提交的上述证据真实性表示不确定，但未提交证据予以证明。申某某向法院提交2017年2月24日赵某、于某等与刘某某电话录音内容，录音中刘某某对还款计划书予以认定，并表示公司对还款计划书予以延期。传媒公司、刘某某在本案审理过程中表示认可录音中的内容，但表示由于债权人人数较多，刘某某对此次通话的债权人中是否有申某某表示不确定。经申某某申请，法院调取北京市东城区人民法院（2018）京0101民初11401号、（2019）京0101民特525号、（2019）京0101民特526号、北京市丰台区人民法院（2019）京0106民初19811号、（2019）京0106民初19812号卷宗材料，申某某向法院提交北京市西城区人民法院（2019）京0102民初20658号案卷材料，传媒公司、刘某某对卷宗材料真实性均予以认可。（2019）京0102民初20658号权某诉传媒公司案中，权某向北京市西城区人民法院提交《致传媒公司法人刘某某的一封公开信》，在公开信最后全体债权人签字处有申某某签名。另查，传媒公司为有限责任公司（自然人独资），自然人股东为刘某某。2018 年 1 月 5 日，传媒公司通过银行转账形式向申某某偿还 330 元，银行凭证上附言“传媒公司还款”。

【案件焦点】

双方当事人之间是民间借贷法律关系还是投资关系。

【法院裁判要旨】

北京市密云区人民法院经审理认为：传媒公司、刘某某对申某某提交的投资协议书等证据材料真实性表示不确定，但未提交证据证明该辩解意见，法院结合申某某提交的证据材料、传媒公司提交的转账凭证、法院调取的案卷材料，认定《影视投资协议书》《影视剧收益分红协议》《还款计划》《承诺书》《证明》及收据的真实性。申某某与传媒公司签订的虽然名为《影视投资协议书》《影视剧收益分红协议》但结合《影视投资协议书》《影视剧收益分红协议》的内容及《还款计划》《承诺书》《证明》的内容，双方之间应为民间借贷关系。合法的借贷关系受法律保护，借款人应当按照约定偿还借款，传媒公司未按约定偿还借款的行为，构成违约，应承担相应的法律责任，向申某某偿还借款。根据《中华人民共和国公司法》规定，一人有限责任公司的股东不能证明公司财产独立于股东自己的财产的，应当对公司债务承担连带责任，刘某某未能举证证明自己的财产独立于传媒公司的资产，故申某某要求刘某某承担连带责任的诉讼请求，存在事实和法律依据，法院予以支持。关于借款本金的数额，虽然申某某只提交了 75500 元的收据，但传媒公司承诺于 2017 年 12 月 31 日前返还申某某共计 118000 元，根据查明的事实及双方当事人陈述，法院对申某某主张的借款本金数额为 87500 元予以确认。传媒公司于 2018 年 1 月 5 日向申某某转账 330 元，申某某主张该笔款项系利息，根据《中华人民共和国合同法》的相关规定，债务人除主债务外还应当支付利息和费用，当其给付不足以清偿全部债务，并且当事人没有约定时，人民法院应当按照实现债权的有关费用、利息、主债务的顺序予以抵充，故法院认定 330 元的款项系支付的利息，申某某主张偿还借款本金 87500 元之诉讼请求，法院予以支持。关于利息，双方在协议中约定分红金额分别为 1 万元、8000 元，法院认为对分红的约定实为双方对借款本金在借期内利息的约定，因该利息约定过高，现申某某主张按年利率 24%的标准计算，法院予以支持。约定了借期内的利率但未约定逾期利率，出借人主张借款人自逾期还款之日起按照借期内的利率支付资金占用期间利息的，人民法院应予支持，故申某某主张借款本金中的 43600 元自 2016 年 5 月 26 日起开始计算、43900 元自 2016 年 6 月 21 日开始计算利息，均按年利率 24%的标准计算至付清之日止的诉讼请求，法院予以支持，传媒公司所支付 330 元的利息应予以扣除。

综上，北京市密云区人民法院依照《中华人民共和国合同法》第八条、第二百零七条，《中华人民共和国公司法》第六十三条，《最高人民法院关于适用〈中华人民共和国合同法〉若干问题的解释（二）》第二十一条，《最高人民法院关于审理民间借贷案件适用法律若干问题的规定》第二十九条，《最高人民法院关于适用〈中华人民共和国民事诉讼法〉的解释》第九十条规定，判决：

传媒公司、刘某某支付申某某借款 87500 元，并支付利息（其中 43600 元自 2016 年 5 月 26 日开始计算、43900 元自 2016 年 6 月 21 日开始计算，均按年利率 24%的标准计算至付清之日，传媒公司已支付 330 元利息，应予以扣除），均限本判决生效之日起十日内支付。

传媒公司、刘某某不服一审判决，提起上诉。

北京市第三中级人民法院经审理认为：

一、传媒公司、刘某某与申某某之间法律关系的问题

首先，申某某的投资行为不能视为对传媒公司的入股。根据《中华人民共和国公司法》第三十一条、第三十二条、第三十三条的规定，股东出资后，公司应当向其签发出资证明书，并置备股东名册，记载于股东名册的股东，方可行使股东权利。本案中，虽然三方签订的为《影视投资协议书》，但申某某并未被载入传媒公司的股东名册，亦未向申某某签发出资证明书，故申某某的投

资并不具有成为传媒公司的股东的目的，其投资款项不能视为入股资金。其次，结合投资的特点进行分析。投资是各主体按照约定各自提供资金、实物等生产要素设立经济实体，共同经营、共担风险、共享利益而形成的权利义务关系。其本质特点是共同出资、共同经营、共享利益、共担风险。本案中，虽然申某某和传媒公司签订的为《影视投资协议书》，但根据此协议的约定，由传媒公司全权负责投资项目的一切运营，申某某则不得以任何理由干涉传媒公司的运作过程，即申某某对于项目无经营权、管理权和决策权，亦不承担经营风险，故不符合投资的特点。再次，结合借款合同的法律特点进行分析。根据《中华人民共和国合同法》第一百九十六条的规定，借款合同是借款人向贷款人借款，到期返还借款并支付利息的合同。本案中，根据申某某与传媒公司签署的《影视投资协议书》《影视剧收益分红协议》的约定，申某某向传媒公司投资款项，期限6个月，到期后返还投资款项并支付固定数额的到期分红，则该收益具有保底性，且申某某不参加传媒公司的经营管理，对经营损失亦不承担风险，故双方签订的协议应为借款合同。最后，根据双方履行协议的实际情形分析。传媒公司向申某某出具的《还款计划》《证明》《承诺书》均载明，传媒公司承诺向申某某分批次还清全部借款，落款处亦显示传媒公司为“还款人”。同时，2018年1月5日传媒公司通过银行转账形式向申某某偿还的330元，银行凭证上附言为“传媒公司还款”。故传媒公司与刘某某应明知其与申某某之间实为借贷关系，亦是按照借款合同予以履行。故，涉案协议虽名为投资协议，但在协议中约定了保底条款，不符合投资具有风险性的特点，故申某某与传媒公司、刘某某之间的法律关系性质应为借贷关系。

二、传媒公司、刘某某是否应支付利息

涉案的协议书中均约定了固定的到期分红，且传媒公司向申某某出具的《承诺书》中亦显示传媒公司承诺偿还欠款及利息，故一审法院认为对分红的约定实为双方对借款本金在借期内利息的约定并无不当。

三、刘某某是否应对涉案债务承担连带清偿责任

据查，传媒公司为有限责任公司（自然人独资），自然人股东为刘某某。

根据《中华人民共和国公司法》第六十三条规定，一人有限责任公司的股东不能证明公司财产独立于股东自己的财产的，应当对公司债务承担连带责任。本案中，刘某某未能举证证明自己的财产独立于传媒公司的资产，故一审法院认定刘某某应对涉案借款及利息承担连带清偿责任并无不当。综上所述，传媒公司、刘某某的上诉请求均不能成立，应予驳回。一审判决认定事实清楚，适用法律正确，应予维持。

北京市第三中级人民法院依照《中华人民共和国民事诉讼法》第一百七十条第一款第一项规定，判决：

驳回上诉，维持原判。

【法官后语】

投资并非一个规范的法律概念，一般是指一定的经济主体为获取预期的收益而将一定财产转化为资本的过程，其本质特点是共同出资、共同经营、共享利益、共担风险，而且投资者仍然有一定的支配权、使用权和处分权，投资的形式有多种类型，如入股、合伙等，是各主体按照约定各自提供资金、实物等生产要素设立经济实体，共同经营、共担风险、共享利益而形成的权利义务关系。借款合同是借款人向贷款人借款，到期返还借款并支付利息的合同，双方之间形成债的关系。本案中，双方之间形成民间借贷法律关系，申某某的投资行为不能视为对传媒公司的投资，对投资本金的约定应视为对借款本金的约定，对固定收益的约定应视为对借款利息的约定。同时要注意，如果有的案件中对固定收益的约定超过法律规定的民间借贷的利率范围，在按照借贷关系进行处理时应当调整至符合法律规定的利率范围内。

投资关系与民间借贷关系是两个不同的法律关系，两者在资金投入方面有一定的相似性，但在实践中容易产生混淆。名为投资实为借贷的几种表现形式，主要有以下几种：一是名为投资但实际并不参与经营管理，一般情况下，不论是以入股还是合伙的形式进行投资，一般享有基本的经营决策权等权利，如果只是签订了投资协议，但未对投资人实际参与管理公司事务的权利进行约定，一般认定为借贷关系；二是在投资协议中约定投资者享有固定收益，不承担经营风险，此种规定与投资中的共担风险、共享收益的特点相违背，此种情况下，固定收益实际上是借款利息，双方形成借贷法律关系；三是公司未对出资人签发出资证明书、未置备股东名册、未将投资人记载于股东名册，此种情况下投资人的投资并不具有成为公司股东的目的，一般不能认定为投资关系；四是投资者未履行法定出资程序，未进行工商登记，在名为投资实为借贷的情况下，投资者并不履行法定出资程序，即作为股东或者合伙人进行工商等登记，仅是利用出资人的资金，则双方之间为民间借贷关系的可能性较大。在司法实践中，应对这两种不同的法律关系加以区分与甄别，以适用相应的法律规定，准确解决当事人之间的争议、化解当事人之间的矛盾。

编写人：北京市密云区人民法院　徐文静

二、夫妻共同债务认定

15

夫妻共同债务认定中的“默示”追认

——朱某诉薛某、过某民间借贷案

【案件基本信息】

1. 裁判书字号

浙江省绍兴市中级人民法院（2020）浙06民终1233号民事判决书

2. 案由：民间借贷纠纷

3. 当事人

原告（被上诉人）：朱某

被告（上诉人）：薛某、过某

【基本案情】

薛某、过某曾系夫妻关系。2014年10月31日，薛某向朱某借款2万元并出具借条一份；2015年7月1日，薛某向陈某借款2万元并出具借条一份，本案中双方一致认可陈某已将债权转让给了朱某。2015年8月15日，薛某账户向朱某转账3万元，2015年10月1日，薛某账户向朱某账户转账22.5万元。2016年1月4日~2017年2月28日过某向朱某转账3500元、3500元、3500元、5500元、5500元、5500元、4000元、4000元、4000元、3000元。2017

年7月26日薛某、过某离婚。2017年8月17日，朱某与薛某对账，薛某欠付朱某17.5万元。2019年10月12日、2019年10月14日有薛某的录音两段，薛某认可17.5万元的债务并同意按月息一分计付利息。

另查明：1. 薛某、过某共同陈述，家庭财务由过某管理，尤其是2015年8月15日、2015年10月1日的转账实际是由过某操作；2. 朱某与薛某均认可2015年10月1日22.5万元转账中的5000元系利息。

【案件焦点】

1. 2015年8月15日薛某账户向朱某账户转账的3万元是否应视为对本案借款的还款；2. 本案借款是否属于夫妻共同债务。

【法院裁判要旨】

浙江省嵊州市人民法院经审理认为：该3万元转账不视作对本案借款的还款。理由如下：1. 薛某2017年8月17日作出的欠付朱某17.5万元意思表示系最新的意思表示，更具有参照性；2. 3万元视作还款，还款金额超过借款本金及可预期的利息，不符合日常民间借贷的经验法则；3. 3万元从薛某的账号转出，薛某就该3万元转账不知情的可能性并不大。

该笔借款应视为夫妻共同债务。借款时期（不论是借条形成时间还是朱某陈述的后来经多次债务的轮转而形成的新债务时间），薛某、过某仍系夫妻关系，借条虽仅薛某一人签字，但根据薛某、过某陈述当时家庭财产系由过某管理，结合朱某提供的转账记录（法院暂不论述该每月转账是否就本案借款而归还的利息，但每月由过某定期转给朱某款项，结合家庭财产由过某管理的事实，过某参与朱某和薛某之间的往来债务具有高度可能性）等可以证明该借款过某系明知。在过某就朱某与薛某之间的债务往来参与度极高的情况下，过某未就该债务予以明确否认，故法院视为过某已对上述借款予以追认。

综上，对朱某的诉讼请求依法予以支持。浙江省嵊州市人民法院依照《中华人民共和国合同法》第一百零七条、第二百零六条，《最高人民法院关于审理涉及夫妻债务纠纷案件适用法律有关问题的解释》第一条，《最高人民法院关于审理民间借贷案件适用法律若干问题的规定》第二十九条，《最高人民法院关于适用〈中华人民共和国民事诉讼法〉的解释》第九十条规定，判决：

薛某、过某共同归还朱某借款本金175000元并支付该款自2019年11月12日起至付清日止按年利率6%计算的资金占有期间的利息损失。

薛某、过某不服一审判决，提起上诉。

浙江省绍兴市中级人民法院经审理同意一审法院裁判意见，依照《中华人民共和国民事诉讼法》第一百七十条第一款第一项规定，判决：

驳回上诉，维持原判。

【法官后语】

受传统生活方式影响，中国社会存在大量女方管理家庭财产的情况。本案从家庭财产管理角度出发，男方单方签署给债权人债权凭证，在女方管理家庭财产，其又一定程度实际参与到男方与债权人之间款项往来的情况下，推定非签字配偶一方其明知有该笔债务的存在。此时再进行举证责任的转移，应由女方提供证据证明其曾对该债务进行明确的否定，否则应当推定为女方已对该债务进行了追认。这与“共债共签”的立法理念并不冲突，倡导夫妻“共债共签”是为了避免夫妻一方“被负债”现象发生，而针对家庭情况的特殊性，如非签字配偶一方管理家庭财产并一定程度上参与到双方的款项往来中，“被负债”的可能性大大降低，到了一定程度应当转而从债权人的角度出发进行考量，如债权人此时有足够的理由相信非签字配偶一方已对债务进行追认，则其可主张该债务系夫妻共同债务。

针对这类案件的审理，推定非签字配偶已“默示”追认并最终认定为夫妻共同债务应进行以下三步：

1. 认定非签字配偶一方具有家庭财产管理权。财产管理权由管理财产的范围及对财产的支配程度所决定。管理家庭财产的范围包括管理日常生活类、生产经营类等，管理家庭财产的范围与债务范围应当具有可对应性。对财产的支配程度应当以对家庭财产有决定权为前提。鉴于财产管理权系夫妻双方内部商议之结果，有私密性，界定困难，承办人认为财产管理权应当综合家庭生产生活模式、收益分配情况等结合案件情况一并审查。

2. 确认非签字配偶一方对债务往来有一定参与度。应综合审查负债用途、还债（包括利息支付）的意思表示或行为、夫妻双方及债权人之间的款项往来情况（包括其他债务往来），有条件的情况下可以结合现下夫妻双方及债权人之间的聊天记录，从非签字配偶一方对债务往来是否知晓或应当知晓、与债权人之间的联系等各方面分析审查认定参与度。

3. 举证责任再分配。如案件情况符合上述两个要件并相互作用足以使裁判者相信未签字配偶方不再是“被负债”，此时非签字配偶方需证明其对债务已进行明确否定，否则视为已对债务予以“默示”追认，其不得再以“未签字”为由否认该笔债务是夫妻共同债务。综合案件实际情况，从动态调整的角度将结果证明责任分别分配给夫妻一方和债权人，有条件地适用“默示”追认，以平衡夫妻共同利益、配偶个人利益以及债权人利益是这类案件审查的重点。

这类案件有其特殊性也有其普遍性。夫妻财产融合程度高是当前社会存在的普遍情况，配偶一方明确管理家庭财产还较高程度参与到债务往来过程中，此时如仍能以未签字为由进行绝对抗辩，无疑忽视了夫妻共同财产融合制，配偶对夫妻共同财产管理的审慎义务被拉低，进而通过夫妻共同财产转移逃避债务的可能性提高。在夫妻共同债务认定中引入“默示”追认制度是平衡“共债共签”对债权人的审查注意义务与配偶的审查注意义务，形成人人慎重的交易秩序，无论是夫妻一方还是债权人都不应在权利上“睡觉”，而应主动积极主张权利减少纠纷产生。

编写人：浙江省绍兴市嵊州市人民法院　徐烽平

16

夫妻共同债务中收款行为的意思推定与共同经营的实务认定

——崔某诉赖某、赵某民间借贷案

【案件基本信息】

1. 裁判书字号

北京市第二中级人民法院（2020）京02民终7634号民事判决书

2. 案由：民间借贷纠纷

3. 当事人

原告（上诉人）：崔某

被告（上诉人）：赖某

被告（被上诉人）：赵某

【基本案情】

崔某与赖某是朋友关系，赖某与赵某是夫妻关系，2011年10月10日至2013年7月8日，赖某以个人购房投资和资金周转等理由，多次向崔某借款，崔某碍于朋友情面在上述期间以转账和现金的方式合计借给赖某1260万元（其中340万元转账至赵某账户），后赖某在2013年7月15日向崔某出具《借款清单》，确认2011年10月10日至2013年7月8日共向崔某借款1260万元，利息1416000元，合计欠崔某本息14016000元。赖某于2013年7月29日至2013年9月17日向崔某偿还本息1300万元，因此截至2013年9月17日赖某尚欠崔某1016000元（利息为每月1.5%）。另外，赖某在2013年10月21日又以购房投资为由向崔某借款，崔某考虑到赖某已经偿还部分欠款且赖某名下享有房产，因此崔某于2013年10月21日再次以转账方式（转账至赵某银行账户）借给赖某400万元，赖某在2015年6月18日又向崔某出具《还款承诺书》，确认其尚欠崔某借款本金400万元，若在2015年9月20日前无法偿还则按每日千分之五的标准支付违约金。

【案件焦点】

夫妻共同债务中未签署借款合同一方收款行为的意思推定。

【法院裁判要旨】

北京市东城区人民法院经审理认为：自2011年10月10日至2013年7月8日，崔某向赖某、赵某账户内转账多笔款项，赖某以出具借款清单的方式对上述期间其向崔某通过现金及转账方式提供的借款进行确认，鉴于赖某在借款清单中对现金借款部分的确认，且庭审中认可崔某向其出具的款项中包含有通过现金支付的30万元，故法院对赖某提出的210万元现金借款未实际履行的主张依法不予采信。借款清单中记载的本金合计为1260万元借款系赖某的真实意思表示，双方成立民间借贷关系，且关于本金及利息的约定未违反法律、行政法规的强制性规定，应属合法有效，双方应予以遵守。

关于崔某提出其向赵某账户转账400万元系借款的主张，法院认为虽赖某向崔某出具《还款承诺书》，但赵某并未在该还款承诺书上签字，赵某主张该笔款项系崔某向赵某支付的股权转让款并提供了相应证据，崔某仍应就借贷关系的成立承担举证证明的责任。自然人之间的借款合同自出借人提供借款时生效，故即使还款承诺书记载的民间借贷关系成立，崔某亦未向赖某履行出借义务。在崔某未能就该笔款项系借款提供进一步证据的情况下，法院认为该400万元不属于赖某、赵某向崔某的借款，崔某应另行主张。

上述借款发生后，赖某通过转账的方式分4笔向崔某还款共计1300万元。关于赖某在庭审中主张的其向崔某还款共计1400万元的主张，法院认为当事人对自己提出的诉讼请求所依据的事实或者反驳对方诉讼请求所依据的事实，应当提供证据加以证明，但法律另有规定的除外。现赖某仅提供还款1300万元的证据。在判决作出前，当事人未能提供证据或者证据不足以证明其事实主张的，由负有举证证明责任的当事人承担不利后果，故赖某关于还款超出 1300 万元的部分之主张缺乏事实与法律依据，法院依法不予采信。

崔某在庭审中陈述认可赖某在 2016 年 2 月针对 400 万元借款向其偿还了 20 万元。赖某主张该笔款项系其另行出借给崔某的款项，但未提供相应证据。崔某关于该 20 万元的主张系部分自认兼附加条件予以承认，即在赖某主张还款超出 1300 万元的部分中，仅自认 20 万元，且附加了条件，即还款系对第二笔 400 万元借款的还款。法院认为，一方当事人对于另一方当事人主张的于己不利的事实有所限制或附加条件予以承认的，应当综合案件情况决定是否构成自认。本案中，崔某明确主张该笔款项是用于偿还 400 万元借款，故不应直接认定崔某自认该 20 万元系对案涉 1260 万元的还款。关于此 20 万元赖某可另行主张。结合上述事实，法院认定赖某向崔某共计还款 1300 万元。

债务人的给付不足以清偿其对同一债权人所负的数笔相同种类的全部债务，应当优先冲抵债务负担较重的债务。鉴于案涉 1260 万元借款中，数笔借款利率相同、到期时间相同，故应根据债务人的利息负担按借款发生时间的先后顺序抵冲。崔某在诉讼请求中关于 1260 万元借款主张的剩余未还本金数额为 1016000 元，法院结合双方在借款清单中对利息的约定，在崔某诉讼请求范围内对赖某的还款进行折抵，认定剩余借款本金数额为 1016000 元。崔某主张应由赵某共同偿还的债务中，赵某均未签字确认或事后追认，在赖某通过借款清单确认的债务中，由崔某转账至赵某账户金额共计 340 万元，该部分债务属于赖某和赵某的夫妻共同债务，其余由崔某打入赖某个人账户中的款项，因崔某未能提供证据证明该债务用于夫妻共同生活、共同生产经营或者基于夫妻双方共同意思，故应属于赖某的个人债务。鉴于赖某在其与赵某婚姻关系存续期间所还款项已经将 2011 年 10 月 10 日至 2012 年 8 月 24 日崔某向赵某账户中的汇款的 8 笔借款之本金折抵完毕，且折抵后的剩余未还的借款均发生在赖某、赵某购买案涉房屋之后，法院认定剩余借款本金 1016000 元系赖某个人债务。

关于赖某提出的本案债务已过诉讼时效的主张，法院认为鉴于崔某于2016年4月18日发送催款函及2016年4月21日登报催促还款的行为，崔某并未怠于向赖某主张债权，赖某的时效抗辩法院依法不予采信。针对崔某主张差旅费2万元的诉讼请求，因崔某未就差旅费的发生提供相应票据及合同约定等相应证据，法院依法不予支持。

北京市东城区人民法院依照《中华人民共和国合同法》第六十条第一款、第一百零七条、第二百零六条、第二百零七条、第二百一十条、第二百一十一条，《最高人民法院关于适用〈中华人民共和国合同法〉若干问题的解释（二）》第二十条、第二十一条，《最高人民法院关于审理涉及夫妻债务纠纷案件适用法律有关问题的解释》第三条，《中华人民共和国民事诉讼法》第六十四条第一款，《最高人民法院关于民事诉讼证据的若干规定》第七条规定，判决：

一、赖某于本判决生效后十日内偿还崔某借款1016000元及利息（利息以1016000元为基数，从2013年9月18日起至全部款项还清之日止，按月利率1.5%计算）；

二、驳回崔某的其他诉讼请求。

崔某、赖某不服一审判决，提起上诉。

北京市第二中级人民法院经审理同意一审法院裁判意见，依照《中华人民共和国民事诉讼法》第一百七十条第一款第一项规定，判决：

驳回上诉，维持原判。

【法官后语】

本案判决对借款关系是否成立的认定、案涉款项系借贷还是股权转让款的认定、夫妻共债共签的实践把握、非共债共签债务是否用于夫妻共同生活、共同生产经营或者基于夫妻双方共同意思的认定、债务人的给付不足以清偿其对同一债权人所负的数笔相同种类的全部债务时应当优先冲抵的顺序、诉讼时效的发出主义与到达主义的辨析等一系列问题进行了回应，其中最具理论价值的是对于夫妻共同债务中未举债一方收款行为的意思推定。夫妻一方签订一个借款合同项下，出借人分别向夫妻双方支付了部分借款，从目前的诉讼实践来看，关于还款责任应当共同承担、各自承担还是部分承担是有争议的。针对上述问题，当前审判实践中有三种处理模式：1. 严格的共债共签原则，签订借款合同一方承担全部债务，未签字一方不承担还款责任；2. 严格的实践性合同原则，各方均按照名下账户实际收款的金额承担还款责任；3. 意思推定原则，收款行为推定为共同借款的意思表示，签订借款合同一方承担全部债务，未签订借款合同乙方仅就自己账户收款的金额承担共同还款责任。

本案中采取了第三种处理模式，理由如下：

1. 夫妻共同债务是共同债务中的特殊类型。夫妻共同债务是共同债务的下位概念，《中华人民共和国民法典》中关于共同债务的规定共出现了四次，分别规定在第一千零六十四条、第一千零六十六条、第一千零八十九条、第一千零九十二条中，且规范内容均集中于夫妻共同债务范畴。共同债务作为有数个债务人的债务关系，应当归于多数人之债的范畴。共同债务是我国特有的概念，究其源头，应当追溯至1950年《中华人民共和国婚姻法》第二十四条确立的“夫妻共同生活所负担的债务，以共同生活时所得财产偿还”原则，这同时也是为什么《中华人民共和国民法典》仅在婚姻家庭编采用共同债务概念的原因。共同债务的概念经过长期的理论与实践发生了泛化，既包含按份之债的情形，又涵盖连带之债的内容，成为缺乏法律规则界定又广泛存在于理论和司法实践中的一个概念。作为债法总则的合同编第一分编仅采纳了按份之债与连带之债两种债的实现形式，第五百五十二条债的加入与第一千一百六十八条共同侵权均将债的实现形式明确为连带之债，没有关于共同债务履行方式的规定。与立法上未予定义形成对比的是，司法实践中判决二人以上当事人对共同债务承担共同还款责任的裁判文书比比皆是，在夫妻共同债务领域体现得尤为明显，这引发了关于共同债务能否等同于连带债务、共同债务人之间能否追偿、债权人能否针对其中一名共同债务人单独申请执行等一系列的争议。回应这些争议首先应当明确共同债务的负担方式，而在目前的债法体系下，连带还款责任是承担共同债务唯一的选择。以自己名下账户收款，虽然缺乏明示的意思表示形式，但不争的事实是自己名下账户余额确因举债得到的增加，有鉴于完全行为能力人应当对自己名下账户享有收益的权利，承担管理的义务，故应当推定实际收款方具有共同借款的意思表示。

2. 夫妻共同债务是不可分之债。区分可分债务与不可分债务在我国具有现实意义，关于可分之债与不可分之债概念界分的模糊和理解的讹误导致司法实践中对于特定情形下夫妻共同债务属于按份之债还是连带之债产生了概念上的混淆和法律适用上的混乱。针对本案中“一个合同、分别转账”的情形，第一种观点认为该情形属于不可分之债，该笔借款或全部属于夫妻共同债务，或全部不属于夫妻共同债务，虽然借款给付的标的可分，但由于该债务由单一借贷合意作出，无法按照债务人的人数分割为不同部分，故属于给付在观念上的不可分，该笔债务或全部属于夫妻共同债务，或全部不属于夫妻共同债务；第二种观点认为该情形系可分之债，未签字的收款方对借款中的一部分作出借贷合意行为或借款部分用于夫妻共同生活的情形能够作为确定夫妻共同债务份额的依据，其仅需在作出合意或实际用于夫妻共同生活的债务范围内承担还款责任。上述两种观点中，第一种观点的错误之处在于混淆了单一债务与数个债务的划分，夫妻共同债务虽因份额无法由夫妻双方各自负担而不属于可分之债，但另一方的借贷合意或借款部分用于夫妻共同生活在签署借款合同一方债务的基础上构成了一个新的多数人之债，故未在借款合同上签字的夫妻一方仅需在因合意或共同利益形成的多数人之债的债务范围内承担责任。第二种观点的错误之处在于混淆了债务份额的概念。对借款中的一部分作出借贷合意或借款部分用于夫妻共同生活无法构成对原债务份额的划分依据，未签字一方收款的事实仅能作为认定共同债务的依据，签署借款合同一方仍需在借款合同确定的全部债务范围内承担责任。作为推定之债的夫妻共同债务的发生原因系基于夫妻共有财产的推定，其实质是一方共同共有人对因另一方增益共有财产所负共有债务的给付义务。因共同共有的财产在分割之前各债务人无法向债权人分别履行，因此基于共同共有财产产生的相应债务在观念上不可分。

3. 夫妻共同债务是有限连带债务。夫妻共同债务因给付在观念上的不可分而不能被归于可分之债的范畴，无法以按份之债的方式实现。同时，夫妻共同债务因任何一方债务人均能够单独向债权人履行而不能以协同之债的方式实现。夫妻共同债务的观念不可分决定了夫妻双方应当共同履行夫妻共同债务，这为以夫妻共同财产作为责任财产确定了理论基础。关于能否将夫妻共同债务等同于连带之债存在争议，夫妻共同债务与连带之债在内部效力中的追偿方面确有区别，但在外部效力方面无法区分。实践中，债权人仅起诉夫妻一方偿还夫妻共同债务的，是否应当释明追加夫妻另一方作为共同被告存在争议，笔者认为，在因合意构成的夫妻共同债务领域，共同债务问题是夫妻双方个人债务的叠加，当然具备单独实现其中一个个人债务的条件，这也是连带责任的应有之义。债权人选择仅向夫妻一方主张系债权人行使处分权的行为，应以不诉不理的原则单独认定个人债务，可以本着一次性解决纠纷的原则释明追加，但不能依职权追加夫妻另一方或以债权人拒绝申请追加为由驳回债权人的诉讼请求。

夫妻共同债务区别于一般共同债务或一般连带债务，其核心问题不是共同债务如何承担，而是夫妻关系以及相应的夫妻财产制对共同债务实现方式的限缩。在《中华人民共和国民法典》实施以后相当一段时期内，夫妻共同财产制仍将是我国夫妻财产制的主流，这一立法选择的根本原因在于从目前的婚姻伦理和婚姻关系事实来看，夫妻共同财产制更有利于保护婚姻关系的稳定。既然选择了夫妻共同财产制的立法模式，就应当在夫妻婚后财产共同共有的前提下讨论和解决共同债务问题，虽然夫妻共同债务只能以连带之债的方式实现，但这并不说明不能对夫妻共同债务的实现范围加以限制。在夫妻共同债务领域同时存在着两种“人”，一种是财产法领域的“经济人”，另一种是婚姻家庭领域中的“伦理人”。夫妻共同财产制作为家庭伦理在民法上的体现，是夫妻共同债务认定规则无法回避的因素。如果说夫妻共同债务的连带之债性质是以“经济人”的意思支配财产的处分，那么夫妻共同债务责任财产的限定就是为财产的范围加入了“伦理人”的因素，亦即为共同债务限定了“夫妻”的因素，因此对于夫妻共同债务的负担应当加以夫妻共同财产的限制。责任财产方面的处理方面采取四个原则：第一，共签债务，不区分个人财产与共同财产；第二，个人债务，先由个人财产还，再由共同财产中的个人份额还；第三，没有共债意思表示的推定共债，只能以共同财产为限。

综上所述，“共债共签”“共同生活”“共同经营”“证明责任”只是夫妻共债问题的表象。在司法裁判中，不能仅停留在表面，而是要认识到夫妻共债实务认定的焦点问题是推定规则，包括意思推定和财产推定。其中，意思推定包含四个层面：1. 共债共签；2. 日常家事代理中的法定代理意思推定；3. 为金融机构转账凭证的借贷债权之权利外观；4. 共同经营活动中的共债意思表示。财产推定的判断标准应为债务使夫妻共同财产获得增益的可能性。无论是意思推定，还是财产推定，最终认定构成夫妻共同债务的大原则应当是债务是否有益于夫妻身份关系的存续。夫妻共同债务是不可分的有限连带责任。因共有财产制下婚姻存续期间共同共有财产不能因债务清偿原因发生分割，故基于共有财产产生的相应债务应属观念不可分。夫妻共同债务中未举债一方收款行为不是将借款合同中约定的债务进行分割，而是以账户管理义务和财产的实际增益被推定具有共同借款的意思表示。在债务的实现方式上，不可分之债以连带责任的方式实现不存在理论和实践上的障碍。因不具有举债意思的夫妻一方承担共同债务的唯一原因是共有财产因债务获得增益的可能性，故应当在责任财产范围内对连带责任进行限定。

编写人：北京市东城区人民法院　邵一峰

17

夫妻一方借款超出家庭日常生活所需，但实际用于经营夫妻作为股东的公司，非举债一方从公司经营中获益，该债务应认定为夫妻共同债务

——任某诉王某、凌某民间借贷案

【案件基本信息】

1. 裁判书字号

北京市第三中级人民法院（2020）京 03 民终 6591 号民事判决书

2. 案由：民间借贷纠纷

3. 当事人

原告（被上诉人）：任某

被告（上诉人）：王某

被告（被上诉人）：凌某

【基本案情】

凌某与王某于 2008 年 4 月 18 日登记结婚，婚后生育二子，于 2018 年 3 月 27 日登记离婚，离婚协议书中约定：双方婚后购买房产归王某所有。双方婚姻当中，男方所签署债务，由男方一人承担。双方婚后无债权。

任某与凌某系朋友关系。2015 年 1 月 9 日任某与凌某签订借款合同，约定借款金额 28 万元，利息每月 1.7%，借款期限为半年，用途是家庭生活周转需要。2015 年 7 月 20 日，任某与凌某签订借款合同，约定借款金额 30 万元，借款期限自 2015 年 7 月 20 日至 2016 年 7 月 20 日，口头约定利息为每月 1.7%。

2015年7月21日，任某向凌某转账2万元。2015年9月25日，任某向凌某转账8万元。2015年11月10日，任某向凌某转账8万元。当日，任某与凌某针对以上两笔借款签订借款合同，约定借款金额为16万元，借款期限自2015年11月10日至2016年11月10日。口头约定利息为月利率1.7%。凌某通过投资公司的出纳刘某某向任某按照月利率1.7%的标准给付了利息。投资公司于2011年9月20日成立，王某为该公司的法定代表人，持股51%，凌某持股49%。因借款到期后，凌某未按约还款付息。凌某和王某系夫妻，两笔借款均发生在二人夫妻关系存续期间，借款用于家庭生活。

【案件焦点】

任某主张的借款是否为夫妻共同债务。

【法院裁判要旨】

北京市朝阳区人民法院经审理认为：任某与凌某之间形成了民间借贷关系，该借贷关系不违反法律、行政法规的强制性规定，受法律保护。现借款期限已过，任某要求凌某偿还借款，法院予以支持。法院根据实际出借金额、凌某还款的情况、双方约定的利息标准，计算剩余本金和应付利息。

夫妻一方在婚姻关系存续期间以个人名义为家庭日常生活需要所负的债务，债权人以属于夫妻共同债务为由主张权利的，人民法院应予支持。夫妻一方在婚姻关系存续期间以个人名义超出家庭日常生活需要所负的债务，债权人以属于夫妻共同债务为由主张权利的，人民法院不予支持，但债权人能够证明该债务用于夫妻共同生活、共同生产经营或者基于夫妻双方共同意思表示的除外。

本案中，涉案借款发生在凌某、王某婚姻关系存续期间，借款合同中明确约定借款用途为“家庭生活周转需要”。王某称借款金额超出了家庭日常生活需要，其对借款不知情，未参与投资公司的经营。其自述自2013年至今没有工作，不知道凌某做什么工作、是什么收入。但根据审理查明，王某是投资公司的股东、法定代表人，凌某系该公司的股东。根据王某、凌某离婚协议可知，凌某并未分得财产，双方婚后购买房屋归王某所有，对于投资公司的股权未进行分割。故可以认定凌某、王某的家庭收入来源于凌某和该公司的经营收益。涉案借款为夫妻共同债务，王某应当承担还款责任。

综上，北京市朝阳区人民法院依照《中华人民共和国合同法》第二百零六条，《最高人民法院关于审理涉及夫妻共同债务纠纷案件适用法律有关问题的解释》第二条、第三条规定，判决：

一、凌某、王某于本判决生效后七日内偿还任某借款本金453472元及利息；

二、驳回任某的其他诉讼请求。

王某不服一审判决，提起上诉。

北京市第三中级人民法院经审理同意一审法院裁判意见，依照《中华人民共和国民事诉讼法》第一百七十条第一款第一项规定，判决：

驳回上诉，维持原判。

【法官后语】

《中华人民共和国民法典》对于夫妻共同债务的认定规则作出明确规定，对于夫妻共同举债，夫妻共同在债权凭证上签字，即“共债共签”或夫妻一方对外举债，另一方事后追认的，应当认定为夫妻共同债务；对夫妻一方在婚姻关系存续期间以个人名义为家庭日常生活需要所负的债务，应当认定为夫妻共同债务；对夫妻一方在婚姻关系存续期间以个人名义超出家庭日常生活需要所负的债务，但债权人能够证明该债务用于夫妻共同生活、共同生产经营或者基于夫妻双方共同意思表示的，应当认定为夫妻共同债务。

对于夫妻一方在婚姻关系存续期间以个人名义超出日常生活需要所负的债务，债权人该如何证明该债务用于夫妻共同生活、共同生产经营或基于夫妻双方共同意思表示，举证到何种程度，在司法实践中颇有争议，也是当事人最关心的问题。

婚姻为夫妻生活的共同体，在处理日常家庭事务范围内，夫妻互为代理人，享有家事代理权。如何认定“家庭日常生活所需”，应从夫妻双方的职业、资产、收入情况，家庭生活习惯、日常开销情况等情况综合进行判断。

关于“夫妻共同生活”的认定。“夫妻共同生活”在概念外延上大于“家庭日常生活”，只要是夫妻双方共同消费支配或者用于形成夫妻共同财产的支出，都属于“夫妻共同生活”的范围。例如，负债期间购置大宗资产等形成夫妻共同财产的。

关于“夫妻共同生产经营”的认定。夫妻共同生产经营的情形非常复杂，主要是指由夫妻双方共同决定生产经营事项，或者虽由一方决定但另一方进行了授权的情形。判断生产经营活动是否属于夫妻共同生产经营，要根据经营活动的性质以及夫妻双方在其中的地位作用等综合认定。夫妻共同生产经营所负的债务一般包括双方共同从事工商业、共同投资以及购买生产资料等所负的债务。例如，夫妻一方从事经营、投资，另一方虽未直接参与经营、投资，但分享了经营、投资收益的。

本案中，王某主张凌某向任某的借款金额超出了家庭日常生活需要，其对该借款不知情，王某亦不参与投资公司的经营。但王某系该公司的法定代表人和大股东，且根据其陈述，其与凌某的家庭收入来源于凌某和该公司的经营收益，在王某与凌某的离婚协议中并未对该公司的股权进行分割。即便王某未参与公司的实际经营，其亦对凌某经营公司进行了授权，也分享了公司经营产生的收益。综上可以认定，凌某向任某的借款用于夫妻共同生产经营，为夫妻共同债务。

编写人：北京市朝阳区人民法院　陈一铮

18

婚姻关系存续期间以个人名义超出家庭日常生活需要所负债务用于夫妻共同生活、共同生产经营的属于夫妻共同债务

——谢某品诉谢某娥等民间借贷案

【案件基本信息】

1. 裁判书字号

广西壮族自治区柳州市中级人民法院（2020）桂02民终4046号民事判决书

2. 案由：民间借贷纠纷

3. 当事人

原告（上诉人）：谢某品

被告（被上诉人）：谢某娥、陈某娅、陈某源

【基本案情】

2014年2月19日，陈某华生前以扩大生意需要资金周转为由，向谢某品借款50万元，借期1年，年利率18%。借款期限届满，陈某华以资金紧张为由，未能按期还款，于2016年2月23日向谢某品续借，承诺2017年年底还完。2017年1月25日，陈某华以生病、生意难做为由，未能按期还款，继续借款，承诺2019年年底还完本金及利息合计68万元。2017年10月25日，陈某华因故去世。谢某娥系陈某华的妻子，与陈某华共同经营生意，陈某娅系陈某华的女儿，陈某源系陈某华的儿子。

【案件焦点】

本案债务是否属于夫妻共同债务，谢某娥应否承担连带偿还责任。

【法院裁判要旨】

广西壮族自治区柳州市柳南区人民法院经审理认为：债务应当清偿。陈某华向谢某品借款有借条、转款凭证为据，法院对于该借款事实予以确认，因陈某华已于2017年10月25日去世，故陈某华的债务应由其第一顺序继承人在继承陈某华财产的范围内承担还款责任。该案中，陈某娅、陈某源均已表示放弃继承陈某华的财产，且谢某品并未提交证据证实该二人已继承陈某华的财产，故谢某品主张该二人在继承陈某华财产的范围内承担还款责任，理由不充分，法院不予以支持。

关于谢某娥是否应作为借款人承担该案债务的问题。谢某娥在陈某华所写的借条中并未签名，根据《最高人民法院关于审理涉及夫妻债务纠纷案件适用法律有关问题的解释》规定“夫妻一方在婚姻关系存续期间以个人名义超出家庭日常生活需要所负的债务，债权人以属于夫妻共同债务为由主张权利的，人民法院不予支持，但债权人能够证明该债务用于夫妻共同生活、共同生产经营或者基于夫妻双方共同意思表示的除外”，陈某华的借款数额已超出夫妻之间日常生活所需，而谢某品未能举证证实该债务用于夫妻共同生活、共同生活经营或者夫妻双方共同意思表示，证人高某成与双方当事人均为亲戚关系，其个人所作的证人证言，在无其他证据相佐证的情况下，不足以认定谢某娥知情该借款或该借款用于共同生活经营，故谢某品主张谢某娥对陈某华的债务承担还款责任，理由不充分，法院不予以支持。

广西壮族自治区柳州市柳南区人民法院依照《中华人民共和国民法通则》第九十条，《中华人民共和国继承法》第十条、第三十三条，《最高人民法院关于审理涉及夫妻债务纠纷案件适用法律有关问题的解释》第三条规定，判决：

驳回谢某品的诉讼请求。

谢某品不服一审判决，提起上诉。

广西壮族自治区柳州市中级人民法院经审理认为：《最高人民法院关于审

理涉及夫妻债务纠纷案件适用法律有关问题的解释》第三条规定，夫妻一方在婚姻关系存续期间以个人名义超出家庭日常生活需要所负的债务，债权人以属于夫妻共同债务为由主张权利的，人民法院不予支持，但债权人能够证明该债务用于夫妻共同生活、共同生产经营或者基于夫妻双方共同意思表示的除外。虽然本案借款系在谢某娥与陈某华夫妻关系存续期间所借，但谢某娥未在陈某华所写的借条上作为借款人共同签字，事后也未进行追认，无法确认本案借款系夫妻共同意思表示；陈某华借款的数额已超出夫妻之间日常生活所需，谢某品未能举证证实该债务用于夫妻共同生活或共同经营，故谢某品主张谢某娥对陈某华的债务承担还款责任，理由不充分，一审法院对其诉请谢某娥对本案债务承担连带责任不予支持，并无不当，法院予以维持。

广西壮族自治区柳州市中级人民法院依照《中华人民共和国民法通则》第一百零八条，《中华人民共和国合同法》第二百零六条、第二百零七条，《中华人民共和国继承法》第三十三条，并参照《最高人民法院关于贯彻执行〈中华人民共和国继承法〉若干问题的意见》第四十六条，《最高人民法院关于审理民间借贷案件适用法律若干问题的规定》第二十九条，《中华人民共和国民事诉讼法》第一百七十条第一款第二项规定，判决：

一、撤销广西壮族自治区柳州市柳南区人民法院民事判决；

二、陈某娅、陈某源应于本判决生效之日起十日内，在继承陈某华的遗产范围内向谢某品偿还借款本金50万元及支付利息18万元；

三、驳回谢某品的其他诉讼请求。

【法官后语】

夫妻共同债务的法律演变总体是围绕着平衡债权人与夫妻关系中未举债一方的权益问题进行的，《中华人民共和国民法典》对夫妻共同债务的规定是在经验积累的基础上，吸收了相关司法解释的有效做法而形成的。《中华人民共和国民法典》第一千零六十四条规定："夫妻双方共同签名或者夫妻一方事后追认等共同意思表示所负的债务，以及夫妻一方在婚姻关系存续期间以个人名义为家庭日常生活需要所负的债务，属于夫妻共同债务。夫妻一方在婚姻关系存续期间以个人名义超出家庭日常生活需要所负的债务，不属于夫妻共同债务；但是，债权人能够证明该债务用于夫妻共同生活、共同生产经营或者基于夫妻双方共同意思表示的除外。”根据该条规定可以将夫妻共同债务划分为共签共认之债、家事代理之债、债权人举证之债。

关于共签共认之债，夫妻双方都有举债的共同意思表示，包括共同签字、事后追认或者其他证据证明未举债一方对负债知晓且未提出异议，因此该种类型的夫妻共同债务的认定争议不大。

关于家事代理之债，此次《中华人民共和国民法典》制定中的亮点也包括新增了“家事代理权”，“家事代理权”主要是为解决夫妻双方为家庭日常生活需要的支出而产生的纠纷。

本案属于债权人举证之债，即夫妻一方在婚姻关系存续期间以个人名义超出家庭日常生活需要所负的债务，债权人能够证明该债务用于夫妻共同生活、共同生产经营或者基于夫妻双方共同意思表示的，才能认定为夫妻共同债务。购买房产或者车辆供家庭使用是实践中常见的因“夫妻共同生活”所负之债务。共同生产经营既包括夫妻双方共同投资、生产、经营所负之债，也包括仅有夫妻一方经营，但所得利益用于夫妻共同生活所负之债。此种类型的夫妻共同债务的举证责任在债权人一方，债权人若无法举证证明夫妻一方在婚姻关系存续期间以个人名义超出家庭日常生活需要所负的债务是用于夫妻共同生活、共同生产经营，则应当承担举证不能的法律后果。本案中，陈某华借款的数额已经超出家庭日常生活所需，谢某品未能举证证明该债务是用于夫妻共同生活或夫妻共同经营，因此谢某品要求未举债一方承担连带还款责任不能得到支持。

编写人：广西壮族自治区柳州市柳南区人民法院　黄碧霞

19

借款用于夫妻共同生活属于夫妻共同债务

——曹某诉高某、姚某民间借贷案

【案件基本信息】

1. 裁判书字号

北京市第一中级人民法院（2020）京01民终7512号民事判决书

2. 案由：民间借贷纠纷

3. 当事人

原告（被上诉人）：曹某

被告（上诉人）：高某

被告：姚某

第三人：工程公司

【基本案情】

2010年7月27日，姚某与高某登记结婚。2010年8月25日，姚某与房地产公司签订《商品房现房买卖合同》，约定姚某购买涉案房屋，房款总额为3690084元，付款方式为一次性付款。关于购房款的来源，姚某表示，其中210万元向曹某借款，曹某让工程公司直接将款项支付至房地产公司账户，其中100万元由高某的父亲高某军汇入姚某账户由姚某支付，其中70万元向左某借款，左某将该笔款项汇入姚某账户由姚某支付。

2010年8月24日，工程公司向房地产公司账户转款210万元。2012年10月22日，姚某向曹某出具《借条》一份，载明："今借到曹某人民币210万元（由工程公司转到房地产公司）用于购买涉案房屋，年息10%。"

2018 年 3 月 5 日，姚某与高某离婚并签订《离婚协议书》，对子女抚养、共同财产分配、债务处理等内容进行了约定，双方约定涉案房屋归高某一人所有，现该房屋登记在高某名下。

庭审中，曹某确认 2010 年 8 月借款时并未对利息进行约定，利息是 2012 年 10 月 22 日姚某出具《借条》时确定的。

【案件焦点】

高某是否应承担还款责任。

【法院裁判要旨】

北京市昌平区人民法院经审理认为：姚某认可其向曹某出具的《借条》的真实性并认可借款事实，因此姚某应承担还款责任，姚某主张其个人不应当承担还款责任的理由没有证据支持，法院不予采信。

庭审中，高某主张曹某支付的款项并非借款，但高某提交的证人证言以及关于其与姚某家庭经济水平的相关证据均不能否认借款关系的存在。根据庭审查明的事实，曹某将《借条》中的 210 万元通过工程公司汇至房地产公司账户用于购买涉案房屋，涉案房屋购买时间为姚某、高某结婚后，双方离婚时将涉案房屋作为夫妻共同财产分配给高某，因此虽然《借条》中无高某的签字确认，但上述款项明确用于夫妻共同生活，应认定属于夫妻共同债务，高某应承担还款责任。

关于利息，《借条》对利息计算标准进行了约定，姚某、高某应按约定支付利息；曹某庭审中确认 2010 年 8 月借款时并未对利息进行约定，利息是 2012 年 10 月 22 日姚某出具《借条》时确定的，因此曹某主张的利息应从 2012 年 10 月 22 日开始起算，曹某要求姚某、高某支付 2010 年 8 月 24 日至 2012 年 10 月 21 日的利息没有法律依据，法院不予支持。经计算，2012 年 10 月 22 日至 2020 年 2 月 15 日的利息金额为 1537890 元。

北京市昌平区人民法院依据《中华人民共和国合同法》第一百九十六条、第二百零六条、第二百一十一条及《中华人民共和国民事诉讼法》第六十四条规定，判决：

一、姚某、高某于本判决生效后 7 日内返还曹某借款本金 210 万元并支付 2012 年 10 月 22 日至 2020 年 2 月 15 日的利息 1537890 元；

二、姚某、高某于本判决生效后 7 日内支付曹某自 2020 年 2 月 16 日起至实际付清之日止的利息（以 210 万元为基数，按年利率 10%计算）；

三、驳回曹某的其他诉讼请求。

高某不服一审判决，提起上诉。

北京市第一中级人民法院经审理同意一审法院裁判意见，依照《中华人民共和国民事诉讼法》第一百七十条第一款第一项规定，判决：

驳回上诉，维持原判。

【法官后语】

关于夫妻共同债务的认定，存在着一系列规则的变迁，最主要的变化在于将举证责任由非举债一方，变为债权人。从根本上看，其实涉及婚姻家庭保护与债权人保护的价值判断。《中华人民共和国民法典》第一千零六十四条规定："夫妻双方共同签名或者夫妻一方事后追认等共同意思表示所负的债务，以及夫妻一方在婚姻关系存续期间以个人名义为家庭日常生活需要所负的债务，属于夫妻共同债务。夫妻一方在婚姻关系存续期间以个人名义超出家庭日常生活需要所负的债务，不属于夫妻共同债务；但是，债权人能够证明该债务用于夫妻共同生活、共同生产经营或者基于夫妻双方共同意思表示的除外。"从上述规定可以看出，夫妻共同债务主要包括三种情形：一是基于夫妻双方共同意思表示；二是基于家庭日常生活需要；三是用于夫妻共同生活、共同生产经营。以下将结合实务中遇到的具体情况进行对应分析：

第一种情形，意思表示的形式，主流观点包括明示与默示。关于单纯的沉默存在一定的争议。明示一般体现为举债方的配偶在借款协议上签字，至于签字的身份可能为借款人、担保人。对于共债共签的情形，实务中一般无太大争议。而追认既可以采取书面、口头的形式，也可以通过行为表示追认。如非举债方主动向债权人偿还借款。实务中，争议最大的在于债权人将借款汇入非举债方的账户，是否能视为非举债方具有共同借款的意思表示。目前有些法院将其视为夫妻共同借款的合意。笔者认为，不能仅凭借这一条件进行推断，因为夫妻在共同生活期间，举债方想要掌握并控制非举债方的银行卡比较容易，而非举债方想要举证证明该银行卡脱离自身的控制难度很大。这其实涉及权益保护价值判断的问题。从目前法律规定来看，家庭伦理的保护优于债权人的保护，因此法院应该审慎适用单纯的默示。

第二种情形，配偶一方行使家事代理权的情况，主要从借款金额及借款用途进行判断。但目前关于金额的标准并没有明确规定，一般需要结合具体用途来进行个案判断。

第三种情形，借款用于夫妻共同生活、共同生产经营的判断，实务中同样难度很大。法院不能仅根据借条中载明的用途加以认定，而是应该查明款项的实际用途。由于一般情况下，金钱属于种类物，而非特定物。债权人很难举证证明其出借给债务人的款项流向。本案的情况比较特殊，债权人不是直接将款项支付给债务人，而是通过第三人将款项支付给债务人的应付款方。如此一来，债权人就能够证明出借款项的实际用途。

笔者在此提示，债权人为避免后续纠纷的产生，对于属于夫妻共同债务的情况，应尽可能采取债务人及配偶共同签字的方式。

编写人：北京市昌平区人民法院　尤文静　多美琪

20

婚后父母给予子女生活帮助及购房出资款性质的认定

——张某民、周某香诉庄某菡、张某月民间借贷案

【案件基本信息】

1. 裁判书字号

山东省济南市中级人民法院（2020）鲁 01 民终 1827 号民事判决书

2. 案由：民间借贷纠纷

3. 当事人

原告（被上诉人）：张某民、周某香

被告（上诉人）：庄某菡

被告（被上诉人）：张某月

【基本案情】

张某民与周某香系张某月的父母，张某月与庄某菡于 2014 年 5 月 20 日登记结婚。因夫妻感情出现问题，张某月和庄某菡于 2017 年 9 月开始分居。

2014 年 11 月，张某月、庄某菡购买房屋及储藏室，并于 2017 年 7 月 22 日办理房屋及储藏室的权属登记，涉案房屋及储藏室为张某月及庄某菡共同共有。张某民、周某香为张某月、庄某菡支付了上述房屋首付款 501543 元、储藏室价款 25410 元，并偿还了自 2014 年 12 月 18 日至 2019 年 3 月 18 日的上述房屋按揭贷款 203078.4 元，以上共计 730031.4 元。张某民、周某香在本案中主张 729821.4 元。另，张某民、周某香为张某月、庄某菡支付上述房产的住宅专项维修资金 17433 元、契税 17235 元、2016.1.1～2017.12.31 的物业管理费共计 4467.6 元、2016 年度及 2017 年度取暖费共计 4695.16 元，并为张某月、庄某菡的上述房产支出装修费 104500 元，以上住宅专项维修资金、契税、物业管理费、取暖费、装修费共计 148330.76 元。以上因涉案房产张某民、周某香支出费用合计 878152.16 元。

另查明，张某民、周某香代张某月、庄某菡偿还小额贷款及信用卡费用 308415.65 元。

【案件焦点】

1. 张某民、周香兰为涉案房产支出费用 878152.16 元的性质如何认定；2. 代张某月、庄某菡偿还小额贷款、信用卡费用 308415.65 元的性质认定问题。

【法院裁判要旨】

山东省济南市市中区人民法院经审理认为：张某月、庄某菡应共同向张某民、周某香偿还借款 1186567. 81 元（涉案房产相关的费用 878152. 16 元以及信用卡、小额贷等代偿费用 308415. 65 元）并支付以 1186567. 81 元为基数、自 2019 年 6 月 3 日起至实际清偿之日止、按年利率 6%计算的资金占用费。

山东省济南市市中区人民法院依照《最高人民法院关于审理民间借贷案件适用法律若干问题的规定》第二十九条，《最高人民法院关于民事诉讼证据的若干规定》第二条，《中华人民共和国民事诉讼法》第一百四十二条，《最高人民法院关于适用〈中华人民共和国民事诉讼法〉的解释》第一百零九条规定，判决：

一、张某月、庄某菡于本判决生效之日起十日内共同偿还张某民、周某香借款 1186567. 81 元并支付资金占用费（以 1186567. 81 元为基数，自 2019 年 6 月 3 日起至实际清偿之日止、按年利率 6%计算）；

二、张某月于本判决生效之日起十日内偿还张某民、周某香借款 344485 元并支付资金占用费（以 344485 元为基数，自 2019 年 6 月 3 日起至实际清偿之日止、按年利率 6%计算）；

三、驳回张某民、周某香的其他诉讼请求。

庄某菡不服一审判决，提起上诉。

山东省济南市中级人民法院经审理认为：关于涉案房产支出的费用 878152. 16 元应当认定为借款，主要理由为：

1. 根据《最高人民法院关于审理民间借贷案件适用法律若干问题的规定》第十七条规定，原告仅依据金融机构的转账凭证提起民间借贷诉讼，被告抗辩转账系偿还双方之前借款或其他债务，被告应当对其主张提供证据证明。被告提供相应证据证明其主张后，原告仍应就借贷关系的成立承担举证证明责任。本案中，张某民、周某香以转账凭证主张其与张某月、庄某菡之间系民间借贷关系，庄某菡主张所转款项属于赠与，其应就赠与性质进行举证，但庄某菡未能提供有效证据证明张某民、周某香有赠与的意思表示，故应承担举证不能的法律后果。庄某菡主张根据《最高人民法院关于适用〈中华人民共和国婚姻法〉若干问题的解释（二）》第二十二条第二款“当事人结婚后，父母为双方购置房屋出资的，该出资应当认定为对夫妻双方的赠与，但父母明确表示赠与一方的除外”的规定，张某民、周某香为其与张某月购置房产而支出的费用应当认定为赠与，但该条款适用于夫妻离婚分割共同财产之时，解决的是赠与夫妻一方还是双方的问题，但前提是父母出资款已被认定为赠与性质，但目前本案当事人对该款项性质尚存在争议。

2. 根据《最高人民法院关于适用〈中华人民共和国民事诉讼法〉的解释》第一百零九条规定，“当事人对欺诈、胁迫、恶意串通事实的证明，以及对口头遗嘱或者赠与事实的证明，人民法院确信该待证事实存在的可能性能够排除合理怀疑的，应当认定该事实存在”，表明对赠与事实的认定高于一般事实“具有高度可能性的”的证明标准，需排除合理怀疑。张某民、周某香对赠与意思明确表示否认，故本案赠与事实不能排除合理怀疑。

3. 从公序良俗的角度来看，不宜将父母的出资认定为理所当然的赠与。父母对子女在购房并装修时给予资助虽属常态，但这并非父母应当负担的法律义务。子女成年后，父母已尽到抚养义务，并无继续供养的责任。父母对子女买房提供出资的除明确表示赠与外，应视为以帮助为目的的临时性资金出借，子女负有偿还义务。该项费用虽属于大额债务，但明显用于张某月、庄某菡的夫妻共同生活，应当认定为夫妻共同债务，由夫妻共同偿还，一审法院对此认定并无不当，法院予以维持。

关于张某民、周某香代为偿还信用卡费用及小额贷款308415.65元，因庄某菡表示张某民、周某香为其代偿信用卡透支款项系用于庄某菡与张某月夫妻共同生活消费，结合庄某菡、张某月关于其二人没有理性合理消费习惯的陈述，以及庄某菡自认其与张某月消费透支严重，无力偿还，庄某菡的父母及张某月的父母皆为庄某菡、张某月偿还过信用卡的事实，且上述费用发生在张某月、庄某菡夫妻共同生活期间，一审法院将此认定为夫妻共同债务并无不当。根据《最高人民法院关于审理民间借贷案件适用法律若干问题的规定》第二十九条规定，张某民、周某香主张自起诉之日起按照年利率6%支付资金占用期间利息于法有据，应予支持。

山东省济南市中级人民法院依照《中华人民共和国民事诉讼法》第一百七十条第一款第一项规定，判决：

驳回上诉，维持原判。

【法官后语】

现代社会经济飞速发展的同时也带来了房屋价格的不断攀升，很多年轻人在购买房产时很难做到一次性付款。更多父母在子女购房时会选择一定程度上进行帮助，由于亲属关系的亲密性，父母一般不会对出资行为的性质作出明确的意思表示。尽管当初为子女购房出资的行为本意是好的，但一旦子女感情破裂发生离婚纠纷时，当事人对于出资行为的性质各执一词，出资方的父母往往认为是借贷，而子女的配偶则认为是赠与，故而成讼。本案涉及的问题是父母为子女购房的出资款及帮助子女日常生活的款项性质如何认定。

在举证责任分配方面，购房出资款究竟为父母赠与或借款，需要根据双方当事人提供的证据来进行具体认定。但赠与事实高于证明一般事实，“具有高度可能性”的标准。通过男方父母在一审时提供的证据，足以证明付款事实存在，男方也认可借贷关系。但男方父母未明确表示赠与意向，根据《最高人民法院关于审理民间借贷案件适用法律若干问题的规定》（2020 年）第十五条规定：“原告仅依据金融机构的转账凭证提起民间借贷诉讼，被告抗辩转账系偿还双方之前借款或者其他债务的，被告应当对其主张提供证据证明。被告提供相应证据证明其主张后，原告仍应就借贷关系的成立承担举证责任。”女方应遵循此法律条文，举证证明案涉款项系赠与。因女方提交的证据不足以证明男方父母有赠与的意思表示，所以认定存在赠与事实不能排除合理怀疑，出资款应视为男方父母对子女双方的出借款。

另外，根据《最高人民法院关于适用〈中华人民共和国民法典〉婚姻家庭编的解释（一）》第二十九条规定：“当事人结婚前，父母为双方购置房屋出资的，该出资应当认定为对自己子女的个人赠与，但父母明确表示赠与双方的除外。当事人结婚后，父母为双方购置房屋出资的，依照约定处理；没有约定或者约定不明确的，按照民法典第一千零六十二条第一款第四项规定的原则处理。”由此可知，在赠与的意思表示以及赠与相对方不明确的情况下，并不能当然地认为是对子女的赠与。况且该条款适用于夫妻离婚分割共同财产之时，解决的是赠与夫妻一方还是双方的问题，前提是父母出资款已被认定为赠与性质，但目前本案当事人对该款项性质尚存在争议。法院最终判定男方父母出资的首付、帮助还贷的款项等是男女双方的夫妻共同债务。

在社会公序良俗及价值引导方面，父母对子女在购房并装修时给予资助甚至对子女日常生活进行惯常帮助，虽属常态，但这并非父母应当负担的法律义务。子女成年后，父母已尽到抚养义务，并无继续供养的责任。父母对子女买房提供出资的除明确表示赠与外，应视为以帮助为目的的临时性资金出借，子女负有偿还义务。不宜鼓励“啃老”行为，应鼓励子女自行积累财富，不能因子女婚姻关系的不稳定导致父母财产大量流失，致使父母老年生活陷入困顿。

编写人：山东省济南市中级人民法院　姜晓

21

夫妻之间婚内借贷的司法审查要点

——程某诉蒋某民间借贷案

【案件基本信息】

1. 裁判书字号

北京市第二中级人民法院（2020）京02民终8693号民事判决书

2. 案由：民间借贷纠纷

3. 当事人

原告（上诉人）：程某

被告（上诉人）：蒋某

【基本案情】

程某与蒋某于2015年9月登记结婚，婚内育有一子，双方未就婚内财产归属进行约定。2017年1月12日，程某向蒋某账户存款50万元，该申请表用途及附言一栏手写注明：转账借款，银行交易流水单亦显示汇出用途为“转账借款”。同日，蒋某向程某出具手写《欠条》，内容为：今欠程某人民币53万元，于2017年9月1日前还清。2019年2月25日，程某与蒋某协议离婚，双方签署《离婚协议书》，协议约定：“……二、共同财产处理协议：1. 存款：无存款……三、共同债务处理协议：无债务。四、其他事项处理协议：无。”同日，二人办理离婚手续。庭审中，蒋某称其仅收到50万元，收条上记载多出的3万元实际是程某的保管服务费，其没有收取3万元。程某不同意蒋某的陈述，主张其于2017年1月12日在家中给予了蒋某3万元现金。蒋某未就其主张提供证据佐证。法院于庭审中询问蒋某收取程某款项之后的用途，蒋某提交书面说明称：其将该50万元用于炒股，后此款亏损。

另查明，2016年12月13日，蒋某账户向程某账户转款55万元，银行流水显示转款用途为“转账”。蒋某提交2015年11月25日《存量房屋买卖合同》及《存量房屋买卖合同（经纪成交版）》，意在证明蒋某婚前对其所有房屋进行出售并获得相应的售房款，其于2016年12月13日转给程某的款项系其婚前个人财产。蒋某另提交其名下银行账户明细，意在证明其与程某间有过多次钱款转账，经查，该转账发生于双方婚姻存续期间。蒋某于庭审中另称，其本人现无业，依靠刷信用卡生活。

【案件焦点】

1. 婚内夫妻间出具欠条是否形成民间借贷；2. 借款方是否应当偿还该笔借款；3. 借款来源是否属于夫妻共同财产；4. 借款用途是否符合个人经营或个人事务。

【法院裁判要旨】

北京市丰台区人民法院经审理认为：人民法院应当以证据能够证明的案件事实为根据依法作出裁判。当事人对自己提出的诉讼请求所依据的事实或者反驳对方诉讼请求所依据的事实，应当提供证据加以证明。本案在有借款证明、有相应转账支付记录等充分明确证明双方存在借款合同的合意及借款已实际履行的证据的基础上，蒋某否认借款关系的主要理由为涉案借款系发生于双方婚姻关系存续期间这一背景下以及蒋某在借款的前一个月曾向程某转账了55万元。对蒋某的主张是否足以推翻具有充分证据证明的双方借款关系，法院依法认定如下：首先，本案证据所呈现的事实之所以发生令人混淆的效果，其原因主要为双方之间因处于婚姻关系存续期间，双方依法为财产的共同共有人，在此情况下所发生的借款行为难免因钱款的权属关系不清晰、夫妻之间相互的钱款往来而导致混淆。其次，双方之间婚内所取得的工资、奖金及其他收益，无论存于哪一方的名下账户，均属于夫妻共同财产，夫妻之间夫妻共同财产的钱款往来转账，仅改变其控制权，并不改变夫妻共同财产的性质，且系大多数婚姻生活的常态。在此情况下，经查，蒋某于婚姻存续期间向程某有过频繁的转账事实，并非仅有该笔55万元的转账，而现有证据显然难以认定或推定蒋某该笔在先款项的转账系财产的控制权转移或附有赠与、特定生活支出等特定法律关系或特定目的的行为，在此情况下，基于家庭生活关系的伦理性、封闭性以及夫妻共同财产的背景，该款项的转移应认定为婚内的钱款往来范畴，依法属于双方婚内财产关系范畴。再次，钱款在法律上和实际生活中具有非特定物的特点，在同一账户中存有婚前及婚后钱款时，除非在取用、转账等使用行为时行为人附带以明确的表示，否则无法区分所使用的款项系婚前或婚后钱款，基于这一特性，蒋某所提供售房材料仅能作为其婚前个人所拥有钱款的明确金额的证明，但显然不足以作为其所转给程某的款项是来源于其婚前的钱款的证明，同样基于这一特性，在无其他证据佐证的情况下，不足以认定该笔款项与涉案款项是同一钱款。最后，即使是夫妻共同财产，亦可基于夫妻共同处分的意思表示，将部分夫妻共同财产转化为夫或妻一方用于经营或其他个人事务的个人财产，即夫妻之间法定的财产共同共有与双方意定的财产处分并行不悖，此既符合日常婚内生活的实际，亦得到婚姻法相关司法解释的认可。综上，在充分考虑双方婚姻关系的特殊背景下，法院全面审核双方证据、充分考虑双方于婚内作出的特定背景、婚姻家庭的日常生活经验、双方的个人情况及现有在案证据，认定双方之间存在真实借款关系。蒋某的主张不足以推翻在案的双方借贷关系的合意，对其抗辩意见不予采信。

关于所涉钱款的用途，蒋某主张该笔钱款其用于炒股，后亏损。据其陈述和相应证据，现无法认定蒋某对该笔钱款的使用系其与程某共同的投资行为或上述钱款收益用于夫妻共同生活，故应认为该款项用于蒋某个人投资事务。

综上，自然人之间的借款合同，自贷款人提供借款时生效。夫妻之间订立借款协议，以夫妻共同财产出借给一方从事个人经营活动或用于其他个人事务的，应视为双方约定处分夫妻共同财产的行为，离婚时可按照借款协议的约定处理。程某关于双方之间存在借款关系并据此主张返还借款的主张，有转账记录、银行流水明细及欠条等证据在案佐证，法院依法予以支持。其中，关于出借款项的来源，程某虽举证其具有相应的财产能力，但同样仅能作为其个人所拥有的个人财产的明确金额的证明，尚不足以作为出借款系来源于个人财产的证明，基于借款发生于婚姻关系存续期间的背景下，法院认定其所出借款项系来源于夫妻共同财产，现双方已协议离婚，程某主张返还借款，应扣减其出借款中属于夫妻共同财产的部分，因双方对此未做约定，法院确定为出借款项的50%，即 265000 元。程某另主张自出借款项之日起支付利息，自然人之间的借款合同对支付利息没有约定或者约定不明确的，视为不支付利息。借款人未按照约定的期限返还借款的，应当按照约定或者国家有关规定支付逾期利息。现双方未就借款期内利息和逾期付款利息作出约定，程某主张按照 6% 支付资金占用期间利息，于法有据，应予支持。相应利息应自借款期满，即 2017 年 9 月 1 日起计算。应指出的是，人民法院在审理过程中依法查明双方争议事实的客观情况，但人民法院对事实的探究亦仅能依据在案证据所能够证明的事实进行裁判，对证据的认定应遵从逻辑推理和日常生活经验进行判断，但不应以日常生活经验替代证据进行裁判，机械采纳证据所体现事实虽不可取，但无相关证据佐证的个人肆意心证则纯属个人的主观擅断。蒋某于婚内对程某之间的多次其他转账，其转账款的来源、性质及用途等，不属于本案审理范围，蒋某可另行与程某协商或另案处理。

综上，北京市丰台区人民法院依照《中华人民共和国合同法》第二百零六条、第二百零七条、第二百一十条、第二百一十一条，《最高人民法院关于适用〈中华人民共和国婚姻法〉若干问题的解释（三）》第十六条，《最高人民法院关于适用〈中华人民共和国民事诉讼法〉的解释》第九十条规定，判决：

一、蒋某于判决生效之日起 7 日内向程某返还借款 265000 元并支付利息（以 265000 元为基数，按照年利率 6%，计算自 2017 年 9 月 1 日起至实际返还之日止）；

二、驳回程某的其他诉讼请求。

程某、蒋某不服一审判决，提起上诉。

北京市第二中级人民法院经审理同意一审法院裁判意见，依照《中华人民共和国民事诉讼法》第一百七十条第一款第一项规定，判决：

驳回上诉，维持原判。

【法官后语】

司法实践中，夫妻一方依据另一方在婚姻关系存续期间出具的“以夫妻一方为出借人，另一方为借款人”的借条、欠条等，要求对方返还借款。基于我国民间借贷相关法律规定未对夫妻之间借贷行为禁止，故从平等民事主体之间的民事行为角度来看，夫妻一方向另一方借款，本质上与一般自然人之间的借贷并无区别，故婚内夫妻之间的借贷应当适用借款合同的相关法律规定进行调整。同时，因此类借贷产生于婚姻关系存续期间，其借款来源往往是夫妻共同财产，基于夫妻双方对于夫妻共同财产有平等的处理权，故夫妻之间的借贷法律关系又受到婚姻法律的双重保护。

一、夫妻间借贷法律关系的构成要件

《最高人民法院关于适用〈中华人民共和国民法典〉婚姻家庭编的解释（一）》第八十二条规定，夫妻之间订立借款协议，以夫妻共同财产出借给一方从事个人经营活动或者用于其他个人事务的，应视为双方约定处分夫妻共同财产的行为，离婚时可以按照借款协议的约定处理。拆解前述关于夫妻之间构成民间借贷法律关系的规定，构成要件有三：

（一）夫妻之间具有订立借款的合意，且借款已经实际交付

由于夫妻双方在婚前或者婚姻关系存续期间可以对夫妻财产进行约定，因而，在双方存在夫妻共同财产的情形下，双方对于部分共同财产约定一方所有，与夫妻之间借贷行为处理夫妻共同财产的后果一致，均是双方约定处分夫妻共同财产的行为，故实践中如何区分夫妻双方之间协议约定以夫妻共同财产借款给一方还是对部分财产约定为各自所有，司法实践中应当结合双方协议约定的内容加以判定。如双方约定借贷双方、借款数额、偿还期限、偿还方式、利率、偿还金额等内容的，是借款协议。而约定部分财产归一方所有以及财产的管理、使用，没有约定是否需要偿还以及偿还期限、方式、金额的，是财产约定。根据《中华人民共和国民法典》第六百七十九条规定，自然人之间的借款合同是实践性合同，即自贷款人提供借款时成立，也就是借款实际交付借款时成立。另根据《最高人民法院关于审理民间借贷案件适用法律若干问题的规定》第九条规定，以现金支付的，自借款人收到借款时；以银行转账，网上电子汇款等形式支付的，自资金到达借款人账户时，可视为借款合同成立，本案中程某将50万转账至蒋某某银行账户时，双方之间的借贷法律关系已经成立。

（二）借款来源于夫妻共同财产

我国夫妻财产制主要分为法定财产制和约定财产制。法定财产制是指夫妻双方未有约定或者约定无效的情况下，由法律规定夫妻财产权属的制度。约定财产制，是指夫妻以协议形式决定婚姻关系存续期间所得财产权属的夫妻财产制度。我国婚姻立法将法定财产制作为基本的夫妻财产制，将约定财产制作为特殊的财产制度，约定财产制具有排斥法定财产制的效力，即有约定优先约定，无约定或约定不明的，按照法定财产制处理。从财产权属角度来划分，可以夫妻共同财产和夫妻个人财产划分，所谓夫妻共同财产，是指夫妻在婚姻关系存续期间，一方或双方取得，依法由夫妻双方共同享有所有权的共有关系。它不是单指某种财产，而是指一种夫妻财产制度，以及在该种财产制度下财产所有人的权利义务关系。[1] 如果夫妻双方无约定或者约定无效的情况下，应当依据

① 杨立新：《中华人民共和国民法典条文要义》，中国法制出版社2020年版，第758页。

《中华人民共和国民法典》第一千零六十二条采用列举的方式划定夫妻共同财产的范围，主要包括劳动所得类，生产经营收益类，共同取得的知识产权收益，共同受赠、继承的财产以及其他应当归夫妻共同所有的财产。《中华人民共和国民法典》第一千零六十三条规定夫妻个人财产，即一方的婚前财产，一方因受到人身损害获得的赔偿或者补偿，遗嘱或者赠与合同确定只归一方的财产，一方专用的生活用品，其他应归一方的财产。若夫妻双方约定婚前财产及婚后所得财产全部归各自所有，此时不存在夫妻共同财产，若双方存在借贷关系，可以按照一般的民间借贷关系处理。

（三）借款用途用于借款一方从事个人经营活动或者用于其他个人事务

如何判断借款用途用于一方从事个人经营活动，可以参考以下情形加以判断：1. 投资的财产是否属于一方个人所有，如本条规定情形下的借款，在交付给借款方时所有权即发生转移，即从夫妻共同财产转化为借款方的个人财产；2. 双方是否明确约定经营活动完全由一方负责；3. 实际的经营过程中是否完全由一方进行经营管理，另一方或者家庭其他成员是否参与经营管理；4. 投资开办的经营主体是法人的，其财产是否与夫妻共同财产混同。[①] 对于判断用于其他个人事务，可以采用排除法反向判定，即借款用途如用于夫妻应尽的法定义务，或者为了共同生活需要进行的事务，则不属于个人事务。

二、如何理解“按照借款协议的约定处理”

夫妻间借贷行为的成立，从债权角度出发，由于夫妻双方为债权共同所有人，自然也就成为共同债权人；从债务角度出发，出具欠条的一方为债务人。此时根据“按照借款协议的约定处理”，首先应尊重当事人意思一致原则，双方有约定依照约定，即双方在不违反法律强制性规定的基础上，可以按照借贷金额、还款期限、利息约定等进行处理。同时也要根据借款一方有无还款并结合离婚夫妻财产分割的处分规则加以判断：1. 如果在婚姻关系存续期间，借款一方已经归还借款的，则双方的债权债务归于消灭，离婚后借款方当然不需要

---

① 最高人民法院民事审判第一庭：《最高人民法院婚姻法司法解释（三）理解与适用》，人民法院出版社2015年版，第232~233页。

偿还；2. 借款方没有偿还借款，离婚后借款方应当偿还全部借款的一半；3. 若借款方已经在婚姻存续期间偿还部分借款，则离婚后借款方仍应当给予出借方未偿还的部分借款的一半。已经偿还的部分计入夫妻共同财产的总额，可按照夫妻共同财产进行分割处理。

编写人：北京市丰台区人民法院　郭婧芳

三、借款主体认定

22

具有亲属关系的多人向他人借款是否构成共同借款的认定

——鞠某凤诉谭某刚、谭某南民间借贷案

【案件基本信息】

1. 裁判书字号

北京市第二中级人民法院（2020）京02民终3035号民事判决书

2. 案由：民间借贷纠纷

3. 当事人

原告（被上诉人）：鞠某凤

被告（上诉人）：谭某刚

被告（被上诉人）：谭某南

【基本案情】

谭某刚与鞠某凤系同学关系，谭某刚与谭某南系父子关系。针对本案涉及的借款80万元，2011年12月至2012年3月，谭某刚、谭某南均向鞠某凤出示过借款金额不等的借条。鞠某凤分别向案外人班某及谭某刚、谭某南汇款，金额分别为20万元、10万元、50万元。具体体现在鞠某凤提交的“谭某刚借款80万元明细表”中，内容显示“2011年12月14日转账班某5万元，2011年

12 月 15 日转账班某 15 万元，2012 年 2 月 1 日转账谭某刚 10 万元，2012 年 3 月 9 日六次转账谭某南共计 25 万元，2012 年 3 月 12 日两次转账谭某南共计 10 万元，2012 年 3 月 14 日两次转账谭某南共计 15 万元”。此后，鞠某凤与谭某南又发生多次借贷关系，谭某南亦在持续还款。鞠某凤提交的银行流水显示 2012 年 8 月至 2013 年 7 月，鞠某凤多次向谭某南账户转账共计约 300 万元。谭某南提交的还款明细中未记载此期间存在偿还本案涉及的 80 万元的情况。

【案件焦点】

1. 80 万元借款是否已经还清；2. 谭某刚是否为共同借款人；3. 是否存在关于借款利息的约定。

【法院裁判要旨】

北京市西城区人民法院经审理认为：根据双方当事人陈述及相关证据，可以认定鞠某凤与谭某南双方存在长期多次的借贷关系，本案诉争的 80 万元，系 2011 年 12 月 14 日至 2012 年 3 月 14 日累计发生的多笔借贷，见鞠某凤提交的“谭某刚借款 80 万元明细表”，谭某南首次于 2013 年 3 月 20 日予以书面确认，表示续用一年。谭某南又于 2017 年 1 月 17 日再次书面确认。说明鞠某凤作为出借人与谭某南作为借款人就本案诉争的 80 万元存在民间借贷关系。

一、关于借款是否已经还清

法院认为尚未归还。原因如下：1. 借条原件仍在鞠某凤手中，系重要的债权凭证。2. 鞠某凤与谭某南双方借贷频繁，该 80 万元借款发生后，双方确认的鞠某凤提交的银行流水显示仅在 2012 年 8 月至 2013 年 7 月，双方之间又累计发生了约 300 万元的借贷；但此期间谭某南还款金额远低于借款金额。故可以推定 2013 年 3 月 20 日至 2014 年 3 月 20 日的还款涉及偿还其他借款的情况，亦应包括短期借款即鞠某凤所提到的口头随借随还的情况。法院多次通知谭某刚与谭某南到庭接受询问，但二人均未到庭，导致具体还款情况无法核实，应承担相应的不利后果。3. 谭某南表示其于 2017 年 1 月 17 日写的借款条系应鞠某凤要求，对诉争80万元作了确认，但是认为已经还清了。法院认为谭某南的陈述自相矛盾，从常理讲，其又一次对诉争80万元作了确认，表明债务尚未偿还。因双方资金往来频繁，银行流水并不能足以证明其已经偿还了该80万元借款，故对其抗辩理由法院不予采信。

二、谭某刚是否为共同借款人

法院认为诉争80万元借款应为谭某刚与谭某南的共同借款，双方均应承担还款责任。因为虽然民间借贷合同应为实践性合同，合同成立要件包括意思表示一致及款项的交付。但款项直接转入借款人账户并非民间借贷法律关系存在的必要条件，款项直接转入借款人指定账户亦可视为交付，借贷合同成立。谭某刚在80万元借贷过程中，曾向鞠某凤出具过两张借条，尤其在2012年3月20日借款条中明确表示借款金额为80万元，虽然在履行过程中，只有10万元直接转入谭某刚账户，但是基于谭某刚与谭某南和鞠某凤的关系，综合分析全部证据，法院认为其余70万元可推定为系谭某刚指定转入班某及谭某南账户，所以鞠某凤与谭某刚之间就这80万元存在民间借贷法律关系。理由如下：1. 谭某南于2013年3月20日在谭某刚所写借款条的下面明确表示“续用一年”，按照常理推定，谭某南书写时，谭某刚于2012年3月20日书写的借款条尚未被划掉。2. 谭某刚否认其于2012年2月1日所写的30万元借条及上述80万元借款条的效力，并未出示相反证据予以证明，亦应承担举证不能的责任。法院认为其书写借款行为就是为了确认之前借款的存在。3. 证人证言能够佐证70万元系谭某刚指定转入他人账户。班某前后证言不一致，但未出示合理原因及证据推翻首次证言，且班某身份为谭某南的雇员，故法院采信其首次证言的效力，即20万元系谭某刚让其代收。证人魏某玲系鞠某凤与谭某刚的同学，其证言证明力较强，其称谭某刚向其借款时亦要求将款项转入班某账户的行为，可以佐证本案中存在此类行为。

三、是否存在关于借款利息的约定

法院认为，鞠某凤主张借款之初即存在关于利息的口头约定，但谭某刚与谭某南不予认可。鞠某凤与谭某南款项往来频繁，不具有明显规律性，故鞠某凤提交的证据银行流水及单方制作的利息计算表不能证明相关利息标准，故法院对鞠某凤的主张不予采纳。但是谭某南在2017年1月17日借款条中明确表示“承诺于2017年3月10日之前偿还本金80万元，利息按月息2%比例计”。该利息标准并未超出国家法律规定，故对2017年3月10日以后按照月息2%计算利息。鞠某凤诉请的利息期间为2014年1月至2019年8月，鞠某凤采用整月计算利息的方式，故为了便于计算，法院计算2017年3月10日至2019年8月9日共计29个月的利息为464000元，予以支持，其他部分不予支持。该利息约定系鞠某凤与谭某南的个人约定，对谭某刚不发生法律效力。

北京市西城区人民法院依据《中华人民共和国合同法》第八条，《最高人民法院关于审理民间借贷案件适用法律若干问题的规定》第三十条，《最高人民法院关于适用〈中华人民共和国民事诉讼法〉的解释》第九十条规定，判决：

一、本判决生效之日起七日内，谭某刚、谭某南偿还鞠某凤借款80万元；

二、本判决生效之日起七日内，谭某南给付鞠某凤2017年3月10日至2019年8月9日的利息共计464000元；

三、驳回鞠某凤的其他诉讼请求。

谭某刚不服一审判决，提起上诉。

北京市第二中级人民法院经审理认为：关于谭某刚是否应当承担还款责任。根据已查明事实，谭某刚认可其曾向鞠某凤出具过两张借条，其中2012年3月20日出具的80万元借条，谭某刚表示其已用画叉的方式表明其不承担还款责任的态度，但该借条原件现保存于债权人鞠某凤手中，鞠某凤不认可谭某刚的主张，且画叉行为本身并不能得出否定其还款责任的唯一结论，如果谭某刚不愿承担还款责任，其可以不把借条交付鞠某凤或在借条上明确表明其不承担责任的态度；另，在二审审理过程中，谭某刚亦明确表示其出具借条的用意为如果谭某南不能还款其会帮谭某南承担责任，结合上述事实，谭某刚应当为其出具借条的行为承担责任。综上所述，谭某刚的上诉请求不能成立，应予驳回；

一审判决认定事实清楚，适用法律正确，应予维持。

北京市第二中级人民法院依照《中华人民共和国民事诉讼法》第一百七十条第一款第一项规定，判决：

驳回上诉，维持原判。

【法官后语】

民间借贷纠纷案件其中一部分案件发生在熟人之间，因此不管是基于朋友、亲属关系之间的信任，还是碍于情分，出借人与借款人之间往往对借款合同还款时间、收款账户、利息等条款约定不明确，草草书写借条了事，有的甚至没有签署借条，口头表示后即转账交付。在这种情况下，对于频繁发生借贷关系尤其存在多个共同借款人的借贷双方来讲，后期还款过程中极易发生纠纷，也给法院审理此类案件带来了不必要的资源浪费。

本案中，是否能够认定父亲谭某刚与儿子谭某南同向谭某刚同学鞠某凤借款，法院在审查所有借条形成过程的基础上，综合分析谭某刚的借款意图、款项交付对象、借款用途等因素，认定系共同借款。

一、共同借款与债务让与、债务加入

关于认定共同借款人身份，要区分最初的共同举债与债务让与、债务加入。《中华人民共和国民法典》第五百五十一条规定，债务人将债务的全部或者部分转移给第三人的，应当经债权人同意。债务人或者第三人可以催告债权人在合理期限内予以同意，债权人未作表示的，视为不同意。第五百五十二条规定，第三人与债务人约定加入债务并通知债权人，或者第三人向债权人表示愿意加入债务，债权人未在合理期限内明确拒绝的，债权人可以请求第三人在其愿意承担的债务范围内和债务人承担连带债务。可见，债务加入、债务让与共同借款最明显的区别在于发生时间，债务加入、债务让与均发生在前债之后，最本质的区别在于最终责任主体的认定。共同借款系借款人在与债权人发生借贷关系时即具有共同借款的意思表示，共同借款人承担连带还款责任。本案中，虽然谭某刚与谭某南从未在同一张借条上签字，但是谭某刚最初签字的借条指向的款项大部分转入谭某南账户用于公司经营，后期谭某南另行签署借条予以确认，可以推断出双方具有共同举债的意思。

二、家人作为借款续用人在原借条上签字划掉前借款人名字并不代表否定前借款人的借款意图

本案案情的特殊之处在于谭某南另行签署借条的行为系在谭某刚书写的原借条纸面上划掉原借条，书写具有"续借"意思的借条。此时排除谭某刚的债务人身份从而免除其还款义务，需要谭某刚与鞠某凤之间达成合意，谭某刚并未举证证明亦未出庭参加诉讼，故法院不予采信谭某刚的意见。

三、出借人虽未将大部分款项转入前借款账户，但结合借款意图、身份关系及款项用途等因素，认定款项交付成立

本案中，80 万元其中 10 万元直接转入谭某刚账户，20 万元转入司机班某账户，50 万元转入谭某南账户。但基于谭某刚与谭某南系父子的特殊身份关系，且二人均对 80 万元出具过借条，款项用途系公司经营，因二人具有共同借款意图，故只要借款最终到达二人任何一人的账户，均视为交付。

编写人：北京市西城区人民法院　郑宇昕

23

第三方收款人实际占有并使用借款且无法证明款项去向，应认定其与债务人为共同借款人，对债务承担共同还款责任

——张某春诉张某媛、石某方民间借贷案

【案件基本信息】

1. 裁判书字号

河北省邢台市中级人民法院（2021）冀 05 民终 418 号民事判决书

2. 案由：民间借贷纠纷

3. 当事人

原告（被上诉人）：张某春

被告（上诉人）：张某媛

被告：石某方

【基本案情】

石某方向张某春借款，2018年5月25日石某方向张某春出具《借条》：今借张某春现金200万元。2018年5月29日，张某春向张某媛账户转账185万元。2018年5月30日，张某春向张某媛账户转账15万元。石某方认可口头约定月息1.5分。张某媛账户收到款项后进行多笔消费并于2018年6月9日分两次向其父张某某账户转账共计220万元。

另查明，张某春诉石某方民间借贷案，原河北省邢台市桥西区人民法院于2019年7月22日作出（2019）冀0503民初1103号民事裁定书，裁定驳回张某春的起诉。河北省邢台市中级人民法院于2020年5月19日作出（2020）冀05民终1126号民事裁定书，裁定："一、撤销河北省邢台市桥西区人民法院民事裁定；二、本案指令河北省邢台市桥西区人民法院审理。"在本案审理过程中，张某春追加张某媛为本案被告，法院依法予以准许。

【案件焦点】

1. 张某春主张借款本金金额及利息起算时间及计算标准；2. 张某春能否申请追加张某媛为被告参加诉讼；3. 石某方、张某媛对张某春主张债权承担何种责任。

【法院裁判要旨】

河北省邢台市桥西区人民法院经审理认为：石某方向张某春借款，张某春将借款款项转账至石某方指定的张某媛名下银行账户且石某方向张某春出具了《借条》，双方之间民间借贷关系依法成立并生效，石某方作为借款人应当履行归还借款本金及利息的义务。双方口头约定月息为1.5分，现张某春主张自起诉之日（2019 年 4 月 22 日）起至偿清之日止，按年利率 6%标准计算利息，法院予以支持。张某媛称其仅是代收人，不是借款人，其均是按石某方的指示收款、转款或者提现。既然张某媛为石某方代收款项，那么该款项的最终使用人仍应为石某方，但其账户在收款后直至 2020 年 10 月 14 日一直持续不间断的消费和使用，其中包括向其父进行 220 万元大额转账以及购买衣物等消费，且张某媛对借款款项由谁使用、如何使用以及使用用途都无法准确地进行说明，该账户内款项与石某方所借款项存在混同情况，故张某媛应对石某方本案债务承担连带清偿责任。

河北省邢台市桥西区人民法院依照《中华人民共和国合同法》第八条、第六十条第一款、第一百零七条、第一百九十六条，《最高人民法院关于审理民间借贷案件适用法律若干问题的规定》第二十九条，《最高人民法院关于审理民间借贷案件适用法律若干问题的规定》第二十六条，《最高人民法院关于适用〈中华人民共和国民事诉讼法〉的解释》第九十条规定，判决：

一、石某方于本判决生效之日起十日内偿还张某春借款本金 200 万元及利息，利息自 2019 年 4 月 22 日起至偿清之日止，按年利率 6%标准计算；

二、张某媛对石某方的上述第一项付款义务承担连带清偿责任；

三、驳回张某春的其他诉讼请求。

张某媛不服一审判决，提起上诉。

河北省邢台市中级人民法院经审理同意一审裁判意见，依照《中华人民共和国民事诉讼法》第一百七十条第一款第一项规定，判决：

驳回上诉，维持原判。

【法官后语】

追加当事人是指在诉讼过程中，必须共同进行诉讼的当事人没有参加诉讼时，人民法院通知或者依当事人申请追加当事人参加诉讼的一种程序，为了保障当事人合法权益、解决当事人之间民事纠纷。《中华人民共和国民事诉讼法》第一百三十五条规定，必须共同进行诉讼的当事人没有参加诉讼的，人民法院应当通知其参加诉讼。《最高人民法院关于适用〈中华人民共和国民事诉讼法〉

的解释》第七十三条规定："必须共同进行诉讼的当事人没有参加诉讼的，人民法院应当依照民事诉讼法第一百三十二条的规定，通知其参加；当事人也可以向人民法院申请追加。人民法院对当事人提出的申请，应当进行审查，申请理由不成立的，裁定驳回；申请理由成立的，书面通知被追加的当事人参加诉讼。"法院审查追加当事人申请是否合法，关键在于当事人申请追加的当事人是否为案件必要共同诉讼人。具体到本案中，法院需要审查张某春请求追加被告张某媛在本案民间借贷纠纷中是否对其负有共同还款义务，是否在本案这一法律关系中得以解决。法院经审查张某春提交的向张某媛账户转账记录和张某媛账户在收款后直至2020年10月14日一直持续不间断的消费和使用，其中包括向其父张某某进行220万元的大额转账，以及购买衣物等消费相关证据，认定张某媛与本案债务存在利害关系且张某春提供相关证据证明符合形式上的关联性，从有利于查明案件事实和解决本案纠纷角度，应当追加张某媛为本案被告。债权人以民间借贷纠纷为由起诉债务人，在诉讼过程中申请追加其他当事人为共同被告的，在案件未作出最终裁判前，法院应当重点审查原告提交证据是否具有关联性以及当事人之间利害关系，从有利于查明案件事实和解决本案纠纷角度，应将承担共同还款义务的当事人追加为共同被告。

民间借贷纠纷中存在债权人根据合同约定或者债务人指示直接将款项支付给第三方收款人情形，实际收款人收到款项后进行消费和使用且无法证明款项去向，债权人主张实际收款人与债务人承担共同还款责任的，人民法院如何进行裁判，司法实务中存在争议。具体到本案，张某媛作为第三方收款人已实际收到款项，根据张某春提供证据证明实际收款人张某媛在收款后直至2020年10月14日，持续不间断地从收款账户消费和使用，包括向其父转账220万元，购买衣物等消费。第三方收款人实际占用并使用借款，对案涉款项由谁使用、如何使用等未能确切说明，更未能证明220万元转入其父亲账户后的去向，法院结合第三方收款人实际占用并使用款项、款项消费情况等因素综合考量，认定第三方收款人可视为共同借款人，应与债务人共同承担还款责任。

编写人：河北省邢台市信都区人民法院　徐蕾青

24

项目负责人以公司名义借款未谨慎审查资金流向能否构成表见代理

——刘某诉房地产公司等民间借贷案

【案件基本信息】

1. 裁判书字号

黑龙江省高级人民法院（2020）黑民再194号民事判决书

2. 案由：民间借贷纠纷

3. 当事人

原告（上诉人、再审被申请人）：刘某

被告（被上诉人、再审申请人）：房地产公司

被告（被上诉人、再审被申请人）：林某某、吴某某

【基本案情】

林某某挂靠在房地产公司名下期间，因建设施工项目缺少资金，通过案外人胡某向刘某借款80万元，并于2013年9月24日出具欠据一份，双方约定：借刘某人民币80万元，月利3分，从2013年9月25日起开始计息，吴某某在借款人处签字，并加盖了房地产公司字样的印章。2014年8月13日，林某某、吴某某再次向刘某借款45.5万元，双方出具欠据一张，欠据载明：欠刘某人民币45.5万元，此款计划使用9个月，每月按3%计息，9个月利息122850元，若在2015年5月13日前未能结清此款，每月按2%计息，最晚于2016年8月13日前结清，计息方式以实际借款日期为准，林某某、吴某某均在欠款人处签字，并加盖了房地产公司财务专用章字样的印章。胡某在证明人处签字。2015

年 5 月 6 日，因上述第一笔 80 万元借款一直未偿还，刘某与林某某、吴某某协商：由林某某、吴某某于 2015 年 4 月 25 日起，按月息 2%计算直至还清为止。林某某、吴某某、证明人胡某签字确认，并加盖了房地产公司印章。2017 年 11 月 29 日，刘某与林某某、吴某某的房屋买卖合同案，经黑龙江省富锦市人民法院主持调解，现该案正在执行中。

因房地产公司提出对欠据上的公章申请鉴定，林某某称与房地产公司之间属挂靠关系，并向公司交纳管理费，在进行建设施工过程中，为办理小区项目相关手续刻制了公司公章。

【案件焦点】

挂靠公司的项目负责人擅自以公司名义借款，未谨慎审查资金流向，能否证明其善意无过失，从而认定为表见代理。

【法院裁判要旨】

黑龙江省友谊县人民法院经审理认为：刘某与林某某、吴某某之间的借款合同系双方真实意思表示，合同成立且有效。《中华人民共和国合同法》第一百九十六条规定："借款合同是借款人向贷款人借款，到期返还借款并支付利息的合同。"林某某、吴某某应当根据《中华人民共和国合同法》第二百零六条、第二百零七条的规定履行义务。刘某要求林某某、吴某某偿还本金 95.5 万元，同时以借款本金 80 万元为基数，按月利率 2%计算自 2013 年 9 月 25 日起至给付之日止的利息；以借款本金 15.5 万元为基数，按月利率 2%计算自 2014 年 8 月 13 日起至给付之日止的利息的诉讼请求符合《最高人民法院〈关于审理民间借贷案件适用法律若干问题〉的规定》第二十六条第一款："借贷双方约定的利率未超过年利率 24%，出借人请求借款人按照约定的利率支付利息的，人民法院应予支持"和第二十九条"借贷双方对逾期利率有约定的，从其约定，但以不超过年利率 24%为限"的规定，法院予以支持。刘某要求房地产公司承担偿还欠款的诉讼请求，因林某某在鉴定答辩意见中称："欠据上房地产公司印章系林某某本人所刻，且本案借款并未实际流入公司账户。"由此可以证明，刘某欠据上加盖的印章与房地产公司无关。属于林某某、吴某某的个人行为。

黑龙江省友谊县人民法院依照《中华人民共和国合同法》第一百九十六条规定，判决：

一、林某某、吴某某于本判决生效之日起十日内偿还刘某借款本金95.5万元，同时以借款本金80万元为基数，按月利率2%计算支付利息，自2013年9月25日起至给付之日止；以借款本金15.5万元为基数，按月利率2%计算支付利息，自2014年8月13日起至给付之日止；

二、驳回刘某的其他诉讼请求。

刘某不服一审判决，提出上诉。

黑龙江省双鸭山市中级人民法院经审理认为：本案争议的焦点为房地产公司是否应当与林某某、吴某某共同承担偿还刘某借款的责任。房地产公司授权林某某进行开发，并没有充分证据证明其授权的具体范围。林某某为开发建设该项目以房地产公司名义向刘某借款，在向刘某出具借据时，加盖了“房地产公司”字样的印章，林某某、吴某某在借款人（欠款人）处签字。刘某作为出借人，无能力鉴别林某某、吴某某出示印章的真伪，根据林某某的外在职业表象，刘某有理由相信其系该公司项目负责人，能够代表该公司对外借款，故该印章的真伪并不影响借据的效力，房地产公司作为借款人应承担还款责任。林某某、吴某某在借款人处签字的行为属于债务加入，亦应与房地产公司共同承担给付欠款责任。另，关于刘某主张以抵押财产抵偿债务本息的上诉请求，因其在一审起诉时未主张，属二审中增加独立的诉讼请求，各方当事人就该请求未达成调解且未同意二审中一并审理，故对于该请求在本案不作处理，刘某可另案主张。

黑龙江省双鸭山市中级人民法院依照《中华人民共和国合同法》第四十四条、第一百九十六条、第二百零六条、第二百零七条，《最高人民法院关于适用〈中华人民共和国民事诉讼法〉的解释》第二十六条第一款、第二十八条、第二十九条，《中华人民共和国民事诉讼法》第一百七十条第一款第二项规定，判决：

一、撤销黑龙江省友谊县人民法院民事判决；

二、房地产公司、林某某、吴某某于本判决生效之日起十日内共同给付刘某借款本金 95.5 万元及利息（以 80 万元为基数，按月利率 2%标准计算，自 2013 年 9 月 25 日起至给付之日止；以 15.5 万元为基数，按月利率 2%标准计算，自 2014 年 8 月 13 日起至给付之日止）。

房地产公司不服二审判决，申请再审。

黑龙江省高级人民法院再审认为：表见代理是指代理人不具备代理权，但是具有代理关系的某些表面要件，并且这些表面要件足以使第三人相信其有代理权。构成表见代理需审查两个主要要件：一是代理人是否具有代理权表象；二是相对人是否善意无过失。本案中，刘某与林某某、吴某某之间存在两笔借款，即 2013 年 9 月 24 日借款 80 万元，2014 年 8 月 13 日借款 45.5 万元，除此各方之间还存在多笔借款，均是刘某将借款转入林某某或吴某某个人账户，还款亦是由林某某个人账户偿还，转出和转入款项均未曾经过房地产公司账户，不具有林某某代表房地产公司的表象。虽然案涉借据上加盖了房地产公司的公章，但林某某认可该公章是其私刻，并认可案涉借款是其个人借款，与房地产公司无关，同时，对于款项均转入个人账户的情况，刘某从未向房地产公司进行核实。2017 年刘某以案涉 45.5 万元中的 30 万元向黑龙江省富锦市人民法院提起诉讼，向林某某、吴某某、房地产公司主张各方存在房屋买卖合同关系，要求林某某、吴某某、房地产公司交付房屋。综上，能够确认刘某在借款发生时知晓其将款项出借给林某某、吴某某个人，故林某某、吴某某向刘某借款行为不构成表见代理。二审判决认定房地产公司系案涉借款合同相对人，属于认定事实错误。

黑龙江省高级人民法院依照《中华人民共和国民事诉讼法》第二百零七条第一款、第一百七十条第一款第二项，《最高人民法院关于适用〈中华人民共和国民事诉讼法〉的解释》第三百九十条规定，判决：

一、撤销黑龙江省双鸭山市中级人民法院民事判决；

二、维持黑龙江省友谊县人民法院民事判决。

【法官后语】

表见代理是指代理人不具备代理权，但是具有代理关系的某些表面要件，并且这些表面要件足以使第三人相信其有代理权。构成表见代理需审查两个要件：一是代理人是否具有代理权表象；二是相对人是否善意无过失。

人民法院在判断合同相对人主观上是否属于善意且无过失时，应当结合合同缔结和履行过程中的各种因素综合判断合同相对人是否尽到了合理注意义务，此外还要考虑合同缔结时间、以谁的名义签字、是否盖有相关印章和印章的真伪、标的物的交付方式和地点、所借款项的用途、公司是否知道代理人的行为、是否参与履行等因素确定。

实践中，有的公司有意刻制两套或多套公章，有的法定代表人或代理人甚至私刻公章，与相对人订立合同时，加盖的是非备案公章，发生纠纷时合同相对人以加盖公章为假来否定合同效力的情形并不少见，此时，应当着重审理加盖公章时，代理人是否具有合法的代理权限，从而根据代理的相关规则予以确认合同效力。本案中，一般而言，项目负责人对外从事与所管理工程有关的交易，即属于项目负责人职权范围的事项，只要其具有公司的一般性授权认可，结合工程现场的公示牌、项目部印章等即可认定构成表见代理的表象。由于项目负责人以项目部或公司名义对外借款，超出了项目负责人的职权范围，代理权表象的认定应当更为严格。本案中，林某某系挂靠在房地产公司进行开发，双方当事人均未提交证据证实房地产公司对林某某具体授权范围，房地产公司及林某某均认可房地产公司不曾授权林某某对外借款，庭审中刘某亦认可其并未看到房地产公司授权林某某对外借款的授权手续，故林某某并不具备表见代理的表象。

另外，从借款实际履行来看，一般对于大额借款，债权人不仅要审核授权文书等形式要件，而且要结合银行转账记录等审核借款用途和资金流向，个人账户和公司账户是可以明显区分的。本案中，刘某与林某某、吴某某之间存在两笔借款，即2013年9月24日借款80万元，2014年8月13日借款45.5万元，除此各方之间还存在多笔借款，均是刘某将借款转入林某某或吴某某个人账户，还款亦是由林某某个人账户偿还，转出和转入款项均未曾经过房地产公司账户，不具有林某某代表房地产公司的表象，刘某也未尽到合理谨慎的义务。

综上，合同相对人主张构成表见代理，应承担举证责任，不仅应当举证证明代理行为存在合同、公章等表象形式要素，而且应当证明其善意且无过失地相信行为人有代理权。本案中，因林某某并不具备表见代理的表象，刘某亦未尽到合理谨慎的义务，所以刘某主张表见代理不成立，公司不应当承担责任。

编写人：黑龙江省高级人民法院　李丹华

25

使用非备案公章亦会产生法律效力

——周某诉黄某杏、机械公司民间借贷案

【案件基本信息】

1. 裁判书字号

广西壮族自治区梧州市中级人民法院（2020）桂04民终1253号民事判决书

2. 案由：民间借贷纠纷

3. 当事人

原告（被上诉人）：周某

被告（上诉人）：机械公司

被告（被上诉人）：黄某杏

【基本案情】

2018年6月，黄某杏向周某提出借款需求，2018年6月7日周某就借款事宜与黄某杏进行协商后拟定《借款合同》一份，其上记载“甲方（借款人）：

机械公司、乙方（借款人）：黄某杏、丙方（出借人）：周某、丁方（居间费用受益人）：凌某。甲方、乙方向丙方申请借款，为明确各方的权利和责任，甲、乙、丙、丁四方经充分协商，就具体合作方式达成如下协议：一、甲方、乙方因经营发展需要，向丙方申请借款，各方同意：1. 借款金额 30 万元，本协议中的货币单位‘元’均指人民币元；2. 借款期限：从本协议签订之日 2018 年 6 月 7 日至 2018 年 8 月 6 日，如果甲方、乙方在借贷关系存续期间没有提出续借要求，并取得丙方同意下，全部借款于到期日一次还清；3. 居间费用：资金使用费每月按借款额的 4%计算，并由甲方、乙方于 2018 年 8 月 6 日前一次性还清支付。二、丙方应于本协议签订之日当日内将人民币金额：30 万元划入甲方、乙方指定的账户，甲方、乙方应于本协议规定之日向丙方支付本金，逾期应按日 5‰支付给丙方逾期（利）息。三、甲方、乙方承诺，自丙方取得的资金仅限于用作经营法定经营范围内业务，不得挪作归还贷款与向他人借款，如有违反此承诺，丙方有权提前收回借款”等内容。周某将上述借款合同及一份其上记载“今收到周某借来的款项人民币 30 万元整，借款用途：公司合法经营；借款期限自 2018 年 6 月 7 日至 2018 年 8 月 6 日。借款方式：网银转账方式转入；账户名称：黄某杏。签署此收据并已确认款项已收妥”的收据交给黄某杏。黄某杏于上述借款合同及收据借款人（甲方、乙方）栏处签名捺印并加盖机械公司印章后，将上述借款合同及收据连同机械公司营业执照、黄某杏、黄某颖身份证复印件一并交由周某收执。同日，周某向黄某杏账号转账支付 30 万元。当天黄某杏向周某支付 12000 元，其后黄某杏分别于 2019 年 1 月 31 日、4 月 3 日、6 月 5 日向周某转账支付 1 万元、2 万元、5000 元。

另查明，机械公司为成立于 2002 年 12 月 16 日的有限责任公司，现任法定代表人为黄某强，股东为黄某强、黄某坚；2016 年 1 月至 2019 年 7 月，黄某颖为机械公司时任法定代表人。机械公司于 2016 年 7 月 25 日向公安局申请刻制机械公司印章，同年 7 月 28 日以印章遗失为由向公安局申请注销机械公司印章。2020 年 3 月 4 日，机械公司在报刊上刊登遗失声明称其不慎遗失公章一枚。庭后经询机械公司、黄某颖，其表示机械公司曾经公安机关批准刻制两枚公章，由机械公司股东黄某强、黄某坚各持有一枚印章；借款合同上加盖的印章为机械公司的公章但并非当时机械公司向公安机关备案的公章且法定代表人黄某颖的签名非其本人所签；因机械公司两位股东分别开展业务，黄某杏作为黄某坚的女儿负责其父亲的业务而持有机械公司的印章；2016 年 7 月 25 日机械公司刻制的新公章后已与黄某坚、黄某杏协商好不再使用旧公章，但未强制回收销毁旧公章；黄某杏曾负责机械公司财务管理工作，2018 年其另外开设公司后才不在机械公司担任职务，黄某杏不止一次持机械公司公章以机械公司名义对外借款，机械公司就该问题未向公安机关报案处理。

再查明，周某与黄某杏除案涉 30 万元借款外，还存在一笔 7 万元借款，周某亦于 2020 年 6 月 4 日就 7 万元借款诉至法院。机械公司于 2016 年 7 月 21 日在报刊刊登遗失声明：机械公司不慎遗失公章 1 枚，现声明作废。机械公司于 2020 年 3 月 4 日又在报刊刊登遗失声明：机械公司不慎遗失公章 1 枚；遗失财务专用章 1 枚，现声明作废。

【案件焦点】

机械公司应否承担本案借款及利息的偿还责任。

【法院裁判要旨】

广西壮族自治区梧州市万秀区人民法院经审理认为：合法的借贷关系受法律保护，黄某杏向周某借款的事实，有其签名捺印的《借款合同》、收据及网上银行电子回单予以证实，黄某杏对此亦予以认可，仅是辩称其于借款出借当天向周某支付 12000 元，应在 30 万元本金中予以扣除，周某则认为该 12000 元为黄某杏支付借款首月利息，根据《中华人民共和国合同法》第二百条“借款的利息不得预先在本金中扣除。利息预先在本金中扣除的，应当按照实际借款数额返还借款并计算利息”及第二百零八条“借款人提前偿还借款的，除当事人另有约定的以外，应当按照实际借款的期间计算利息”的规定，法院依法认定周某本案出借的借款本金为 288000 元。借款期限届满后，黄某杏并未依约归还借款本金，而是按月利率 4% 陆续向周某支付利息，根据《最高人民法院关于审理民间借贷案件适用法律若干问题的规定》第二十六条第二款“借贷双方约定的利率超过年利率36%，超过部分的利息约定无效。借款人请求出借人返还已支付的超过年利率36%部分的利息的，人民法院应予支持”的规定，因周某与黄某杏对借款约定的利息过高，故应对黄某杏已支付利息超过年利率36%的部分依法抵扣相应借款的本金，结合周某与黄某杏庭审的陈述及银行流水，经法院核算，黄某杏尚欠周某借款本金为260413.45元（利息支付至2019年4月23日）。根据《最高人民法院关于审理民间借贷案件适用法律若干问题的规定》第二十六条第一款“借贷双方约定的利率未超过年利率24%，出借人请求借款人按照约定的利率支付利息的，人民法院应予支持”的规定，因周某与黄某杏约定借款利息过高，超出法定范围，周某在起诉时将尚欠利息计付标准调整为月利率2%并不违反法律法规的强制性规定，但利息计算基数、欠息时间应以法院核定的为准。综上，黄某杏应偿还借款本金260413.45元及支付利息64982.07元（从2019年4月23日暂计至2020年5月7日，以后利息以尚欠本金260413.45元为基数按照月利率2%计至实际清偿之日止）给周某。

关于机械公司是否应对案涉借款本息承担责任的问题。首先，基于黄某杏的父亲黄某坚是机械公司的股东、黄某杏曾于机械公司工作并负责管理公司财务、借款合同、收据上加盖的印章曾是机械公司的公章、黄某杏向周某借款时提供机械公司营业执照、法定代表人身份证复印件等事实，足以构成周某对黄某杏能够代表机械公司具有可信赖的外观表象。其次，机械公司也存在明显过错。机械公司刻制两枚印章由两位股东分别持有，2016年7月重新刻制新公章而注销旧公章时，未及时将旧公章回收销毁，且在2020年3月4日才刊登公章遗失声明；机械公司在知道黄某杏曾持机械公司印章以公司名义对外借款后亦未向公安机关报警处理，机械公司对其公章管理存在过失应承担相应责任。据此，应当认定案涉《借款合同》、收据中加盖的机械公司的印章能够对机械公司发生法律效力，机械公司应当与黄某杏共同偿还尚欠周某的上述借款本息。

广西壮族自治区梧州市万秀区人民法院依照《中华人民共和国民法总则》

第一百七十二条，《中华人民共和国合同法》第一百九十六条、第二百条、第二百零六条、第二百零七条、第二百零八条，《最高人民法院关于适用〈中华人民共和国合同法〉若干问题的解释（二）》第二十一条和《最高人民法院关于审理民间借贷案件适用法律若干问题的规定》第二十六条规定，判决：

黄某杏、机械公司应于本判决生效之日起十日内向周某偿还借款本金260413.45元及支付利息64982.07元（利息暂计2020年5月7日，以后利息以尚欠本金260413.45元为基数按照月利率2%计至实际清偿之日止）。

机械公司不服一审判决，提起上诉。

广西壮族自治区梧州市中级人民法院经审理认为：2018年6月7日，周某作为出借人与借款人机械公司、黄某杏签订了一份《借款合同》，约定由周某出借30万元给借款人机械公司、黄某杏。周某依照约定向黄某杏账号转账支付30万元。借款当天黄某杏向周某支付12000元，其后黄某杏分别于2019年1月31日、4月3日、6月5日向周某转账支付1万元、2万元、5000元。根据上述的事实，一审法院认定周某与机械公司、黄某杏存在借款关系并无不当，法院予以维持。根据《中华人民共和国合同法》第二百条"借款的利息不得预先在本金中扣除。利息预先在本金中扣除的，应当按照实际借款数额返还借款并计算利息"及第二百零八条"借款人提前偿还借款的，除当事人另有约定的以外，应当按照实际借款的期间计算利息"的规定，一审认定周某在本案出借的借款本金为288000元并无不当，法院予以维持。因机械公司、周某借款利息的计算并未提起上诉，法院依法维持一审关于借款利息计算的认定。

根据机械公司的法定代表人黄某颖在一审时所作的陈述，机械公司存在两枚印章，其中一枚印章由黄某杏持有。黄某颖表示机械公司两枚公章，分别由机械公司股东黄某强、黄某坚各持有一枚印章；因机械公司两位股东分别开展业务，黄某杏作为黄某坚的女儿负责其父亲的业务而持有机械公司的印章。就是说机械公司是一直知道公司存在两枚公章，知道黄某杏持有机械公司的印章开展公司业务。且黄某颖在一审时也承认《借款合同》上的公章为机械公司的公章，只是认为《借款合同》上的签名"黄某颖"不是其本人所签。现机械公司在二审又认为公章为黄某杏私自刻制，与一审时黄某颖的陈述不一致。在二审期间，机械公司没有提供证据证实公章为黄某杏私自刻制。机械公司事实上存在多枚公章且公司对于公章管理存在混乱，黄某杏持有机械公司的印章开展公司业务也是得到公司及股东同意的，因此机械公司对加盖了公司公章的借款合同的真实性又予以否认，法院不予采纳。本案涉案《借款合同》上“黄某颖”的签名黄某杏自认是其代签，周某则认为其不知是黄某杏代黄某颖签字，因借款合同上有机械公司加盖的公章，其有理由相信借款是机械公司的真实意思表示。因周某无法知道涉案《借款合同》上“黄某颖”的签名是否是本人签名，而其基于信赖公章效力而出借款项，并不存在过错。机械公司认为周某在借款过程中存在恶意及与黄某杏串通的事实，应当提供充足的证据予以证实。且黄某杏在二审中提供其私人账户多次转款到机械公司账户的证据，可以证实黄某杏个人账户与机械公司之间存在业务往来，因此机械公司认为周某将借款转到黄某杏个人账户不能视为机械公司获得借款的主张，法院不予采纳。机械公司与黄某杏之间如何进行借款款项的流转并不能影响周某已经履行出借义务的事实。综上，法院认为 2018 年 6 月 7 日周某与机械公司、黄某杏签订的《借款合同》上加盖了机械公司的公章，可以认定周某与机械公司存在借款关系。

广西壮族自治区梧州市中级人民法院依照《中华人民共和国民事诉讼法》第一百七十条第一款第一项规定，判决：

驳回上诉，维持原判。

【法官后语】

公司公章对外代表公司是公司意志的具象化表达。《公司登记管理条例》第二十五条规定，公司凭公司登记机关核发的《企业法人营业执照》刻制印章。从所有权的角度看，公司是依法独立享有民事权利、承担民事义务的主体，公司公章当然属于公司所有，并非公司股东、法定代表人或者公司董事、监事、高级管理人员等人的“私人财产”。他人在被授予相应权限的前提下，可以占有或控制公司公章。我国公司法并未明确规定公章应当由谁来实际占有和控制，该问题属于公司内部意思自治的范畴，可以由股东会决议、公司章程等加以明确。若公司内部并未明确规定，一般认为法定代表人基于代表权可以当然掌管公司公章。公章的功能在于意思表示。一般情况下，公司的交易对手可以凭借公章之印从而推定相关内容为公司的意志。但公章并不是万能的，该种推定可以被推翻，加盖公章的效力从本质上取决于盖章之人的权限。《全国法院民商事审判工作会议纪要》明确规定“人民法院在审理案件时，应当主要审查签约人于盖章之时有无代表权或者代理权，从而根据代表或者代理的相关规则来确定合同的效力”。

本案中，周某签订了一份《借款合同》，与周某对接的是黄某杏，黄某杏此前也一直在机械公司工作，合同上盖的是机械公司的公章，合同上的签名是时任机械公司法定代表人黄某颖。但黄某杏与黄某颖都清楚合同上的“黄某颖”签名是代签，不是黄某颖本人所签。周某无法知道涉案《借款合同》上“黄某颖”的签名是否是本人签名，而其基于信赖公章效力而出借款项，并不存在过错。机械公司存在两枚公章，分别由机械公司股东黄某强、黄某坚各持有一枚印章。因机械公司两位股东分别开展业务，黄某杏作为黄某坚的女儿负责其父亲的业务而持有机械公司的印章。即机械公司是一直知道公司存在两枚公章，知道黄某杏持有机械公司的印章开展公司业务。并且黄某杏在收到周某转来的款项后，也将款项转到机械公司的账户。因此，周某与机械公司之间存在借贷关系。无论机械公司的备案公章是哪一个，机械公司都曾使用过两枚不同编号的公章对外处理业务，两枚公章都有效，善意第三人有理由基于公章的效力与机械公司发生业务往来。另外应考虑盖章之人是否从事的是职务行为，有无代表权或代理权，黄某杏签订合同时是机械公司的员工，其作为机械公司股东黄某坚的女儿负责其父亲的业务，一直对外使用印章开展公司业务，因此该份借款合同的盖章之人是从事职务行为，其行为是有权代表。

在审判实践中，往往会遇到合同加盖单位公章但单位否认公章效力，或未加盖单位公章但单位否认签约人代理权的，应重点审查代理权限。法定代表人或有代理权限的人在借款合同上加盖单位公章，表明其是以单位名义借款，除出借人明知或应当知道签约人越权或无权代理等情形外，应由单位承担法律后果。借款合同上未加盖单位公章的，应重点审查签约人与单位的关系及代理权限。若单位否认签约人的代理权限或签约人代理权限不明的，法院可以从形式和实质两个方面进行审查。形式上，法院可审查名义借款人身份、约定款项用途、签约人披露的身份、签约人与单位的关系、盖章情况。实质上，法院可审查借款所涉单位或项目是否实际存在，签约人是否曾对外代表单位签订类似合同或办理款项结算事宜，款项是否实际转入单位账户或虽未转入单位账户却最终用于单位生产经营。

编写人：广西壮族自治区梧州市中级人民法院　邓振裕

四、债务偿还认定

26

股东损害债权人利益的认定

——刘某某诉罗某某等民间借贷案

【案件基本信息】

1. 裁判书字号

北京市第二中级人民法院（2020）京02民再151号民事判决书

2. 案由：民间借贷纠纷

3. 当事人

原告（上诉人、再审申请人）：刘某某

被告（被上诉人、再审被申请人）：罗某某、蒋某某、蒋某一、蒋某二、房地产公司、地产集团

【基本案情】

2011年8月5日签署借款协议，载明："甲方：地产集团，乙方：刘某某。该协议约定内容为：第一条乙方将自有资金100万元借给甲方。第二条借款金额和期限：1. 借款金额：人民币100万元。2. 借款期限：经双方协商约定本合同借款期限自2011年8月5日至2016年8月6日。第三条双方权利及义务：1. 乙方需在2011年8月8日前将资金打入甲方指定账户。2. 利息约定：甲方

收到乙方资金的当日开始计算利息。年息10%。3. 利息支付方式：甲方在借款1年到期日的当日一次性将利息打入乙方指定账户。第四条其他：1. 本合同如有未尽事宜，须经合同各方当事人协商，作出补充规定，补充规定与本合同具有同等效力。2. 本合同一式两份，甲方、乙方各执一份，具有同等法律效力。”该协议尾部甲方（签字）处有房地产公司印鉴签章与蒋曾平签字，乙方（签字）处有刘某某签字。

2011年8月6日，刘某某向罗某某的账户内汇款100万元。2011年8月8日，房地产公司出具收据，内容为：“交款单位刘某某，收款方式转账，人民币100万元，收款事由借款。”

【案件焦点】

涉案被告主体应否承担还款责任以及借款本金、利息及复利认定等问题。

【法院裁判要旨】

北京市西城区人民法院经审理认为：本案系民间借贷纠纷。针对刘某某的诉讼请求，就涉案被告主体应否承担还款责任以及借款本金、利息及复利认定等问题，法院作出如下分析和认定：

一、关于被告主体及其责任认定

本案中，虽然2011年8月5日的借款协议首部写明甲方为“地产集团”，但该协议尾部却仅盖有房地产公司公章，且根据法院查明的工商登记资料，刘某某所诉的地产集团从未注册登记过“地产集团”的企业名称。因此，法院不能仅凭借款协议内容确定地产集团为实际借款人。综上，刘某某以地产集团为共同借款人，并要求其承担还款责任，缺乏依据，法院不予认定。

从借款协议的形式要件上看，房地产公司在借款协议上加盖了公章，蒋某某在借款协议上签字，其后，刘某某按照蒋某某的指示将借款转入蒋某某之妻罗某某的个人账户并由房地产公司出具了收据。虽然蒋某某在借款协议签订之时并非房地产公司的法定代表人，但蒋某某在借款合同甲方一栏签字，且本案所涉借款根据其指示汇入其妻子罗某某的个人账户，故法院认定，房地产公司和蒋某某应为合同借款人，刘某某与房地产公司、蒋某某已形成民间借贷关系。现刘某某诉请房地产公司、蒋某某承担共同还款责任，符合相关法律规定，法院应予支持。

刘某某要求罗某某承担共同还款责任，虽然未提供直接证据证明其与罗某某存在借款合意，但所涉借款实际转入罗某某个人账户，而罗某某与蒋某某系夫妻关系。根据相关法律规定，债权人就婚姻关系存续期间夫妻一方以个人名义所负债务主张权利的，应当按夫妻共同债务处理。刘某某作为债权人向蒋某某主张清偿的债务发生于蒋某某和罗某某夫妻关系存续期间，罗某某未到庭参与诉讼，亦未向法院提交证据证明刘某某与蒋某某明确约定该笔借款为个人债务或属于《中华人民共和国婚姻法》第十九条第三款规定的情形，且结合 2014 年 8 月 14 日罗某某向刘某某账户转入 10 万元利息款的事实，可以认定罗某某知晓蒋某某所负本案债务的事实，并同意偿还。因此，蒋某某在本案中所负债务应当视为罗某某与蒋某某的共同债务。综上，罗某某为本案适格的被告主体，法院对刘某某要求罗某某承担连带还款责任的诉讼请求予以支持。

刘某某诉请蒋某一和蒋某二承担共同还款责任，刘某某未能证明其与蒋某一和蒋某二个人存在借款合意，刘某某提供的包括有蒋某某、罗某某、蒋某一和房地产公司一方的借款补充协议上亦无蒋某一个人签字。但根据工商档案材料载明，房地产公司为自然人独资企业，属于一人有限责任公司。在借款协议签订时，蒋某一系房地产公司的法定代表人，2014 年 7 月 3 日，该公司法定代表人由蒋某一变更为蒋某二。在蒋某二经营房地产公司期间，刘某某收取罗某某支付的借款利息 10 万元。按照《中华人民共和国公司法》的相关规定，一人有限责任公司的股东不能证明公司财产独立于股东自己的财产的，应当对公司债务承担连带责任。本案审理中，蒋某一和蒋某二经法院合法传唤，均未到庭应诉答辩。现刘某某依据相关法律规定，要求蒋某一和蒋某二承担共同还款责任，符合相关法律规定，故法院对其该项诉讼请求予以支持。

二、借款本金和利息的认定

庭审中，刘某某陈述，其与蒋某某口头约定在 2013 年 8 月 8 日前终止原借款协议。其后蒋某某偿还借款 20 万元，罗某某于 2014 年 8 月 14 日给付 2013 年 8 月 8 日至 2014 年 8 月 7 日利息 10 万元（按年利率 12.5%计算），至今仍有 80 万元本金未还。对于刘某某所述的房地产公司等欠款本金 80 万元之事实，法院予以确认。

对于刘某某要求房地产公司等支付复利的诉讼请求，因双方签订的借款协议未约定复利的问题，双方亦未重新出具新的债权凭证将已经产生但未支付的利息确定为本金，故法院对于刘某某要求支付复利的诉讼请求不予支持。在借款协议中，载明的利息为 10%，刘某某要求按照 2014 年 2 月 19 日借款补充协议约定的年利率 12.5%支付利息，但该份借款补充协议的真实性法院不能予以认定。对于刘某某已收取的 10 万元利息可视为 2014 年 8 月 8 日前双方约定的利息。刘某某要求房地产公司等支付 80 万元本金在 2014 年 8 月 8 日至 2015 年 8 月 7 日产生的利息以及 2015 年 8 月 8 日至实际给付之日止的利息均应按照 10%年利率标准计算。

三、违约金应否支持问题

刘某某依据借款补充协议（证据四）中第四条的约定要求房地产公司、蒋某某等支付违约金 10 万元。鉴于该份借款补充协议不符合法律规定的证据形式，且协议内容不能被其他真实合法的证据予以印证，故该补充协议不能认定为有效证据。对于刘某某该项诉讼请求，依据不足，法院不予支持。

综上，北京市西城区人民法院依照《中华人民共和国合同法》第八条、第一百九十六条、第二百零六条、第二百零七条，《中华人民共和国公司法》第六十三条，《最高人民法院关于审理民间借贷案件适用法律若干问题的规定》第二十六条，《最高人民法院关于适用〈中华人民共和国婚姻法〉若干问题的解释（二）的补充规定》第二十四条，《中华人民共和国民事诉讼法》第六十四条第一款、第一百四十四条规定，判决：

一、房地产公司、蒋某某、罗某某、蒋某一、蒋某二于本判决生效后七日内偿还刘某某借款本金 80 万元；

二、房地产公司、蒋某某、罗某某、蒋某一、蒋某二于本判决生效后七日内向刘某某支付 2014 年 8 月 8 日至实际给付之日止的利息（按本金 80 万元、年利率 10%计算）；

三、驳回刘某某其他诉讼请求。

刘某某不服一审判决，提起上诉。

北京市第二中级人民法院同意一审法院裁判意见，依照《中华人民共和国民事诉讼法》第一百七十条第一款第一项规定，判决：

驳回上诉，维持原判。

【法官后语】

本案涉及股东侵害债权人利益的认定和处理问题。股东损害债权人利益处理的法律依据。《中华人民共和国公司法》规定，公司股东不得滥用股东权利损害公司或其他股东的利益；不得滥用公司法人独立地位和股东有限责任损害公司债权人的利益。公司股东滥用公司法人独立地位和股东有限责任逃避债务，损害公司债权人利益的，应当对公司债务承担连带责任。

股东损害债权人利益属于侵权责任纠纷的范畴，其构成要件包括以下几个：1. 从主体看，成立股东损害债权人利益的主体包括有限责任公司的股东，股份有限公司的控股股东、高级管理人员及实际控制人；2. 从行为看，股东或者高级管理人员、实际控制人实施了侵害公司债权人利益的行为；3. 从结果看，严重损害了公司债权人的利益；4. 从因果关系看，损害事实与股东或者高级管理人员、实际控制人的损害行为存在因果关系。

具体来说，股东侵害债权人利益的类型包括以下几种：1. 未履行或者未全面履行出资义务的股东承担连带清偿责任；2. 公司成立后股东抽逃出资，隐匿公司财产损害公司债权人利益的承担连带清偿责任；3. 股东滥用公司法人独立地位和股东有限责任逃避债务的，应承担连带清偿责任；如将公司财产与股东财产混同且无法区分、股东账簿与公司账簿不能区分等情形；4. 股东在公司解散后恶意处置公司财产或怠于履行清算义务或虚假清算导致公司财产减损，损害公司债权人利益的，应承担连带清偿责任。

在上述股东损害债权人利益的情形中，第四种情形在实践中经常被滥用。

司法实践中，有些案件的处理结果不适当地扩大了股东的清算责任，特别是实践中出现了一些职业债权人，从其他债权人处大批量超低价收购僵尸企业的“陈年旧账”后，对批量僵尸企业提起强制清算之诉，在获得法院对公司主要财产、账册、重要文件等灭失的认定后，请求公司股东对公司债务承担连带清偿责任，不当加大了公司股东的负担。鉴于此情形，2019年最高人民法院通过了《全国法院民商事审判工作会议纪要》，对于股东怠于履行清算义务作出了认定，规定怠于履行清算义务是指，有限责任公司的股东在法定清算事由出现后，在能够履行清算义务的情况下，故意拖延、拒绝履行清算义务，或者因过失导致无法进行清算的消极行为。股东举证证明其已经为履行清算义务采取了积极措施，或者小股东举证证明其既不是公司董事会或者监事会成员，也没有选派人员担任该机关成员，且从未参加公司经营管理，此不构成“怠于履行清算义务”，主张其不应当对公司债务承担连带清偿责任的，人民法院依法应予以支持。以上规定的出台，充分兼顾了保护债权人利益与保护公司股东利益之间的平衡。

编写人：北京市西城区人民法院　姜涛　李彦周

27

个人与公司财产混同的一人公司的原股东、现股东均应对公司债务承担连带清偿责任

——田某诉杨某斌民间借贷案

【案件基本信息】

1. 裁判书字号

陕西省渭南市中级人民法院（2020）陕05民终577号民事判决书

2. 案由：民间借贷纠纷

3. 当事人

原告（上诉人）：田某

被告（被上诉人）：杨某斌

【基本案情】

房地产公司属一人有限责任公司，主要业务为房地产开发、商品房销售，于 2012 年 7 月 10 日注册成立，股东、法定代表人为杨某斌。2013 年 8 月 29 日，田某将 1419710 元通过案外人左某转入房地产公司的账户，其余 8 万余元以现金给付房地产公司的工作人员。后房地产公司工作人员共向田某支付了 6 个月利息，共 18 万元。2014 年 4 月 24 日，因其他债权债务关系，房地产公司的股东、法定代表人变更为田某。本案诉讼中，田某不能证明其担任房地产公司股东、法定代表人期间，个人财产独立于房地产公司财产，且明确表示其个人财产与公司财产混同。杨某斌亦不能证明其担任房地产公司股东、法定代表人期间，个人财产独立于房地产公司财产。

2016 年 7 月 27 日 12 时 30 分，杨某斌因土地纠纷与田某产生矛盾，其伙同杨某、惠某等 7 人，故意毁坏与房地产公司有关的公私财物，于 2018 年 7 月 27 日被提起公诉，后分别被判处有期徒刑。在杨某斌取保候审期间、刑事案件开庭审理前的 2018 年 10 月 8 日至 10 月 24 日，杨某斌通过微信与田某的代理律师郭某联系沟通，商议该 150 万元债务偿还事宜。2018 年 10 月 24 日，田某分别与杨某斌、杨某侠、任某、白某签订《房屋买卖合同》《抵债协议》《还款协议》。同日，田某、杨某斌、杨某侠、任某、白某就前述《抵债协议》《还款协议》的内容还签署了《人民调解协议书》。之后，杨某侠、任某向田某的代理律师郭某协商办理房屋过户事宜，但未能完成过户登记。

【案件焦点】

1. 案涉 150 万元债务系房地产公司债务还是杨某斌个人债务；2. 杨某斌是否应承担还款责任存在争议。

【法院裁判要旨】

陕西省澄城县人民法院经审理认为：案涉债务属于公司债务。田某与杨某斌偿之间没有借款事实发生。

陕西省澄城县人民法院依照《中华人民共和国民事诉讼法》第六十四条之规定，判决：

驳回田某的诉讼请求。

田某不服一审判决，提起上诉。

陕西省渭南市中级人民法院经审理认为：关于案涉债务是否系杨某斌个人债务的问题，本案 150 万元借款发生时当事人未签署书面借款合同，根据田某通过其外甥女左某分两笔将 150 万元转入房地产公司账户、交付房地产公司工作人员，之后 6 个月利息的偿还也是房地产公司工作人员支付的事实，原审认定案涉借款为房地产公司的债务正确。双方达成《抵债协议》《还款协议》《人民调解协议书》时系杨某斌及其亲友共 7 人犯故意毁坏财物罪一案开庭审理的前一日，杨某斌签订协议时存在希望田某出具刑事谅解书的原因，田某也有利用司法机关对杨某斌采取取保候审强制措施的危困及弱势情形，欲使其承担房地产公司债务的目的，抵债协议、还款协议的内容显失公平，属于可撤销协议，依法撤销后自始没有法律约束力，不能作为认定双方权利义务的依据，故田某提出案涉债务系杨某斌个人债务的主张不能成立。关于杨某斌是否应当对债务承担责任的问题，案涉借款发生于 2013 年 8 月 30 日，在杨某斌任房地产公司股东和法定代表人期间。2014 年 4 月 24 日，因田某与杨某斌之间其他的债权债务，杨某斌将房地产公司股权转让给田某，房地产公司股东和法定代表人也变更为田某。根据《中华人民共和国公司法》第六十三条“一人有限责任公司的股东不能证明公司财产独立于股东自己的财产的，应当对公司债务承担连带责任”的规定，因房地产公司的原股东杨某斌、现股东田某均不能证明其个人财产独立于公司财产，故房地产公司、杨某斌、田某应对案涉 150 万元债务承担连带清偿责任。《中华人民共和国民法总则》第一百七十八条第二款规定：“连带责任人的责任份额根据各自责任大小确定；难以确定责任大小的，平均承担责任。”因杨某斌、田某、房地产公司的责任大小难以确定，故其三者之间应当平均承担清偿责任。

据此，陕西省渭南市中级人民法院依照《中华人民共和国民法总则》第一百七十八条第二款，《中华人民共和国合同法》第一百零六条、《中华人民共和国公司法》第六十四条，《中华人民共和国民事诉讼法》第一百七十条第一款第二项规定，判决：

一、撤销陕西省澄城县人民法院民事判决；

二、由杨某斌于本判决生效后三十日内偿还田某借款本金50万元和利息（以50万元为本金，按月利率2%，自2014年3月1日起计算至实际清偿之日止）；

三、驳回田某的其他诉讼请求。

【法官后语】

本案的难点在于一人公司作为债务人，现股东作为债权人，现、原股东财产与公司财产均混同的情形下，现、原股东、一人公司之间的责任如何承担。

首先，《中华人民共和国公司法》第六十三条规定：“一人有限责任公司的股东不能证明公司财产独立于股东自己的财产的，应当对公司债务承担连带责任。”明确规定了对一人有限责任公司的股东实行“推定法人人格滥用”原则，由股东对其个人财产独立于公司财产承担举证证明责任。即除非一人公司的股东能够举证证明其个人财产独立于公司财产，否则就应当对公司债务承担连带责任。该原则有利于规范一人公司股东的行为，保护债权人的利益。其次，一人公司股东发生变更，债务发生于原股东经营一人公司期间，如果原股东的个人财产与公司财产相混同，则应对公司债务承担连带清偿责任，防止原股东以股权转让为手段恶意逃避债务。最后，现股东虽在债务产生时不存在滥用股东权利的问题，然而公司经营是一个持续的过程，股权转让并不影响公司对外承担债务，现股东接手公司之后，仍需尽到不滥用股东权利的义务，否则，亦应对其接手一人公司之前的公司债务承担连带清偿责任，避免因股权转移导致债权人权益无法实现。据上可得出初步结论：对于一人公司债务，原股东、现股东不能证明其经营公司期间个人财产与公司财产相互独立的，则均应对公司债务承担连带清偿责任。

本案的一人公司的债权人与公司的现股东的身份重合，只有对一人公司、原股东、现股东应当承担的责任份额确定后，才能认定原股东应当承担的责任。而本案一人公司、原股东、现股东承担连带责任的依据系公司人格否认形成的法定之债，各民事主体的责任大小难以确定，根据《中华人民共和国民法典》第一百七十八条第二款“连带责任人的责任份额根据各自责任大小确定；难以确定责任大小的，平均承担责任。实际承担责任超过自己责任份额的连带责任人，有权向其他连带责任人追偿”的规定，三者之间应当平均承担清偿责任。现股东应承担的债务份额与其享有的部分债权同归于一人已经消灭；一人公司应承担的份额因股东与法人财产混同，现股东也无权再作为债权人主张；而原股东应当承担的三分之一的还款责任，其应依法清偿。

编写人：陕西省渭南市中级人民法院　左继刚

28

公司承诺偿还法定代表人或股东个人债务应经股东会决议，否则为越权代理

——韦某诉匡某、农业公司民间借贷案

【案件基本信息】

1. 裁判书字号

广西壮族自治区柳州市中级人民法院（2020）桂02民终3525号民事判决书

2. 案由：民间借贷纠纷

3. 当事人

原告（上诉人）：韦某

被告（被上诉人）：匡某、农业公司

【基本案情】

2019年2月1日，匡某向韦某借款20万元，当天，匡某向韦某出具了《借条》，约定借款期限为1个月，资金占用费8000元，逾期还款每日应按照借款金额与资金占用费之和的千分之三支付经济损失赔偿金，因诉讼产生的诉讼费和律师费等由匡某承担。韦某当天通过韦某臣账户向匡某账户转账20万元。匡某于2019年5月19日通过微信向韦某支付1万元利息。2019年9月13日，匡某向韦某出具一份《还款承诺书》，承诺农业公司于2019年10月1日前还清以上借款。该承诺书加盖“农业公司”的印章。

另查明，农业公司系自然人有限责任公司，于2017年11月2日成立，法定代表人为匡某，股东为匡某、秦某，持股比例分别为70%、30%；农业公司无备案公章，庭审中，匡某认可其刻了多枚公司印章用于农业公司经营。

【案件焦点】

《还款承诺书》的效力如何认定。

【法院裁判要旨】

广西壮族自治区融水苗族自治县人民法院经审理认为：关于《还款承诺书》的效力问题。应当主要审查签约人于盖章之时有无代表权或者代理权，从而根据代表或者代理的相关规则来确定合同的效力。农业公司向债权人表示愿意加入法定代表人匡某的债务，该约定的效力问题，应参照公司为股东或者实际控制人提供担保的有关规则处理。公司加入法定代表人债务行为不是法定代表人所能单独决定的事项，韦某应提供证据证明其在订立合同时对股东会决议进行了审查，且决议的表决由出席会议的其他股东所持表决权的过半数通过。匡某未经授权擅自让公司加入自己的债务，构成越权代表，韦某未对股东会决议进行审查，故该《还款承诺书》无效。韦某诉请农业公司按照《还款承诺书》承担共同还款责任，没有依据，不予支持。

匡某向韦某出具《借条》并实际获得借款，匡某应当及时清偿借款本金及利息，已支付的利息应予抵扣。《借条》约定因实现债权产生的律师费由匡某承担，且有代理合同为凭证，律师费应由匡某承担。

据此，广西壮族自治区融水苗族自治县人民法院依照《中华人民共和国合同法》第五十条、第二百零六条、第二百零七条，《中华人民共和国公司法》第十六条第二款、第三款和《最高人民法院关于适用〈中华人民共和国民事诉讼法〉的解释》第九十条规定，判决：

一、匡某于本判决生效之日起十日内归还韦某借款20万元及利息和违约金（以20万元为基数，按照月利率2%从2019年4月16日计算至还清之日止）；

二、匡某于本判决生效之日起十日内支付韦某律师费1万元；

三、驳回韦某的其他诉讼请求。

韦某不服一审判决，提起上诉。

广西壮族自治区柳州市中级人民法院经审理同意一审法院裁判意见，依照《中华人民共和国民事诉讼法》第一百七十条第一款第一项规定，判决：

驳回上诉，维持原判。

【法官后语】

本案审理的重点在于《还款承诺书》的效力如何认定。公司表示愿意加入法定代表人或股东个人债务，该行为的效力认定涉及债权人的权益及公司其他股东权益之间如何平衡。为防止法定代表人随意代表公司加入法定代表人债务给公司造成损失，损害中小股东利益。公司决议程序应参照《中华人民共和国公司法》第十六条第二款、第三款的规定：“公司为公司股东或者实际控制人提供担保的，必须经股东会或者股东大会决议。前款规定的股东或者受前款规定的实际控制人支配的股东，不得参加前款规定事项的表决。该项表决由出席会议的其他股东所持表决权的过半数通过。”又根据《中华人民共和国民法典》第五百零四条规定：“法人的法定代表人或者非法人组织的负责人超越权限订立的合同，除相对人知道或者应当知道其超越权限的以外，该代表行为有效，订立的合同对法人或者非法人组织发生效力。”相对人应对公司加入法定代表人及股东个人债务是否经过公司决议及决议程序是否合法进行审查。该项规定的法理价值在于，恶意者不受法律保护。此种情形，并非该法律行为绝对无效，而仅对法人或者非法人组织不发生效力，实施越权代表行为的法定代表人或者非法人组织的负责人应自行向相对人承担责任。法律推定相对人为善意，法人或者非法人组织主张相对人为恶意的本身不足以推定相对人应当知道。本案中，匡某是借款人，其作为农业公司的股东及法定代表人，以农业公司名义向韦某出具《还款承诺书》，参照上述规定，农业公司加入匡某涉案债务，应经股东会决议，且匡某在股东会上没有表决权。但在本案中，匡某并未提交股东会决议佐证其有权出具本案《还款承诺书》，据此，匡某构成越权代表。在此情况下，韦某作为债权人主张涉案《还款承诺书》有效，应当提供证据证明其对股东会决议进行了审查，决议的表决程序符合前述法律规定，即在排除匡某表决权的情况下，该项表决应由农业公司的另一股东秦某同意，并按公司章程签字。但结合本案证据，韦某未能提供证据佐证其对农业公司出具《还款承诺书》是否有股东决议以及决议是否符合法律规定的表决程序进行审查。故《还款承诺书》无效。

公司法定代表人虽然形式上具有法定代表人的身份，但实质上已经纯粹是自然人了，与公司法定代表人是两个民事主体，当债权人明知未经公司股东会决议，就失去了让公司承担责任的法律基础，那么就不应当让公司承担责任。通过本案例，公司加入债务人或者股东个人债务时，债权人应对公司股东会决议进行形式审查，以充分地保障债权人的权益及公司其他股东权益。

编写人：广西壮族自治区融水苗族自治县人民法院　杨鲜

29

清算组成员未及时通知债权人申报债权的责任

——张某某诉黄某某等民间借贷案

【案件基本信息】

1. 裁判书字号

山东省济宁市中级人民法院（2020）鲁 08 民终 6506 号民事判决书

2. 案由：民间借贷纠纷

3. 当事人

原告（上诉人）：张某某

被告（被上诉人）：黄某某、田某一

第三人（被上诉人）：田某二

【基本案情】

田某一系黄某某、田某二之子，黄某某、田某二原系夫妻关系，双方于 2019 年 1 月办理离婚手续。商贸公司于 2007 年 6 月 19 日注册设立，法定代表人为田某一，公司的发起设立股东为田某一、田某二，2013 年 6 月 5 日，田某二将其持有的股份转让于黄某某。2019 年 12 月 9 日，商贸公司在国家企业信用信息公示系统发布注销公告，同时成立清算组，清理公司账目、通知债权人申报债权。2020 年 3 月 30 日，商贸公司正式注销。

2011 年 4 月 16 日，田某二以商贸公司的名义向张某某借款 10 万元，《借款协议》载明借款单位为商贸公司。协议签订后，张某某给付田某二现金 10 万元，田某二收到现金后向张某某出具《收到条》一份，载明收款人为田某二并盖有商贸公司公章。借款到期后，田某二与张某某协商，继续使用该笔借款，借款利息执行原借款协议约定的利息。

2014 年 5 月 21 日，张某某将田某二、黄某某、商贸公司以民间借贷纠纷诉至山东省邹城市人民法院，要求田某二、黄某某、商贸公司偿还借款本金 10 万元并支付相应的利息。

经审理，山东省邹城市人民法院作出（2014）邹民初字第 1692 号民事判决，判决田某二、商贸公司、黄某某共同偿还张某某借款 10 万元及借款利息。判决作出后，黄某某不服，向山东省邹城市人民检察院申诉。后经山东省邹城市人民法院再审作出（2019）鲁 0883 民再 18 号民事判决书，判决商贸公司偿还张某某借款本金 10 万元及借款利息。判决作出后，张某某不服判决结果，提起上诉。

但在（2019）鲁 0883 民再 18 号案件审结后，商贸公司股东黄某某、田某一申请将该公司注销，且 2020 年 3 月 30 日商贸公司正式注销，导致商贸公司已不具备民事主体资格。山东省济宁市中级人民法院遂作出（2020）鲁 08 民再 62 号民事裁定书，裁定驳回张某某的起诉。

【案件焦点】

黄某某、田某一是否应对涉案借款承担还款责任。

【法院裁判要旨】

山东省邹城市人民法院经审理认为：田某二从未担任过商贸公司的法定代表人，仅为股东，在没有公司授权委托的情况下，其无权代表公司向张某某借款。同时，结合田某二、黄某某及田某一三人的家庭关系，田某二控制公司公章以公司名义对外借款，亦符合常理。认定 2011 年 4 月 16 日向张某某借款 10 万元的主体为田某二个人，而并非公司，因此应由田某二个人向张某某承担还款责任。

山东省邹城市人民法院依照《中华人民共和国合同法》第八条、第六十条、第二百零五条、第二百零六条，《中华人民共和国民事诉讼法》第六十四条及《最高人民法院关于适用〈中华人民共和国民事诉讼法〉的解释》第九十条、第九十一条规定，判决：

一、田某二于判决生效之日起十日内偿还张某某借款本金 10 万元及利息（以 10 万元为基数，自 2014 年 3 月 1 日起至借款实际清偿之日止按年利率 18%计算）；

二、驳回张某某对黄某某、田某一的诉讼请求。

张某某不服一审判决，提起上诉。

山东省济宁市中级人民法院经审理认为：涉案借款协议和收到条上均加盖有商贸公司的公章，且有田某二的签名，故涉案借款应认定为商贸公司和田某二的共同借款。关于时任股东黄某某、田某一是否应当承担涉案还款责任的问题，《中华人民共和国公司法》第一百八十三条规定“有限责任公司的清算组由股东组成，股份有限公司的清算组由董事或者股东大会确定的人员组成”，第一百八十九条规定“清算组成员应当忠于职守，依法履行清算义务……清算组成员因故意或者重大过失给公司或者债权人造成损失的，应当承担赔偿责任”，商贸公司发布注销公告和进行清算的行为，发生在涉案各民事主体发生民间借贷纠纷期间。黄某某、田某一作为清算组成员未及时通知债权人张某某申报债权，张某某对商贸公司的清算行为并不知情。故张某某有权在商贸公司注销后要求清算组的成员黄某某、田某一承担赔偿责任。

综上，山东省济宁市中级人民法院依照《中华人民共和国民事诉讼法》第一百七十条第一款第二项规定，判决：

一、撤销山东省邹城市人民法院民事判决；

二、田某二、黄某某、田某一于本判决生效之日起十日内共同偿还张某某借款本金 10 万元及利息（以 10 万元为基数，自 2014 年 3 月 1 日起至借款实际清偿之日止按年利率 18%计算）。

【法官后语】

实践中存在大量公司股东与法定代表人具有夫妻父母子女关系的微型公司，由于这些人是作为最小社会单元的同一家庭的成员，故而此类公司往往存在职务混乱以及财物混同，法定代表人挂名的现象屡见不鲜。本案中的公司符合实践中财务管理制度不健全的小家庭式公司经营的特点，该公司虽有相应的公司机关但却仅停留于登记层面，实质上没有分权制衡的内部治理结构，缺乏内部监督。而且，从公司的经营活动来看，一直以来田某二不仅是股东，而且还作为公司的管理者实际参与公司经营管理甚至扮演控制公司经营活动的角色。

虽然依照法律规定由法定代表人代表公司以公司名义从事民事活动，法定代表人实施行为的民事法律效果归属于法人承受为应有之义，但当某一股东控制公司印章并实际负责公司经营时，该股东是否在公司具有明确的职务，不应成为影响表见代理认定的阻碍因素。当债权人有足够的理由以及证据相信该股东具有以公司名义从事民事活动的权限，则有权主张该股东以公司名义实施的民事法律行为的效果归属于该公司承受。

另外，公司清算是依法定程序、清理公司债权债务、处理公司剩余财产并最终终止公司法律人格的法律制度，在公司注销前的清算程序中，清算组应当将公司解散事宜书面通知全体已知债权人。《中华人民共和国公司法》第一百八十三条规定，有限责任公司的清算组由股东组成，并在第一百八十九条对公司清算组人员的忠诚义务以及勤勉义务做出了规定，并明确规定清算组成员因故意或者重大过失给公司或者债权人造成损失的，应当承担赔偿责任。《最高人民法院关于适用〈中华人民共和国公司法〉若干问题的规定（二）》第十一条对清算组的通知和公告义务以及清算组成员的赔偿责任做出了更明确的规定。在公司已经被注销的情况下，若债权人并不知晓公司注销，说明清算组在债权人毫不知情的情况下私自清算并注销了公司，公司债权人失去了财产权利。此种情况下清算组未履行通知义务，可视为清算组成员具有故意或重大过失。这也是以程序正义保障公司债权人的合法权益。

编写人：山东省济宁市中级人民法院　史海洋　张远

五、利息与违约金认定

30

未约定利息和借期，借款人的还款应作为本金予以扣除

——曹某诉刘某民间借贷案

【案件基本信息】

1. 裁判书字号

广西壮族自治区北海市中级人民法院（2020）桂05民终1988号民事判决书

2. 案由：民间借贷纠纷

3. 当事人

原告（被上诉人）：曹某

被告（上诉人）：刘某

【基本案情】

2016年7月20日，债务人刘某从曹某处借走人民币48000元现金，写下借条一份，并口头约定尽快归还所借款，答应借款期内按月息2分计算，后刘某分别于2017年1月17日和2018年3月7日向曹某支付了1000元和3000元的利息。

【案件焦点】

刘某应否向曹某偿还借款及支付相应的利息。

【法院裁判要旨】

广西壮族自治区北海市银海区人民法院经审理认为：曹某持有借款人为刘某出具的《借条》，主张刘某与其发生了 48000 元的借贷关系。曹某自认收到涉案款项，但抗辩称该款项并非借款而是合作款项，并主张案涉《借条》系受曹某胁迫所写，但均未提交证据予以证实。结合双方当事人的陈述以及本案证据，确认双方就涉案的 48000 元借款所建立的借贷关系为双方当事人的真实意思表示，合法有效。结合《借条》未约定利息和借期、曹某未能举证证实双方对涉案款项约定利息标准的事实，确认刘某已向曹某归还的 4000 元也应作为本金予以扣除，即刘某应向曹某归还借款本金 44000 元及相应利息（以 44000 元为基数，自曹某起诉之日即 2020 年 7 月 15 日起按年利率 6%的标准计至款项清偿之日止）。

据此，广西壮族自治区北海市银海区人民法院依照《中华人民共和国合同法》第八条、第六十条第一款、第二百零六条，《最高人民法院关于审理民间借贷案件适用法律若干问题的规定》第二十九条第二款第一项，《中华人民共和国民事诉讼法》第六十四条第一款，《最高人民法院关于适用〈中华人民共和国民事诉讼法〉的解释》第九十条规定，判决：

一、刘某应向曹某归还借款本金 44000 元及相应的利息（以本金 44000 元为基数，从 2020 年 7 月 15 日起按年利率 6%的标准计至涉案款项清偿之日止）；

二、驳回曹某的其他诉讼请求。

刘某不服一审判决，提起上诉。

广西壮族自治区北海市中级人民法院经审理同意一审法院裁判意见，依照《中华人民共和国民事诉讼法》第一百七十条第一款第一项规定，判决：

驳回上诉，维持原判。

【法官后语】

本案中，对于曹某与刘某之间民事法律关系的问题。曹某持有借款人为刘某的《借条》以及刘某自认收到涉案款项，已初步证实双方之间存在 48000 元的民间借贷关系；刘某虽提出案涉借款并非民间借贷关系而是属于曹某作为双方合作融资的费用，且主张即便是借贷关系，案涉《借条》系受胁迫所写，但均未能提交证据予以证实；故本案可以确认双方就案涉借款所建立的民间借贷关系是双方当事人的真实意思表示，案涉《借条》是合法有效的。对于曹某与刘某之间案涉款项及应付利息的问题。根据《借条》载明的约定，案涉款项为借款。鉴于双方既未约定借期内的利率，也未约定逾期利率，故本案应按照年利率6%的标准自曹某起诉之日起计至清偿之日止。综上案例，在应对由民间借贷引起的债务纠纷时需注意以下几个方面：第一，双方当事人所签订的《借条》是否能够证实双方存在民间借贷关系。第二，参照《最高人民法院关于审理民间借贷案件适用法律若干问题的规定》及结合当事人主张确定利息计算标准，针对双方当事人有约定的，以不超过国家规定不同阶段的利息标准为限。

所谓民间借贷，一般是指除金融机构外的个人、企业及其他经济主体之间发生的资金借贷行为。目前随着我国社会经济的不断发展，民间借贷日趋普遍化，作为现阶段个人和企业获得生产生活资金来源的重要途径之一，在推动经济发展方面也发挥了一定的积极作用。但正因民间借贷的普遍性以及作为一种非正式的金融制度安排，其存在的问题也越发不可忽视。第一，民间借贷行为的不规范性。各经济主体之间的民间借贷均由各自自发约定形成的，不受国家宏观调控的影响。在该背景下形成的民间借贷类型各式各样，如书面、口头，而书面又有合同式、借条式。也正因类型的多样化，不仅会干扰国家正常利率政策，部分民间借贷亦会演变为高利贷或非法融资，对区域乃至全国金融市场带来不稳定的影响。第二，民间借贷约定的不明确性。民间借贷类型颇多。而其中的约定更是五花八门。在目前实践过程中，民间借贷的利息是较难判断的，有约定的按照约定，以不超过国家规定标准为限；未约定的则需按照《最高人民法院关于审理民间借贷案件适用法律若干问题的规定》，按不同的标准进行归类计算，并以2020年8月20日为节点，前后参照的利息标准也有所不同。

编写人：广西壮族自治区北海市银海区人民法院　黄青梅

31

口头约定利息及夫妻共同债务认定

——熊某诉王某、邓某民间借贷案

【案件基本信息】

1. 裁判书字号

湖北省荆州市中级人民法院（2021）鄂 10 民终 353 号民事判决书

2. 案由：民间借贷纠纷

3. 当事人

原告（上诉人）：熊某

被告（被上诉人）：王某、邓某

【基本案情】

王某因资金周转向熊某借款。2015 年 7 月 14 日，王某向熊某出具借条一份，载明："今借到熊某人民币 200 万元，借款人：王某，2015 年 7 月 14 日。"熊某当天通过其本人账户向王某个人账户转款 181 万元。2015 年 7 月 27 日，熊某又通过其本人账户再次向王某个人账户转款 10 万元。王某借款后因刑事案件入狱，由其妻子邓某分别于 2015 年 8 月 17 日、10 月 22 日、12 月 5 日、10 日、2016 年 1 月 22 日向熊某代为还款 6 万元、6 万元、5 万元、1 万元、12 万元，2019 年 2 月 4 日王某委托案外人邓某松向熊某还款 5 万元、5 月 7 日王某委托案外人曾某向熊某还款 2 万元、10 月 13 日王某向熊某还款 5 万元、2020 年 1 月 21 日王某委托案外人蔡某向熊某还款 10 万元，共计 52 万元。后经熊某多次催讨，王某未予还款。

在本案审理过程中，王某委托案外人蔡某分别于 2020 年 7 月 6 日、14 日、

18日、8月10日向熊某还款10万元、10万元、5万元、5万元，共计30万元。上述王某向熊某共计还款金额为82万元。

另查明，王某与邓某系夫妻关系，本案支付借款及收取还款时间均发生在二人夫妻关系存续期间。

【案件焦点】

1. 如何确定借款本金；2. 借款是否约定了借款利息；3. 借款是否构成夫妻共同债务。

【法院裁判要旨】

湖北省洪湖市人民法院经审理认为：王某向熊某出具借条载明借款金额为200万元，熊某实际向王某转款191万元，对未支付的9万元主张系扣除当月利息6万元及3万元为其与王某先期经济往来中王某应支付的欠款，但熊某未提供证据予以证实。经审查，熊某与王某约定借款为200万元，熊某分两次向王某账户转款共计191万元，熊某对其分两次转款作出了合理说明，根据本地区民间借贷交易习惯，可认定熊某向王某实际支付借款191万元。本案借款本金认定为191万元。

关于借款利息和期限的认定，根据熊某提供的王某每次还款的时间及金额来看，并无固定的规律，借条上也未对借款利息和期限作出约定，在无其他证据印证熊某与王某之间口头约定了借款利息及期限的情况下，无法推定双方之间的借款约定了利息和还款期限，故对于熊某主张与王某之间的借款约定月利息30‰、借款期限为一个月及从本金中预先扣除当月利息6万元的理由因证据不足不予采信。王某向熊某还款共计82万元均应视为偿还借款本金，现王某尚欠熊某借款本金109万元应予偿还，借款利息自熊某起诉之日起按照年利率6%支付至本息还清之日止。

另王某向熊某借款时，出具的借条上无邓某签字，事后邓某也未对该借款属夫妻共同债务进行追认。熊某对本案借款用于王某及邓某家庭企业共同经营，也未提供充足的证据予以证实。故熊某主张邓某应承担还款责任的请求，不予支持。

综上，湖北省洪湖市人民法院依照《中华人民共和国民法通则》第九十条，《中华人民共和国合同法》第二百一十一条第一款，《最高人民法院关于审理民间借贷案件适用法律若干问题的规定》第二十五条第一款、第二十七条、第二十九条第二款，《最高人民法院关于审理涉及夫妻债务纠纷案件适用法律有关问题的解释》第三条，《中华人民共和国民事诉讼法》第六十四条第一款、第一百四十二条规定，判决：

一、王某于本判决生效之日起十日内向熊某偿还借款本金109万元及利息（自2020年6月2日至2020年7月5日以借款本金139万元为基数，按年利率6%计算；自2020年7月6日至2020年7月13日以借款本金129万元为基数，按年利率6%计算；自2020年7月14日至2020年7月17日以借款本金119万元为基数，按年利率6%计算；自2020年7月18日至2020年8月9日以借款本金114万元为基数，按年利率6%计算；自2020年8月10日起至借款本息还清之日止以借款本金109万元为基数，按年利率6%计算）；

二、驳回熊某的其他诉讼请求。

熊某不服一审判决，提起上诉。

湖北省荆州市中级人民法院经审理同意一审法院裁判意见，根据《中华人民共和国民事诉讼法》第一百七十条第一款第一项规定，判决：

驳回上诉，维持原判。

【法官后语】

随着社会与经济的快速发展，公民的法律维权意识随之增强，涉及借贷纠纷的案件呈增长态势。现实中，自然人之间的借贷行为大多发生于朋友、亲友间，碍于情面，对于借款利息并未在借条中明文约定，口头约定为常态。那么，当债权人诉至法院时，关于利息部分的诉请，便缺乏书面证据予以证实。对于口头约定的利息是否真实存在，成为法官审理案件认定利息时需要重点审查的问题。

对口头约定的利息，法官审查时，大多通过两方面来进行考量，一方面需探究当事人的真实意思表示，另一方面根据自然人之间的借贷交易习惯及其他证据相佐证。若借贷双方均为自然人，在债权人主张存在口头利息约定而借款人否认的情形下，债权人若能提供债务人认可的利息计算的书面证据，也能证实双方之间存在关于利息的口头约定。若均无书面证据，债权人能证明债务人存在定期、定额支付利息的行为，那么借款存在口头约定利息的事实也能成立。此时，借据上载明的金额、还款时间与事实还款情况等相应，对法官关于认定口头约定利息事实的形成有着重要的作用。本案中，熊某通过王某的还款时间、金额来印证其双方之间口头约定月利息30‰，但根据其所提供的银行流水记录等证据显示，王某的还款时间、金额并无明显的规律性，故对于熊某主张借款期间内的利息不予支持。

处理夫妻债务，不仅关系到夫妻双方和债权人的合法权益，也关系到婚姻家庭的稳定和市场交易安全的维护及和谐社会的建设、稳定。在审理涉及夫妻共同债务情形的案件中，应当保护未具名举债夫妻一方的权利，并结合案件具体情况，严格审查夫妻债务是否真实发生。《中华人民共和国民法典》中对夫妻“共债共签”制度进行了确立，承认了夫妻各方在民法中的独立地位。而针对该特点，法官在判定债务是否为夫妻共同债务时，需要着重对夫妻各方内心的真实意思表示进行深入探究。在实际案件审理过程中，也有多种情形，如债务人冒名其妻子代签借条的情形，举证责任应归属于哪一方当事人；夫妻一方对另一方举债行为事后追认，而哪种行为构成有效的追认行为。另外，对于夫妻共同债务法律中对“家庭日常生活需要”的界定问题，日常生活所需因家庭而异，在实践审理过程中，难以同一标准进行判定，主要由法官行使自由裁量权，但对该标准的界定直接影响到夫妻共同债务中家事代理权及“共债共签”的界定。在本案中，作为夫妻一方邓某未在借条上签字，事后也未对该借款进行追认，根据本地区的生活消费水平，200万元的借款已明显超出“家庭日常生活需要”，且熊某对该借款用于王某及邓某家庭企业经营的事实没有提供充足的证据证实。故对熊某主张邓某应承担还款责任的诉请不应得到支持。

编写人：湖北省洪湖市人民法院　邹晓欢

32

司法解释变化过程中利息的认定

——王某、樊某诉辛某、孙某民间借贷案

【案件基本信息】

1. 裁判书字号

北京市第一中级人民法院（2020）京01民终8606号民事判决书

2. 案由：民间借贷纠纷

3. 当事人

原告（被上诉人）：王某、樊某

被告（上诉人）：辛某

被告：孙某

【基本案情】

王某与樊某系夫妻关系。辛某与孙某原系夫妻关系，二人于2016年9月7日离婚。

2011年3月1日，辛某出具借条，载明今借王某现金70万元，每月利息为1.4万元。当日，王某的账户中取款140万余元。

2011年8月8日，樊某向辛某转账100万元。2012年6月14日，王某向孙某转账20万元。2013年10月10日，辛某出具借条，载明今借王某现金150万元，每月利息3万元。同日，辛某出具欠条，载明今欠王某利息74.2万元。

对于借款本金的交付，王某、樊某先是主张以转账方式交付100万元，其余100万元以转账支票方式交付；后主张于2011年4月8日出借100万元，于2011年8月8日出借100万元，并提交了樊某自行书写的流水账；最后又主张

以转账方式交付120万元，以现金方式交付70万元，其余10万元系双方之间尚未结清的其他借款。辛某仅认可收到王某、樊某转账的上述120万元，以及其他转账50万元，共计170万元借款本金。

庭审中，王某、樊某认可于2012年11月21日收到辛某返还借款本金50万元。王某、樊某认可于2013年11月27日收到辛某还款10万元，于2013年12月12日收到辛某还款10万元，于2014年1月6日收到辛某还款20万元，于2014年6月11日收到辛某还款10万元，于2015年1月10日收到辛某还款20万元，共计70万元。

王某、樊某及辛某均向法院提交了双方的录音，录音中双方始终未对尚未偿还的借款数额，以及辛某偿还的70万元为本金或是利息达成一致意见。对于王某、樊某出借款项的情况及樊某还款情况，2020年4月18日的录音中双方部分陈述如下："辛某：200万元的借条有30万元是利息，给你写了200万元，杨某还你50万元，我又给你写了150万元。樊某：对。辛某：150万元写完借条，我还了你70万元。樊某：对，没错。"

【案件焦点】

1. 双方之间对于借款利息的约定是否明确；2. 司法解释如何适用。

【法院裁判要旨】

北京市昌平区人民法院经审理认为：合法的民事合同关系受法律保护，合同双方当事人应按合同约定切实履行合同义务。本案中，王某、樊某向辛某、孙某转账，辛某向王某、樊某借款并出具借条及欠条，双方之间形成民间借贷关系，该合同关系系当事人真实意思表示，未违反法律法规的强制性规定，应予认定合法有效，双方当事人均应全面履行各自义务。

王某、樊某主张在2011年实际出借200万元，未能提交由辛某或者孙某签字确认收到200万元的借条等书面凭证，亦未能提交向辛某、孙某转账200万元的相应银行记录。王某、樊某仅提交了由辛某于2011年出具的70万元借条，以及2011年8月8日樊某向辛某转账100万元、2012年6月11日王某向孙某转账20万元的银行记录。而王某、樊某提交的录音中，辛某始终主张王某、樊某所称的200万元借款中包含30万元利息，庭审中辛某也坚持该主张。以上证据互相印证，可以证明辛某的主张。在两次庭审中，对于200万元借款的交付情况王某、樊某作出了完全不同的陈述，且与其提交的樊某自行书写的借款流水存在矛盾，法院无法采信王某、樊某关于实际出借了200万元的主张。对于王某、樊某交付170万元借款的具体时间，其中100万元于2011年8月8日转账，20万元于2012年6月14日转账，法院予以确认；其余50万元的交付时间，双方均未提交相应证据，法院以辛某出具70万元借条的时间，即2011年3月1日予以认定。

借贷双方约定的利率未超过年利率24%，出借人请求借款人按照约定的利率支付利息的，人民法院应予支持。本案中，辛某于2011年3月1日出具的70万元借条中载明利息为每月1.4万元，合月利率2%，对此法院予以确认，但利息的起算时间应以辛某实际收到借款之日起计算；2011年8月8日转账的100万元双方均未提交借据等书面材料，但2013年10月10日的150万元借条中载明利息为每月3万元，合月利率2%，足以证明双方之间在2011年8月8日之前、之后的借款均有月利率2%的交易习惯，因此，法院认定双方之间就2011年8月8日的借款应同样存在月利率2%的约定。

2013年10月10日，辛某出具的150万元借条及74.2万元欠条，系双方对之前170万元的借款、利息及2012年11月21日50万元还款进行结算所产生，但该借条及欠条金额不能超过以年利率24%计算的结果。经计算，以50万元为基数，自2011年3月1日至2012年11月21日，按年利率24%计算的利息为207780.82元；以100万元为基数，自2011年8月8日至2012年11月21日，按年利率24%计算的利息为310356.16元；以20万元为基数，自2012年6月14日至2012年11月21日，按年利率24%计算的利息为21172.6元。2012年11月21日辛某返还50万元本金，该50万元应先抵扣2011年3月1日的50万元借款。经计算，以100万元为基数，自2012年11月22日至2013年10月10日，按年利率24%计算的利息为212383.56元；以20万元为基数，自2012年

11 月 22 日至 2013 年 10 月 10 日，按年利率 24%计算的利息为 42476.71 元。因此，截至 2013 年 10 月 10 日，辛某尚未返还的借款本金为 120 万元，尚未支付的利息为 794169.85 元。

债务人除主债务外还应当支付利息和费用，当其给付不足以清偿全部债务时，并且当事人没有约定的，人民法院应当按照下列顺序抵充：1. 实现债权的有关费用；2. 利息；3. 主债务。对于辛某于 2013 年 10 月 10 日之后偿还的 70 万元，因双方未明确约定还款顺序，法院按先息后本方式予以计算，先行抵扣截至 2013 年 10 月 10 日的利息。截至 2013 年 10 月 10 日的利息尚有 794169.85 元未偿还，但因双方对账均认可截至 2013 年 10 月 10 日的利息为 74.2 万元，法院对此不持异议。以 120 万元为基数，自 2013 年 10 月 11 日至 2019 年 10 月 9 日，按年利率 24%计算的利息为 172.8 万元，扣除辛某偿还的 70 万元，故截至 2019 年 10 月 9 日利息尚有 177 万元未偿还。此后的利息，应以 120 万元为基数，自 2019 年 10 月 10 日起至实际付清之日止，按年利率 24%计算。辛某主张 70 万元为返还借款本金，无事实和法律依据，法院不予采信。

夫妻一方在婚姻关系存续期间以个人名义超出家庭日常生活需要所负的债务，债权人以属于夫妻共同债务为由主张权利的，人民法院不予支持，但债权人能够证明该债务用于夫妻共同生活、共同生产经营或者基于夫妻双方共同意思表示的除外。本案中，王某向孙某转账 20 万元，辛某对此予以确认，该部分款项应视为孙某与辛某的夫妻共同债务。辛某于 2012 年 11 月 21 日返还的 50 万元借款本金，在辛某未举证证明该 50 万元系其个人财产的情况下，应视为辛某以夫妻共同财产返还了发生在先的夫妻共同债务，因此该 20 万元夫妻共同债务已经清偿完毕。其余借款，孙某不予认可，王某、樊某亦未举证证明该债务用于夫妻共同生活、共同生产经营或者基于夫妻双方共同意思表示，法院无法认定该部分债务为孙某与辛某的夫妻共同债务。王某、樊某要求孙某共同承担还款责任的主张，依据不足，法院不予支持。

对借款期限没有约定或者约定不明确，依照《中华人民共和国合同法》第六十一条的规定仍不能确定的，借款人可以随时返还；贷款人可以催告借款人在合理期限内返还。辛某出具的借条、欠条中并未载明还款时间，王某、樊某有权随时主张。故王某、樊某要求辛某返还借款、支付利息的诉讼请求，法院对其中合理部分予以支持。辛某关于王某、樊某的诉讼请求已超过诉讼时效的主张，于法无据，法院不予采信。

北京市昌平区人民法院依照《中华人民共和国合同法》第一百九十六条、第二百零六条、第二百一十一条，《最高人民法院关于审理民间借贷案件适用法律若干问题的规定》第二十六条、第二十八条，《最高人民法院关于适用〈中华人民共和国合同法〉若干问题的解释（二）》第二十一条，《最高人民法院关于审理涉及夫妻债务纠纷案件适用法律有关问题的解释》第三条规定，判决：

一、辛某于本判决生效后 7 日内返还王某、樊某借款本金 120 万元；

二、辛某于本判决生效后 7 日内支付王某、樊某利息（2019 年 10 月 9 日之前的利息为 177 万元；2019 年 10 月 10 日之后的利息，以 120 万元为基数，自 2019 年 10 月 10 日起至实际付清之日止，按年利率 24%计算）；

三、驳回王某、樊某的其他诉讼请求。

辛某不服一审判决，提起上诉。

北京市第一中级人民法院经审理认为：各方当事人对借款本金及还款责任的负担主体并无争议，本案二审争议焦点为案涉借款是否存在月利率 2%的约定，及该约定是否可受法律保护。对此法院认为，形成涉案债务的三笔借款中，第一笔出具 70 万元借条的借款即明确约定了借款利息，合月利率 2%。尽管双方未针对 2011 年 8 月 8 日 100 万元转账签订借条，但双方在此后为结算借款而出具的 150 万元借条中，载明了月利息为 3 万元，即月利率 2%，同时，双方还就欠付利息出具欠条，可以说明双方就涉案借款均约定了利息。一审法院认定 2011 年 8 月 8 日的借款也存在月利率 2%利息的约定，认定正确，法院予以确认。依据《最高人民法院关于审理民间借贷案件适用法律若干问题的规定》（法释〔2015〕18 号）第二十六条第一款规定："借贷双方约定的利率未超过年利率 24%，出借人请求借款人按照约定的利率支付利息的，人民法院应予支持。”双方约定借款月利率2%应属有效。一审法院按照当事人实际出借借款的情况及还款情况，对当事人出具借条、欠条中合理的部分予以保护，计算结果正确，法院亦予确认。

针对辛某上诉称本案应适用《最高人民法院关于审理民间借贷案件适用法律若干问题的规定》（法释〔2020〕6号）的意见，法院认为，该司法解释第三十二条第一款规定：“本规定施行后，人民法院新受理的一审民间借贷纠纷案件，适用本规定。”鉴于该司法解释自2020年8月20日起施行，而本案受理于2020年6月5日，故《最高人民法院关于审理民间借贷案件适用法律若干问题的规定》（法释〔2020〕6号）对本案审理不具溯及力。故对辛某的上诉意见，法院不予支持。

综上所述，辛某的上诉意见不能成立，应予驳回；一审判决认定事实清楚，适用法律正确，应予维持。北京市第一中级人民法院依照《中华人民共和国民事诉讼法》第一百七十条第一款第一项规定，判决：

驳回上诉，维持原判。

【法官后语】

本案中，虽然部分款项在出借时并未约定利息，但当事人在事后以对全部债务进行结算而达成的协议中载明了利息，且计算标准与其他约定了利息的借款一致，此种情况不应视为双方未约定利息或约定不明，而应追求当事人的真实意思表示，认定双方通过达成补充协议的方式，明确了双方之间借贷的利息。

关于《最高人民法院关于审理民间借贷案件适用法律若干问题的规定》的适用问题，该司法解释分别于2015年8月6日、2019年8月19日以及2020年12月29日各发布过一次，分别为法释（2015）18号、法释（2020）6号以及法释（2020）17号，以上三个关于民间借贷的司法解释均对其适用作出了规定。具体到本案中，本案二审审结时，法释（2020）17号尚未发布，因此仅需考虑是否适用法释（2020）6号。而法释（2020）6号第三十二条第一款规定：“本规定施行后，人民法院新受理的一审民间借贷纠纷案件，适用本规定。”本案受理于2020年6月5日，故仍应适用法释（2015）18号，以年利率24%为上限。另外，对于法释（2020）17号的适用，需要视具体情况分别处理，而这也是目前处理民间借贷案件的非常重要的一环，具有现实意义。该司法解释第三十一条规定，本规定施行后，人民法院新受理的一审民间借贷纠纷案件，适用本规定。2020年8月20日之后新受理的一审民间借贷案件，借贷合同成立于2020年8月20日之前，当事人请求适用当时的司法解释计算自合同成立到2020年8月19日的利息部分的，人民法院应予支持；对于自2020年8月20日到借款返还之日的利息部分，适用起诉时本规定的利率保护标准计算。简单来说，2020年8月20日之后受理的案件，自合同成立之日止2020年8月19日期间的利息，适用当时的司法解释计算利息，此处的“当时”，应理解为合同成立时，一般应适用法释（2015）18号，以年利率24%为上限；2020年8月20日之后的利息，适用起诉时本规定的利率保护标准计算，以LPR的四倍为上限，且该LPR的具体利率标准为起诉时当日的LPR为准。另外，对于逾期利息利率的认定，也存在上述按不同时期司法解释规定分段计算的情况，且存在合同成立时以及逾期还款之日两个不同的时间点，具体适用时需要留意。

编写人：北京市昌平区人民法院　杜春龙

六、债权转让与债务承担

33

第三人履行与债务转移、债务加入的区分定性

——韦某山诉韩某民间借贷案

【案件基本信息】

1. 裁判书字号

新疆生产建设兵团第八师中级人民法院（2020）兵08民终841号民事判决书

2. 案由：民间借贷纠纷

3. 当事人

原告（被上诉人）：韦某山

被告（上诉人）：韩某

【基本案情】

2016年1月，韩某向韦某山借款，韦某山于当月28日向韩某转账30万元，于当月29日给韩某汇款8万元，另给付现金2万元，韩某给韦某山出具借款40万元的借条一张。2016年3月，韩某又向韦某山借款，韦某山于当月10日给韩某转账15万元。韩某未就该笔借款出具借条。

2017年3月，经韦某山、韩某与何某商议，何某将房屋交付韦某山，以此

抵偿韩某所负借款37万元。后何某将上述房屋钥匙交由韦某山，韦某山之子韦某议对房屋进行装修后入住。2019年5月22日，田某、李某将韦某议诉至法院，要求其搬出房屋。经审理，法院查明如下事实：建设公司作为建设单位将商品房建设交由工程公司承建，工程竣工后，因建设公司欠付工程公司实际施工人何某工程款，建设公司遂与何某商定新建部分房屋由何某找人购买，购房款折抵建设公司欠付何某的工程款；2015年1月4日，田某、李某与建设公司签订商品房预售合同，并办理备案登记，约定：购买房屋，首付款154837元，剩余房款28万元通过银行按揭贷款支付；后田某、李某按约支付首付款、支付房屋契税、办理房屋预报登记、办理银行按揭贷款；2017年年底，田某、李某欲装修房屋，发现韦某议在该房居住，遂提起诉讼。新疆维吾尔自治区石河子市人民法院作出（2019）兵9001民初4385号民事判决，判决：韦某议于判决生效之日起三十日内搬出工程镇案涉房屋。后韦某议不服该判决，上诉至新疆维吾尔自治区第八师中级人民法院。经审理，新疆维吾尔自治区第八师中级人民法院作出（2019）兵08民终848号民事判决，判决：驳回上诉，维持原判。

庭审中，韩某提出：根据2017年3月韦某山、韩某与何某达成的三方协议，韩某所负债务中的37万元已转移给何某，由其负责偿还，韦某山应向何某索款，而非韩某。

【案件焦点】

2017年3月，韦某山、韩某与何某达成的三方协议是否构成债务转移。

【法院裁判要旨】

新疆维吾尔自治区石河子市人民法院经审理认为：韦某山与韩某之间的借贷事实清楚，债权、债务关系明确，韩某应按约偿还韦某山借款，韩某未按约还款，属违约行为，应承担违约责任，故对韦某山要求韩某偿还借款的诉讼请求，该院予以支持。

对于韩某提出的部分债务转移给何某，不应再由韩某承担的抗辩意见，根据庭审查明，2017年3月，韦某山、韩某与何某三方商定，由何某以房屋抵偿韩某所欠韦某山部分借款，上述行为实际为韩某偿还债务的一种方式，即韦某山以取得房屋的形式获得还款，并不构成债务转移，根据（2019）兵08民终848号民事判决，何某无权处分其交付韦某山的房屋，房屋也已交还实际买受人，即韦某山就当时商定的抵偿款项并未获得受偿，韩某还应承担清偿责任，故对韩某的该抗辩意见，该院不予采信。

新疆维吾尔自治区石河子市人民法院根据《中华人民共和国合同法》第一百九十六条、第二百零六条，《中华人民共和国民事诉讼法》第六十四条第一款规定，判决：

韩某于本判决生效之日起十日内偿还韦某山借款55万元。

韩某不服一审判决，提起上诉。

新疆生产建设兵团第八师经审理同意一审法院裁判意见，依照《中华人民共和国民事诉讼法》第一百七十条第一款第一项规定，判决：

驳回上诉，维持原判。

【法官后语】

第三人履行、债务转移、债务加入，三者有不少相同点，容易导致当事人对行为性质的认知不同，产生相应纠纷。

三者的相同点为：债权人与债务人之间的合同是合法有效，合同义务并不专属，能够进行转让；当事人范围包括债权人、债务人与第三人；存在第三人向债权人履行合同义务的约定。上述相同点，系所涉行为的性质产生争论和混淆的原因。

为确定所涉行为的性质，需要明晰三者的不同之处。

一、债务人是否退出原债权债务关系

第三人履行的情形，原有债权债务关系不变，只是履行合同义务的主体为第三人，第三人为履行主体，而非债的主体；债务转移的情形，债务人将合同义务转移给第三方，债务人脱离原有的债权债务关系；债务加入的情形，第三人加入原有的债权债务关系中，与债务人共同承担合同义务，原有债权债务关系不变。

二、是否需经债权人明确同意

第三人履行的情形，第三人自愿履行，或与债务人、债权人商定由其履行，无须经债权人明确同意；债务转移的情形，债务人脱离原有债权债务关系，第三人变为新的债务人，债务人的变动可能会给债权的实现带来风险，必须经债权人明确同意；债务加入的情形，原有债权债务关系不变，无须经债权人明确同意，仅须债权人不明确拒绝。

三、第三人是否对债权人明确作出承担债务的意思表示

第三人履行的情形，第三人并未替代债务人的合同义务，与债权人之间不产生法律关系，对其履行的承诺，债权人只需同意或不明确拒绝；债务转移的情形，第三人取代债务人，明确作出债务承担的意思表示；债务加入的情形，第三人与债务人并存，明确作出债务承担的意思表示。

四、债务不履行或不适当履行时，违约责任的承担方不同

第三人履行的情形，第三人非合同相对方，债权人无法向第三人主张权利，而是由债务人承担相应违约责任；债务转移的情形，第三人变更为新的债务人，作为合同相对方，承担相应违约责任，债权人无法向原债务人主张权利；债务加入的情形，第三人加入原债务关系中与债务人就同一债务形成连带责任，即债权人既可以选择主张仅由债务人承担违约责任，也可以选择主张由第三人与债务人承担连带责任。

结合本案，债权人韦某山与债务人韩某、第三人何某达成口头协议，由何某将案涉房屋交付韦某山，以此抵偿韩某所负借款37万元。虽韩某主张上述行为构成债务转移，但根据庭审查明的事实，未见何某作出其替代韩某承担债务的意思表示，因此不构成债务转移，何某将案涉房屋交给韦某山的行为系第三人履行，是韩某偿还其对韦某山债务的方式，故而在案涉房屋交还实际买受人后，韦某山就商定的以房抵偿款项并未实际受偿，原债仍未消灭，还应由债务人韩某承担清偿责任。

编写人：新疆维吾尔自治区石河子市人民法院　王佳

34

第三人为债务人向债权人出具借条的性质认定

——刘某甲诉刘某乙民间借贷案

【案件基本信息】

1. 裁判书字号

北京市第三中级人民法院（2020）京03民终496号民事判决书

2. 案由：民间借贷纠纷

3. 当事人

原告（被上诉人）：刘某甲

被告（上诉人）：刘某乙

【基本案情】

刘某甲经刘某乙介绍认识案外人李某。2016年11月15日，刘某甲通过银行转账方式向刘某乙汇款5万元，刘某乙又将该款转账给李某，当日刘某乙向刘某甲出具借条，显示内容有“今借刘某甲5万元”。后李某因涉嫌诈骗罪被立案侦查，北京市顺义区人民检察院于2017年9月27日向北京市顺义区人民法院提起公诉。2017年11月20日，刘某乙为刘某甲再次出具借条，显示内容有“今借刘某甲5万元”。2018年4月25日，北京市顺义区人民法院以诈骗罪判决李某有期徒刑十二年四个月，并责令李某退赔刘某甲经济损失5万元。2018年9月30日，北京市顺义区人民法院出具（2018）京0113执4254号执行裁定书，裁定：因未能查到李某名下可供执行的财产，终结北京市顺义区人民法院作出的（2017）京0113刑初1095号刑事判决书第二项的本次执行程序。

【案件焦点】

刘某乙向刘某甲出具借条的法律性质该如何认定，是构成债务加入、债务转移还是保证。

【法院裁判要旨】

北京市顺义区人民法院经审理认为：刘某乙自愿为刘某甲出具涉诉借条 2 张，向刘某甲承诺还款是其真实意思表示，不违反法律规定，合法有效，刘某乙应当履行向刘某甲还款的承诺。刘某乙应当按照借条的约定履行相应的还款义务，刘某甲要求刘某乙支付 5 万元的诉讼请求并无不当。

北京市顺义区人民法院依照《最高人民法院关于适用〈中华人民共和国民事诉讼法〉的解释》第九十条规定，判决：

刘某乙给付刘某甲借款 5 万元，于判决生效之日起七日内执行。

刘某乙不服一审判决，提起上诉。

北京市第三中级人民法院经审理认为：债务加入是指第三人与债务人约定加入债务并通知债权人或者第三人向债权人表示愿意加入债务，债权人未在合理期限内明确拒绝的，债权人可以请求第三人在其愿意承担的债务范围内和债务人承担连带责任。本案中，双方当事人对于借款人系李某，借款通过刘某乙转给李某等事实均无异议，刘某乙在此情况下针对该笔债务先后两次向刘某甲出具借条，可以说明刘某乙具有加入该债务的意思表示，因第三人向债权人表示愿意加入债务，债权人亦予以接受属于债务加入的有效形式，故本案刘某乙向刘某甲出具借条的行为在法律性质上实际构成债务加入，现刘某甲向其主张借款，刘某乙即应对于该 5 万元债务承担偿还责任。

北京市第三中级人民法院依照《中华人民共和国民事诉讼法》第一百七十条第一款第一项规定，判决：

驳回上诉，维持原判。

【法官后语】

本案涉及的实质法律问题是在当事人约定不明情形下债务加入、债务转移和保证的区分问题，该问题在理论及司法实践中争议很大，因《中华人民共和国民法典》填补了此前关于民法理论中债务加入的立法空白，且对于担保部分亦作了重要修改，故该问题再次浮现在司法实践中，三者之间具体该如何区分有待重新厘清。

一、区分规则及推定规则

在具体案件中，当事人约定的情形极为复杂，解决的路径应当是抓住三者概念的核心区别点综合判断。具体区分规则为：在文义解释无果的情形下，履行顺位的约定可以排除债务加入、债务转移以及连带保证，因为一般保证具有补充性，即只有在主债务人不能履行债务时，一般保证人才能履行债务或承担责任，而债务加入、连带保证不具有补充性，债权人可以直接要求债务加入人或连带保证人履行债务，债务转移因原债务人已经免责，更不存在约定履行顺位的余地。不以债务人届期未履行作为第三人履行债务的条件可以排除保证，因为《中华人民共和国民法典》第六百八十一条规定保证人履行债务或者承担责任以债务人不履行债务为前提。①

《中华人民共和国民法典》第六百八十六条第二款规定，“当事人在保证合同中对保证方式没有约定或者约定不明确的，按照一般保证承担保证责任”，该规定彻底修改了《中华人民共和国担保法》第十九条关于约定不明情形下推定为连带保证的认定规则。该修改反映的是《中华人民共和国民法典》从以往单方强调保护债权人利益变为债权人和担保人利益衡平保护的新理念，事实上这也是传统民法中平等原则的回归。在衡平保护理念指引下，避免具有保护保证人作用的保证法律规范被规避，加强对单方承诺负担义务的第三人的保护，在债务加入与保证在通过上述区分规则仍难以区分的情形下，则应当推定为保证，至于是一般保证还是连带保证则需进一步结合文义区分，但如果仍无法确定，则应按《中华人民共和国民法典》第六百八十六条第二款的推定规则，推定为一般保证。

① 夏昊晗：《债务加入与保证之识别——基于裁判分歧的分析和展开》，载《法学家》2019 年第 6 期。

二、第三人为债务人向债权人出具借条的性质

回归到本案，在第三人与债权人之间并无债权债务关系的情形下，第三人为债务人向债权人出具借条，第三人与债务人的法律关系该如何确定，具体的认定思维逻辑如下：首先，应当查明的前提事实是第三人与债权人之间不存在债权债务关系以及出具借条系为债务人而出具，故第三人则不能以第三人与债权人不存在实质上的借贷关系进行抗辩，以此否定其义务的承担。因为债务加入具有无因性，第三人缘何出具借条并非法院查明的事实。

其次，第三人为债务人出具借条，单纯从借条文义可以看出第三人在签订借条时具有承担债务人债务的意思。至于该意思具体是债务加入、债务转移还是保证，则需要从上述区分规则出发来认定，即是否以债务人届期未履行或存在履行顺位作为条件。本案中，第三人刘某乙为债务人李某出具借条，该借条的内容上并未约定履行顺位或以债务人届期未履行为条件，故可以排除保证，因为借条并未体现出主从关系。

再次，在认定不属于保证的情形下，是属于债务加入和债务转移，对于这个问题，应当从借条的内容上判断债权人是否明确表示不再向债权人主张债权。本案中，仅从借条的内容上看，无法反映出债权具有免除债务人的意思表示，故不能认定为债务转移，因为债务转移对于债权人的利益影响重大，其成立的前提条件就是必须经过债权人的同意。

最后，从衡平保护的角度出发，考虑到债权人对债务人的资力和履行能力的信赖，基于保护债权人利益的价值取向，只要债权人未明确放弃向债权人主张权利，债务人就不应轻易从债务中摆脱。而从保护第三人利益出发，只要是第三人未在借条上明确表示独立承担债务人债务且债务人对此亦表示同意的情形下，就不能认定为债务转移，故认定出具借条的行为为债务加入更为妥当，此亦达到了三方利益的衡平。

编写人：北京市第三中级人民法院　张丽新　唐大利

35

特殊社会关系案外人在场时，借款协议可视为债务的转移

——铁某诉李某民间借贷案

【案件基本信息】

1. 裁判书字号

河南省平顶山市中级人民法院（2020）豫04民终2773号民事判决书

2. 案由：民间借贷纠纷

3. 当事人

原告（被上诉人）：铁某

被告（上诉人）：李某

【基本案情】

李某之母史某因盖敬老院需要资金，向铁某多次借款，并于2014年3月13日出具30万元借条、2014年7月4日出具6万元借条、2014年11月26日出具5万元借条，铁某另支付一笔4万元现金，以上借款共计45万元。后铁某向史某催要借款，史某通知其子李某到场，并于2016年3月11日，在铁某、史某、李某三人均在场的情况下，李某当场向铁某出具45万元借条一份，载明："借条，今借到铁某现金45万元，钱款以现金形式付给，借款人：李某（签名按指印），2016年3月11日（按指印）。"

【案件焦点】

李某与铁某之间是否存在真实有效的民间借贷法律关系。

【法院裁判要旨】

河南省鲁山县人民法院经审理认为：合法的借贷关系受法律保护。李某所欠铁某借款本金 45 万元，有李某亲笔签字并且按指印的借条为凭，双方的债权债务关系清楚，应予以确认。关于利息问题，根据《最高人民法院关于审理民间借贷案件适用法律若干问题的规定》第二十九条第二款第一项规定："既未约定借期内的利率，也未约定逾期利率，出借人主张借款人自逾期还款之日起按照年利率 6%支付资金占用期间利息的，人民法院应予支持。"铁某请求李某清偿借款及利息的主张，于法有据，应予以支持，但利率应当按年利率 6%计算。李某辩称，借条的真实性无异议，但这笔钱并未交付，借条上明确载明："钱以现金形式给借款人。"李某作为成年人，其应当知道在欠条上签名按指印所应负的法律责任，并且李某也没有提供相关证据证明其上述主张，故对其上述辩称意见不予采信。

河南省鲁山县人民法院依照《中华人民共和国民法通则》第九十条、第一百零八条，《最高人民法院关于审理民间借贷案件适用法律若干问题的规定》第二十九条第二款第一项，《中华人民共和国民事诉讼法》第六十四条，判决：

李某于判决生效之日起十日内向铁某清偿借款本金 45 万元及利息（以 45 万元为基数，按年利率 6%计息，自 2016 年 3 月 11 日起至借款实际清偿完毕之日止）。

李某不服一审判决，提起上诉。

河南省平顶山市中级人民法院经审理认为：二审中史某出庭作证称，其认可共计向铁某借款 45 万元的事实，2014 年其借用铁某钱之后至 2016 年 3 月，铁某向其追要，当时其没有钱偿还铁某，经铁某要求，史某通知李某到场给铁某出具了 45 万元借条。虽然李某称没有达成债务转让的合意，涉案借条涉及新的借款，铁某未实际支付，但从铁某关于 45 万元借款包含以往交付史某 30 万元、6 万元、5 万元、4 万元借款的陈述，结合李某认可的史某证言看，铁某所述与李某认可的史某陈述借款数额基本一致，再结合铁某持有 45 万元借条的事实，应当认定铁某完成了 45 万元的出借义务。2016 年 3 月 11 日李某出具了借条，虽然其没有直接收到45万元款项，但基于史某与李某的母子关系，史某已经借了铁某款项而无力偿还，当日系史某通知李某到场，让李某向铁某出具45万元借条，系三人协商一致明确了新的债权债务关系，约定李某作为债务人归还该45万元借款不违反法律规定。李某作为史某的儿子被史某通知到场，受史某指示出具借条，其知道或应当知道出具45万元借条的原因和意义。因此，李某与铁某之间形成了真实的民间借贷法律关系。

结合李某认可的史某所述出具本案45万元借条系因铁某向其追要借款未果的证言，可以看出2016年3月11日李某向铁某出具45万元借条系铁某追要借款主张权利的结果，视为借款逾期。李某未予偿还借款，自此应当按照法定逾期年利率6%支付逾期利息。

河南省平顶山市中级人民法院依照《中华人民共和国民事诉讼法》第一百七十条第一款第一项规定，判决：

驳回上诉，维持原判。

【法官后语】

民间借贷案件的审理难点历来在于法律事实难以查清，不同于其他案件纷繁复杂的证据和法律关系，民间借贷案件客观事实“留痕”较少，不足以清晰、完整的映射法律事实。本案亦存在同样的问题，铁某与案外人史某的民间借贷法律关系真实、有效，有借条、银行转款凭证以及双方的供述为证，足以认定，因此本案的重点在于铁某与李某之间的民间借贷关系的认定，系新产生的民间借贷关系，还是铁某与史某借贷关系的转移？纵观整个案件，仅有债权人铁某与债务人史某的供述，能证明本案存在债务转移的事实，但是李某其本人并不承认。如果在其他的民间借贷案件中，现有的证据当然不能证明债务转移的事实，因为债务的转移必然需要债务受让人的同意。但就本案而言，因李某与史某存在特殊的身份关系，根据“经验法则”，足以推断出债务转移的法律事实。

人民法院除依据当事人提供的债权凭证外，还应综合审查其他事实和因素，结合证据取得的方式、证据形成原因、证据形式、证据提供者情况及与案件的关系等，按照民事诉讼证据盖然性标准，形成内心确信，作出最终认定。这就需要法官依据自身生活经验和工作实践，归纳获得的关于事物属性状态以及事物之间常态联系，也就是运用“经验法则”推断出案件事实。

本案中，虽然现有证据不足以得出债务转移的结论，但是存在证据之外的，其他足以影响案件事实认定的因素：一是李某与史某存在特殊的身份关系，即两者为母子关系；二是李某书写涉案借条时，系被史某通知到场，且债权人铁某亦在现场。因此根据“经验法则”，在史某无法偿还铁某借款时，将其子李某通知到场书写借条，自然不可能是让李某再次向铁某借款，应推断为让李某承担其与铁某之间的债务。故法院认定李某向铁某出具45万元借条，系三人协商一致，由李某承担史某所负债务的事实，并据此判决。

在司法实践中，准确认定案件事实是正确适用法律的基础和前提。由于当事人证据意识不强以及其收集、使用证据的能力不足等因素使得案件事实真伪不明的情况时常出现，因此当法官在审判过程中通过举证责任的分配仍然难以作出接近正义的裁判时，适用“经验法则”对于法官准确认定事实和适用法律就显得格外重要。所以法官应当妥善地运用“经验法则”，充分展示在生活和实践中凝练出的智慧，让法律事实与客观真实的距离尽量缩短。

编写人：河南省平顶山市中级人民法院　李征

七、证据与时效

36

民间借贷纠纷中原告主张款项的性质认定及举证责任分配

——经贸公司诉王某民间借贷案

【案件基本信息】

1. 裁判书字号

山东省淄博市中级人民法院（2020）鲁03民终195号民事判决书

2. 案由：民间借贷纠纷

3. 当事人

原告（被上诉人）：经贸公司

被告（上诉人）：王某

【基本案情】

2000年2月16日，王某从经贸公司领款14000元，并在领款凭证上签字；2011年5月25日，经贸公司将此领款凭证记录在本公司记账凭证上，注明为其他应收款。2001年5月22日，王某从经贸公司领款5000元，并在领款凭证上签字；2011年5月30日，经贸公司将此领款凭证记录在本公司记账凭证上，注明为其他应收款。

【案件焦点】

经贸公司主张的两笔款项的性质应如何认定。

【法院裁判要旨】

山东省淄博市临淄区人民法院经审理认为：对于经贸公司所诉的债权是否已经超过诉讼时效。根据经贸公司提交的领款凭证，其主张向王某出借款项的时间为2000年2月16日及2001年5月22日，尚未超过二十年，该领款凭证未约定还款时间，经贸公司现在主张王某归还借款符合法律规定，尚未超出诉讼时效，故对王某主张经贸公司起诉超出诉讼时效的抗辩理由，不予采信。

对于王某是否应支付经贸公司主张的借款本金及利息。王某在领款凭证上签字的行为能够表明其收到了领款凭证上记载金额的款项，王某虽主张该款为分红，但未提供证据予以证明，该领款凭证也记载了款项性质为借款，故对王某的该抗辩理由，不予采信；王某虽主张即便还款也不抽回原始凭证，但王某未提供证据证明其归还了该笔借款，综上，故对经贸公司要求王某归还借款19000元的诉讼请求，予以支持。经贸公司按照年利率6%主张利息损失，符合法律规定，自其起诉之日起予以支持。

据此，山东省淄博市临淄区人民法院依照《中华人民共和国民法总则》第一百一十八条，《中华人民共和国民法通则》第一百零八条，《最高人民法院关于审理民间借贷案件适用法律若干问题的规定》第十五条、第十六条、第二十九条，《中华人民共和国民事诉讼法》第六十四条规定，判决：

一、王某归还经贸公司借款本金19000元；

二、王某支付经贸公司借款利息（以19000元为基数，自2019年10月31日起至实际付清之日止，按年利率6%计算）；

三、驳回经贸公司的其他诉讼请求。

王某不服一审判决，提起上诉。

山东省淄博市中级人民法院经审理认为：经贸公司据以主张其借款债权的主要证据系落款时间为2000年、2001年签有王某姓名、“摘由”为借款的领款凭证，及2011年5月25日记账凭证注明为其他应收款，2011年5月30日记账凭证注明为其他应收款。经贸公司就借贷关系的成立提供了初步证据。但王某对此不予认可，并提交与案外人的录音资料对其抗辩主张予以证实。在此情形下，经贸公司进一步提交证据，即案外人张某与王某签订的股权转让协议书和案外人刘某担任财务人员时记录的现金日记账。该日记账结合时任财务人员刘某的指证意见，能认定其中 19000 元是以支付借款的方式支付王某的股权转让款，实际并未支付，即冲抵（扣除）了王某 19000 元借款。而经贸公司作为该日记账的提供者，对证据前后陈述不一致，首先是认可支付股权转让款，后又否认，但未作出合理说明，亦未进一步提交证据予以否定。综上，由于存在上述记账凭证所显示的 19000 元已作为经贸公司支付王某股权转让款冲抵或扣除涉案 19000 元王某对经贸公司相应借款的事实，导致一审中经贸公司提交的 2011 年 5 月 25 日、5 月 30 日记账凭证注明的其他应收款是否真实存在的事实处于真伪不明的状态。《最高人民法院关于适用〈中华人民共和国民事诉讼法〉的解释》第一百零八条第二款规定，对一方当事人为反驳负有举证证明责任的当事人所主张事实而提供的证据，人民法院经审查并结合相关事实，认为待证事实真伪不明的，应当认定该事实不存在。依照规定，应当认定经贸公司主张的 19000 元借款债权的事实不存在。

山东省淄博市中级人民法院依照《中华人民共和国民事诉讼法》第六十四条、第一百六十九条、第一百七十条第一款第二项，《最高人民法院关于适用〈中华人民共和国民事诉讼法〉的解释》第九十二条、第一百零八条，《最高人民法院关于民事诉讼证据的若干规定》第八条规定，判决：

一、撤销山东省淄博市临淄区人民法院民事判决；

二、驳回经贸公司的诉讼请求。

【法官后语】

本案主要涉及民间借贷纠纷中原告主张款项的性质认定及举证责任的分配问题。

在通常的民间借贷纠纷案件中，原告一般都是持被告所出具的借条起诉要求偿还借款，但在部分民间借贷纠纷案件中，原告虽然在举证时提供了被告所出具的所谓“借条”，但在案证据则显示该款项有可能不是借款。如本案中涉案债务就出现了系借款还是股权转让款真伪不明的情形。此时人民法院要对案件正确处理，就应当重点审查原告主张款项的性质并作出正确认定。当然在此过程中最为关键的还是举证责任的分配问题。

在民间借贷纠纷中，根据《最高人民法院关于审理民间借贷案件适用法律若干问题的规定》第二条的规定，出借人向人民法院提起民间借贷诉讼时，应当提供借据、收据、欠条等债权凭证以及其他能够证明借贷法律关系存在的证据。如在本案中，经贸公司依据签有王某姓名、“摘由”为借款的领款凭证以民间借贷为由向王某主张权利，符合《最高人民法院关于审理民间借贷案件适用法律若干问题的规定》第二条的规定。法院也据此认定经贸公司就借贷关系的成立提供了初步证据。在此情况下，在民事诉讼“谁主张，谁举证”的基本原则框架下，经贸公司已经初步完成了其举证责任，此时举证责任转移至王某。即王某若对经贸公司主张的借款不予认可并认为是其他款项，则必须提供证据证明其相应主张。而本案中王某对经贸公司主张的涉案款项系借款明显不予认可，并主张款项系股东分红。为支持其主张，王某围绕其主张提交了文件资料、与案外人的录音资料，从而欲证实其抗辩主张成立。

此时，案件双方均已围绕其各自主张提供了相关证据，且双方的证据均具有一定的证明力，从而使案件陷入了真伪不明的情形中，即此时涉案款项既有可能是借款，也有可能是股权转让款。对此，《最高人民法院关于审理民间借贷案件适用法律若干问题的规定》（2020年）第十四条第一款规定：“原告以借据、收据、欠条等债权凭证为依据提起民间借贷诉讼，被告依据基础法律关系提出抗辩或者反诉，并提供证据证明债权纠纷非民间借贷行为引起的，人民法院应当依据查明的案件事实，按照基础法律关系审理。”根据该规定，在此种情形下，为进一步确定案件事实，就需要经贸公司进一步提供证据证实其主张的借贷关系成立或涉案款项应当由王某偿还。而从经贸公司二审提交的股权转让协议书、现金日记账证据的内容看，显示19000元已作为经贸公司支付王某股权转让款冲抵或扣除涉案19000元王某对经贸公司相应借款的事实，故二审法院据此认定该事实与一审中经贸公司提交的2011年5月25日、5月30日记账凭证注明的其他应收款是否真实存在的事实相互矛盾而处于真伪不明的状态。至此，双方所举证据已经穷尽，需要法院根据举证责任分配来作出最终判定。《最高人民法院关于适用〈中华人民共和国民事诉讼法〉的解释》第一百零八条第二款规定："对一方当事人为反驳负有举证证明责任的当事人所主张事实而提供的证据，人民法院经审查并结合相关事实，认为待证事实真伪不明的，应当认定该事实不存在。"这一规定实际上仍是民事诉讼"谁主张，谁举证"原则的合理贯彻。即在双方均举证且根据证据证明力的情况原告主张的待证事实仍然真伪不明的，则应当认定原告证据不足并认定其主张的事实不存在。因此，本案中，二审法院根据双方证据情况确认经贸公司起诉主张的王某仍欠其借款的事实真伪不明，其主张王某偿还借款的事实依法应当认定不能成立。

编写人：山东省淄博市中级人民法院　荣明潇　胡晓梅　朱倩茹

37

在借款人抗辩借款未实际发生并作出合理说明的情况下，出借人还应承担举证责任

——李某诉兰某民间借贷案

【案件基本信息】

1. 裁判书字号

广西壮族自治区桂林市中级人民法院（2020）桂03民终4280号民事判决书

2. 案由：民间借贷纠纷

3. 当事人

原告（上诉人）：李某

被告（被上诉人）：兰某

【基本案情】

2016 年 10 月至 2017 年 1 月，李某雇请兰某在工地开车。2017 年 11 月 3 日，兰某在身份证被李某持有的情况下，向李某出具了一张借条，内容为：兰某借李某 2016 年 10 月至 2017 年 1 月 4 笔借款共计 11000 元。兰某在 2017 年 11 月 14 日 16：30 分一次性付清。约定还款期限届满后，李某向兰某催款，并称兰某还款后即将兰某的身份证退给兰某，由于兰某未按约定日期还款，李某遂诉至法院。

【案件焦点】

李某与兰某之间是否存在借贷关系。

【法院裁判要旨】

广西壮族自治区荔浦市人民法院经审理认为：借条、收据等债权凭证是证实当事人之间存在民间借贷法律关系的直接证据，但在仅有借条、借款人对借款事实予以否认并做出合理说明的情况下，出借人仍需对借贷关系的成立承担举证证明责任。本案中，兰某称该 11000 元借款系李某要求其退还的工资且借条是在李某的胁迫下所写，而法院查明：1. 本案借条所载的借款期间 2016 年 10 月至 2017 年 1 月李某与兰某存在雇佣关系，而对于该期间工资由谁发放李某的陈述前后不一；2. 兰某向李某出具借条之时身份证确实由李某持有，由于上述事实的存在，兰某对出具借条的原因已作出合理说明，而本案李某仅提供了借条，对借款交付的时间、地点、金额及借款用途未作具体说明，其主张借款通过微信转账方式交付，但以手机更换为由未提交转账凭证，结合李某、兰某之间的关系、双方的庭审陈述等综合因素，法院认为李某提供的证据不足以证明兰某实际向李某借款 11000 元的事实，李某应承担举证不能的不利后果。

因此，广西壮族自治区荔浦市人民法院依照《中华人民共和国民事诉讼法》第六十四条，《最高人民法院关于审理民间借贷案件适用法律若干问题的规定》第二条、第十六条第二款，《最高人民法院关于适用〈中华人民共和国民事诉讼法〉的解释》第一百零八条第二款规定，判决：

驳回李某的诉讼请求。

李某不服一审判决，提起上诉。

广西壮族自治区桂林市中级人民法院经审理同意一审法院的裁判意见，依照《中华人民共和国民事诉讼法》第一百七十条第一款第一项规定，判决：

驳回上诉，维持原判。

【法官后语】

本案中，兰某对于其于 2017 年 11 月 3 日出具的借条的真实性并无异议。本案争议的焦点在于李某与兰某之间是否存在民间借贷关系。根据《最高人民法院关于审理民间借贷案件适用法律若干问题的规定》（2020 年）第十五条的规定，原告仅依据借据、收据、欠条等债权凭证提起民间借贷诉讼，被告抗辩已经偿还借款的，被告应当对其主张提供证据证明。被告提供相应证据证明其主张后，原告仍应就借贷关系的存续承担举证责任。被告抗辩借贷行为尚未实际发生并能作出合理说明的，人民法院应当结合借贷金额、款项交付、当事人的经济能力、当地或者当事人之间的交易方式、交易习惯、当事人财产变动情况以及证人证言等事实和因素，综合判断查证借贷事实是否发生。综合本案证据以及李某、兰某双方的庭审陈述，笔者认为本案中李某未能完成证实双方之间存在借贷关系的举证责任，因此，其诉讼请求不应得到支持。主要理由如下：

1. 民间借贷合同是实践合同，自然人之间的民间借贷关系，自出借人向借款人交付借款时成立。一般情况下，借条是证明出借人与借款人之间存在民间借贷关系的直接证据，但是在借款人抗辩借款未实际发生并作出合理说明的情况下，出借人还应就民间借贷关系的成立承担举证责任，即在民间借贷纠纷案件中，李某的举证责任不是一蹴而就的，并不能因为李某提供的一张借条就直接认定借贷关系的存在。在兰某抗辩不存在民间借贷关系或者借款已经还清的情况下，李某、兰某双方的举证关系是相互转换的。

2. 对于被告抗辩借款未实际发生的情况下，被告的举证证明标准应达到何种程度。根据《最高人民法院关于审理民间借贷案件适用法律若干问题的规定》（2020年）第十五条第二款的规定，在此情况下，被告仅需对出具借条的原因作出合理的说明即尽到举证义务，此时举证证明民间借贷关系存在与否的证明责任即转移到原告方。如何定义“合理说明”，以本案为例，笔者认为，首先，兰某提供了基本的证据证实其出具借条时自己的身份证在李某手上，这就解释了其未向李某借款但是却向李某出具借条的缘由；其次，兰某陈述其受李某雇请在2016年10月至2017年1月为李某开车，李某在庭审中亦认可这一事实，这与借条中所载的分四次借款共计11000元相吻合，基于这两点，笔者认为兰某尽到了合理说明的义务。

3. 在被告作出合理说明的情况下，判断民间借贷关系是否实际发生的因素。《最高人民法院关于审理民间借贷案件适用法律若干问题的规定》（2020年）第十五条第二款规定，在被告对借贷行为尚未实际发生作出合理说明的情况下，人民法院应当结合借贷金额、款项交付、当事人的经济能力、当地或者当事人之间的交易方式、交易习惯、当事人财产变动情况以及证人证言等事实和因素，综合判断查证借贷事实是否发生，即在借贷行为是否发生存疑的情况下，法官应综合各种因素进行判断。本案中，李某在法官询问借款发生的时间、经过时含糊其辞，在称借款通过微信转账的情况下又拒不提供转账记录，因此，综合本案的各种因素，应认定李某的诉请不成立。

编写人：广西壮族自治区荔浦市人民法院　覃丽文

38

借款人抗辩借贷行为并未实际发生的合理说明义务和出借人的举证证明责任

——沈明某诉平某民间借贷案

【案件基本信息】

1. 裁判书字号

浙江省杭州市中级人民法院（2020）浙01民终5293号民事判决书

2. 案由：民间借贷纠纷

3. 当事人

原告（被上诉人）：沈明某

被告（上诉人）：平某

【基本案情】

2009年8月13日，平某出具借条一份，向沈明某借60万元，承诺于2009年9月底归还；2011年8月12日，平某出具借据一份，向沈明某借49万元，承诺于2011年8月底前归还；2013年6月20日，平某出具借据一份，向沈明某借49万元，承诺于2013年12月底前归还；2017年12月7日，平某出具借条一份，收到沈明某现金49万元。

【案件焦点】

借款行为是否实际发生。

【法院裁判要旨】

浙江省杭州市萧山区人民法院经审理认为：沈明某提供了2009年的借

据，但未提供借款的证据，平某也否认收到现金，故沈明某应当对提供借款的事实继续承担举证责任。依据 2011 年和 2013 年平某出具的借据，平某作为完全民事行为能力人，多次认可向沈明某借款的事实，故沈明某已向平某提供借款的可能性比较大。沈明某自认平某已归还 11 万元，系沈明某行使处分权，不影响借款事实的认定。依据 2017 年平某出具的借条，平某认可“今收到沈明某现金 49 万元”，该证据补强了沈明某提供借款的事实。故法院对沈明某收到平某出借的现金 49 万元的事实予以认定。根据《中华人民共和国合同法》的规定，自然人之间的借款合同，自贷款人提供借款时生效。沈明某、平某之间的民间借贷关系成立且合法有效，平某作为借款人，未按约履行还款义务，应承担相应的民事责任。平某辩称不认识沈明某，也未向沈明某借款，但其作为完全民事行为能力人，多次一贯地向沈明某出具借据，且书面认可收到 49 万元，故其上述口头抗辩意见，不足以推翻其书面承诺的事实。平某辩称案涉的借据是他人诱骗所写，系为了隐瞒他人向其索贿的事实。法院认为，平某未提供证据证明受到欺诈或重大误解的事实，故其上述口头抗辩意见，法院不予采信。根据规定，自然人之间的借款合同对支付利息没有约定或者约定不明确的，视为不支付利息。故沈明某要求平某支付利息的诉讼请求，法院不予支持。

据此，浙江省杭州市萧山区人民法院依照《中华人民共和国合同法》第六十条、第一百零七条、第二百零六条规定，判决：

一、平某于判决生效后十日内归还沈明某借款 49 万元；

二、驳回沈明某其余诉讼请求。

平某不服一审判决，提起上诉。

浙江省杭州市中级人民法院经审理认为：《最高人民法院关于审理民间借贷案件适用法律若干问题的规定》第十六条第二款规定：“借款人抗辩借贷行为尚未实际发生并能作出合理说明，人民法院应当结合借贷金额、款项交付、当事人的经济能力、当地或者当事人之间的交易方式、交易习惯、当事人财产变动情况以及证人证言等事实和因素，综合判断查证借贷事实是否发生。”本案中，平某主张借款未实际发生，四份借条都是在沈明某的哥哥沈学某的诱骗下出具的，是为了帮助沈学某防范风险。平某 2009~2017 年先后共向沈明某出具了四份借条，根据沈明某的主张，后三份借条是对 2009 年 8 月 13 日 60 万元现金借款余款 49 万元的确认，借款并非借条出具当日实际发生。但后三份借条中并未有对之前借款余额进行确认的内容，且 2017 年 12 月 7 日的借条上还载明当天收到 49 万元现金的内容，说明借条所记载内容与实际情况未必相符。据此，平某 2009 年 8 月 13 日出具的借条能否直接作为 60 万元借款在当时已经实际交付的凭证，应当综合判断。从款项出借目的来看。根据证人沈学某的陈述，平某发不出工人工资向沈学某借款，沈学某因在家里不管钱而联系其弟弟沈明某出借；沈明某在一审中陈述，其当时下岗，为了能到平某的厂里工作而向平某出借 60 万元。法院认为，60 万元在 2009 年并不是小数目，在平某已经发不出工人工资的情况下，沈明某为了去平某的厂里上班而出借款项的理由，明显有违常理，且沈明某一审中陈述其并未到平某的厂里上班。从款项来源看。沈明某称 60 万元中 10 万元是自有资金，50 万元是向其朋友吴某借来的并出具了借条，还按照月利率 1% 支付了利息。但案涉四张借条均无关于利息的任何记载，沈明某陈述平某没有支付过利息。法院认为，按照沈明某的说法，其是以支付月利率 1% 的利息借得的 50 万元资金无息向平某出借，该说法同样不符合常理。关于向朋友吴某归还 50 万元借款的时间，沈明某在本案诉讼中的先后陈述存在矛盾，亦与吴某的陈述存在矛盾。一审中沈明某先陈述是 2015 年还清，后又陈述是 2012 年还清，二审中则陈述是两个多月后还了 20 万元，30 万元是一两年后还清的。而吴某接受法院询问时陈述，沈明某在借款后 2 个月左右归还了 20 万元，剩余 30 万元在半年内还清了。关于 11 万元的归还方式，沈明某的说法与沈学某的说法存在矛盾。一审中，沈明某称是平某转账到沈学某的银行卡中，但并未提供银行账户信息；沈学某在接受法院询问时称 11 万元以现金方式归还。从还款期限看，前三份借条所记载的还款期限非常短，分别为 1 个多月、十几天、半年不到，而根据沈明某二审庭审中的陈述，其找平某当面催讨仅为两次，甚至最后一张借条也是平某出具后交给沈学某的。根据其陈述，其并未有常理下出借人对较大额无息借款在长时间逾期未还情况下应有的急于催讨的行为。综合以上沈明某不符合常理的陈述，以及沈明某与沈学某、吴某之间的矛盾陈述等因素，法院认为，案涉2009年8月13日的借条并不能作为60万元已经实际发生的直接凭证进行认定。因沈明某未提供其他证据证明案涉60万元确已实际发生，其关于双方当事人之间存在60万元的借款关系且平某已经归还11万元的主张，法院不予采纳。综上，一审法院虽认定事实基本清楚，但实体处理不当，法院依法予以纠正。

浙江省杭州市中级人民法院，依照《中华人民共和国民事诉讼法》第六十四条第一款、第一百七十条第一款第二项规定，判决：

一、撤销浙江省杭州市萧山区人民法院民事判决；

二、驳回沈明某的全部诉讼请求。

【法官后语】

本案裁判的法理思路，是以区分说服责任和争点责任不同的证明标准为关键钥匙，较为妥当地解决纷争。本案的裁判思路为解决借贷行为是否实际发生的“提供证据”责任问题提供一个清晰明了的指导，具有典型示范意义。

1. 原告的“举证证明责任”与被告的“合理说明”义务，虽然都属于“提供证据”的责任，但存在证明程度差异的根本区别。根据《最高人民法院关于审理民间借贷案件适用法律若干问题的规定》（2020年）第十五条的规定，原告仅依据借据、收据、欠条等债权凭证提起民间借贷诉讼，被告抗辩已经偿还借款的，被告应当对其主张提供证据证明。被告提供相应证据证明其主张后，原告仍应就借贷关系的存续承担举证责任。被告抗辩借贷行为尚未实际发生并能作出合理说明的，人民法院应当结合借贷金额、款项交付、当事人的经济能力、当地或者当事人之间的交易方式、交易习惯、当事人财产变动情况以及证人证言等事实和因素，综合判断查证借贷事实是否发生。其中，原告的“举证证明责任”和被告的“合理说明”义务，都是“提供证据”的责任，二者的根本区别在证明程度要求上有差异，就此而言，可以将前者称为说服责任，将后者称为争点责任。说服责任，就是通常所说的举证责任，即应举证证明能够说服裁判者认为已经达到了证明标准，否则就会直接导致败诉的后果；争点责任，是说服责任的一种相对责任，即当承担说服责任的一方举证使裁判者形成事实心证后，相对方有提供证据动摇心证———使（对方所主张的）事实处于一种真伪不明的状态。说服责任和争点责任都需要提供证据进行证明，二者的区别是对证明程度的要求不同。在法律上，说服责任的分配为根本，这种责任确定之后，按相对原则就确定了争点责任。

2. 争点责任与说服责任均具有过程性。一方当事人的争点责任的履行前提是相对方说服责任的初步完成，争点责任完成后，相对方应当继续举证直到最终完成说服责任。具体而言，在诉讼过程中，承担说服责任的一方，在举出一定的证据后，能够使裁判者暂时形成达到证明标准的心证，也就可以认为初步完成了说服责任，但当相对方提供证据，形成了合理怀疑，动摇了心证后，说服责任又处在一种未完成状态，因而需要承担说服责任的一方进一步举证，如果进一步的举证又能够使裁判者形成心证，相对方就又需要举证来动摇心证。这个过程可能会往复多个回合。如果承担说服责任方在最后能够使裁判者形成心证，也就是最终完成了说服责任。从《最高人民法院关于审理民间借贷案件适用法律若干问题的规定》（2020年）第十五条看，出借人提供了借据、收据、欠条等债权凭证，就应确认其完成了初步的说服责任，这时需要相对方抗辩并“提供证据”，否则出借人就会最终胜诉。这一规定是合理的，因为，债权凭证通常都能让人觉得借贷行为已实际发生。不过需要指出的是，第二款的规定有缺漏，在借款人完成了合理说明义务和法院应当结合借贷金额、款项交付等进行综合判断之间少了一个环节，即出借人应当继续举证完成说服责任。

3. 对说服责任是否完成的判断，应当谨慎对待借条、收条等证据的证明力，重视言词证据证明力的审查判断，不能过于依赖相互印证。《最高人民法院关于审理民间借贷案件适用法律若干问题的规定》（2020年）第十五条第二款要求根据借贷金额、款项交付及证人证言等进行综合判断，有利于纠偏司法实务上较为依赖于书面证据和实物证据、对言词证据重视不足的现象。较之于金融借款，民间借贷证据的书面化相对不足，即便存在书面证据但其规范性往往也较为欠缺，因此，要谨慎对待借条、收条等的证明力，应重视言词证据尤其是当事人陈述的证明力的审查判断，在方法上不能过于依赖印证。对于当事人陈述（以及其他言词证据），到底应当归属于事实主张还是证据，一个基本标准就是看陈述是否具体：不具有具体性，就只是事实主张，相反，有具体的内容和细节，就是证据。因此，陈述的具体性，在国外的证据法理论上被称为“事实标记”。本案生效裁判在审查当事人陈述时强调了内容具体性对当事人陈述成为证据的重要性，而且结合多种方法对当事人陈述的真实性进行了较为妥当合理的评判，其对当事人陈述真伪的审查判断具有典型示范价值。

4. 应当承认法官对借贷事实发生的合理可能性和高度可能性具有裁量权，但应当公开心证过程合理可能性和高度可能性是一种盖然性标准，或然性标准都具有一定的模糊性，因而允许法官具有一定的裁量权。在此意义上可以说，即便其他人认为证明已经达到了合理可能性或高度可能性，合议庭认为没有达到的，也是具有合理性和合法性的，反之亦然。无论裁判结论是什么，重要的是公开基于逻辑与常识的心证的过程。

编写人：浙江省杭州市萧山区人民法院　高恩典

39

当事人否认借款金额的情形下如何认定借款事实问题

——韦某诉符某民间借贷案

【案件基本信息】

1. 裁判书字号

广西壮族自治区柳州市中级人民法院（2020）桂02民终3386号民事判决书

2. 案由：民间借贷纠纷

3. 当事人

原告（上诉人）：韦某

被告（被上诉人）：符某

【基本案情】

符某于2019年10月30日与韦某达成借款1万元的口头协议，并约定每周支付利息1000元。同日，符某让其表妹刘某与韦某签订了一份借款人为刘某、出借人为韦某、借款金额2万元、月利率为2%、借期一个月、落款时间为2019年10月30日的借条。当日韦某通过支付宝转账方式向符某账户转入9000元。同年11月5日符某找到韦某取回刘某与韦某签订的借条，重新书写了一份《借条》（该借条及2019年10月30日刘某书写的借条均为固定格式打印填充版本），内容为“符某为生意的需要，现收到韦某在2019年11月5日以现金出借的2万元，借期一个月，月利率2%，约定于2019年12月5日到期本息一并还清。如到期未还，愿承担韦某追讨借款所支付的律师费、交通费等其他费用。借款人符某　落款时间2019年11月5日”的《借条》，捺指印后交韦某收执。同年11月9日符某通过微信转账方式向韦某还款1000元，同月19日还款1000元，同月29日还款300元，同月30日还款300元，同年12月3日还款400元，合计还款金额为3000元，但上述还款未注明系本金或利息。借款期限届满后，符某未能归还余款，韦某遂诉至法院。

【案件焦点】

当事人否认《借条》本金的情形下如何确认借款本金问题。

【法院裁判要旨】

广西壮族自治区柳州市柳江区人民法院经审理认为：合法的借贷关系受法律保护，当事人抗辩借贷行为尚未实际发生并能作出合理说明的，人民法院应当结合借贷金额、款项交付、当事人的经济能力、当地或者当事人之间的交易方式、交易习惯、当事人财产变动情况以及证人证言等事实和因素，综合判断查证借贷事实是否发生。

关于借款的笔数和借款金额问题。本案中，韦某主张为二笔借款，第一笔为口头协议借款9000元，第二笔为书面协议借款现金2万元；符某认可口头协议借款1万元，每周利息1000元，扣下利息后实际借款到账9000元，2019年11月5日签订的《借条》虽属实，但为补前次借款的手续，当天并未实际发生借款。法院认为，首先，从符某提交的证据微信聊天记录和支付宝转账电子回单可证实2019年10月30日，符某让其表妹刘某与韦某签署借条，韦某向符某账户转入9000元，2019年11月5日符某到韦某处即取回刘某与韦某签署的借条，重新书写了一份《借条》交给韦某收持的过程，该微信聊天记录过程清楚、内容完整、与本案具有关联性；其次，韦某对其陈述的第二份《借条》的借款的事实，在符某提出否认的情况下，未能举证证实借款的款项交付，且之前6天双方的借贷交易方式为转账支付；最后，庭审中，韦某对符某提供的2019年10月30日借条（贷款人为韦某）质证中表示借条模糊无法辨认等相关问题未能作出合理说明和明显存在不符合常理之处，再结合韦某从事的职业、提供的借条均为固定格式打印填充版本、借据的形成时间、交易习惯等，法院对韦某主张涉案借款中有2万元系现金支付的意见不予采信。根据《中华人民共和国合同法》第二百条“借款的利息不得预先在本金中扣除。利息预先在本金中扣除的，应当按照实际借款数额返还借款并计算利息”和《最高人民法院关于审理民间借贷案件适用法律若干问题的规定》第二十七条“预先在本金中扣除利息的，人民法院应当将实际出借的金额认定为本金”的规定，故法院对本案借款本金认定为9000元。

关于本案的利息和已还款金额的问题。庭审中，双方对借款为有偿借款和实际还款的总金额3000元均无异议，韦某主张按月利率2%从2019年11月5日起支付利息未违反法律及相关司法解释的规定。根据《最高人民法院关于适用〈中华人民共和国合同法〉若干问题的解释（二）》第二十一条“债务人除主债务之外还应当支付利息和费用，当其给付不足以清偿全部债务时，并且当事人没有约定的，人民法院应当按照下列顺序抵充：（一）实现债权的有关费用；（二）利息；（三）主债务”之规定，法院分段计算本息如下：同年11月9日还款1000元，即归还利息23.67元、本金976.33元，尚欠本金8023.67元；同月19日还款1000元，即归还利息52.76元、本金947.24元，尚欠本金7076.43元；同月29日还款300元，即归还利息46.53元、本金253.47元，尚欠本金6822.96元；同月30日还款300元，即归还利息4.49元、本金295.51元，尚欠本金6527.45元；同年12月3日还款400元，即归还利息12.88元、本金387.12元，尚欠本金6140.32元。

至于韦某诉请因本次诉讼与律师事务所签订委托代理合同，从而要求符某支付律师费的问题，虽《借条》中有关于支付律师费的约定，但韦某未提供发票证实，故法院对该诉请不予支持。

广西壮族自治区柳州市柳江区人民法院依照《中华人民共和国合同法》第六十条、第一百九十六条、第二百条、第二百零五条、第二百零六条、第二百一十条、第二百一十一条第二款，《最高人民法院关于适用〈中华人民共和国合同法〉若干问题的解释（二）》第二十一条，《最高人民法院关于审理民间借贷案件适用法律若干问题的规定》第十六条、第二十七条，《中华人民共和国民事诉讼法》第六十四条，《最高人民法院关于适用〈中华人民共和国民事诉讼法〉的解释》第九十条、第九十一条规定，判决：

一、符某归还韦某借款本金6140.32元及利息（利息从2019年12月3日起，以本金6140.32元为基数，按月利率2%计算至符某借款本金和利息全部实际清偿之日止）；

二、驳回韦某的其他诉讼请求。

韦某不服一审判决，提起上诉。

广西壮族自治区柳州市中级人民法院经审理同意一审法院裁判意见，依照《中华人民共和国民事诉讼法》第一百七十条第一款第一项规定，判决：

驳回上诉、维持原判。

【法官后语】

民间借贷纠纷案件中的最大争议，往往是借贷事实的争议。民间借贷虚假诉讼问题比较突出，经常会出现双方对借据无异议的所谓“手拉手”式诉讼，被告下落不明或者拒不应诉的情况也较为普遍。法院在审理中发现有可能构成虚假诉讼的，应当严格审查借贷发生的原因、时间、地点、款项来源、交付方式、款项去向以及借贷双方的经济状况等事实，依法全面、客观地审核双方当事人提交的全部证据，从各证据与案件事实的关联程度、各证据之间的联系等方面进行综合审查判断。对形式有瑕疵的“欠条”或者“收条”，要结合其他证据认定是否存在借贷关系；对现金交付的借贷，可根据交付凭证、支付能力、交易习惯、借贷金额的大小、当事人间的关系以及当事人陈述的交易细节经过等因素综合判断。具体措施如下：

1. 要注意查明出借人与借款人的关系、借贷双方是否相识、彼此亲密程度等，排除以合法形式掩盖非法目的，当事人为隐匿财产、逃避债务，故意与亲属串通的假借贷的情况。

2. 要严格审查出借人的目的、借款人的目的及用途，且不能仅限于出借人承认与否，而应结合案件其他情况综合认定，如出借方明知对方借款用于赌博、嫖娼、走私、吸毒等违法犯罪活动仍出借，该债权非但得不到保护，还应将犯罪嫌疑人移送公安或相关部门处理。

3. 要注意审查借款人的相应借款能力、资金往来情况、借贷款项在会计账簿上记载的依据等证据，以审核借贷关系的真实性。巨额资金往来通常通过银行流转，借入资金作为公司债务的，借贷款项应在账簿或银行资金往来上有所体现。

4. 要加强对借据形成过程、利息计算标准及出借人资金来源的审查。在加大审查力度的基础上，民间借贷的合法性可以结合其他证据综合判断：从资金来源看，合法借贷一般以自有资金或其他合法渠道获取的资金出借，非法借贷资金往往来源于国外热钱、非法集资、非法吸储或犯罪所得。从借贷形式来看，合法借贷大多表现为一对一、一对多，而多对一的借贷可能涉嫌非法集资或非法吸储。从借款用途看，合法借贷一般用于生活需求或生产经营急需，非法借贷的目的多为将资金据为己有、非法牟利。从偿还方式看，合法借贷一般以货币形式偿还，非法集资则借助实物或权利证券进行利益返还。

5. 要对当事人的自认作出审慎认定。《最高人民法院关于民事诉讼证据的若干规定》第八条规定，诉讼过程中，一方当事人对另一方当事人陈述的案件事实明确表示承认的，另一方当事人无须举证，但涉及身份关系的案件除外。从该条规定来看，诉讼上的自认包括以下要件：一是诉讼上的自认必须来源于当事人对案件事实的陈述，即当事人陈述的内容之一，或者说是后陈述一方当事人所作的与先陈述一方的陈述内容相同的陈述部分；二是诉讼上的自认必须发生于诉讼过程中；三是必须与对方当事人的事实陈述一致，即自认的事实与对方当事人的陈述的事实没有矛盾；四是诉讼上自认的表示应当是明确的。

编写人：广西壮族自治区柳州市柳江区人民法院　蓝毅

40

个人之间没有借据的大额转款性质认定

——许某诉胡某州民间借贷案

【案件基本信息】

1. 裁判书字号

湖北省宜昌市中级人民法院（2020）鄂05民终2618号民事裁定书

2. 案由：民间借贷纠纷

3. 当事人

许某（上诉人）：许某

被告（被上诉人）：胡某州

第三人：罗某

【基本案情】

胡某州与罗某系朋友关系。2013年4月4日至2014年9月25日，罗某通过银行账户向胡某州转账九次共计322万元。胡某州收到上述款项后，除其中一笔20万元于次日退回罗某账户外，其余款项分别在当日、次日或最迟六日内，通过自己或女儿胡某的账户转入魏某账户或魏某控制的公司，共计310万元。其间，胡某州曾向罗某账户转账10万元。

魏某的银行账户由工程公司员工王某保管，其每月按魏某指令从该账户向投资人支付收益。2013年5月8日至2015年7月8日，胡某州与魏某每月均向罗某账户转账，其中魏某转账共计32次，每月转账金额为3.3万元、3万元、3.15万元、3.45万元不等；胡某州转账共计26次，每月转账金额除其中两次为0.554万元外，其余均为0.3万元。2017年7月7日，罗某与许某签订《债权转让协议书》，约定转让的债权为250万元及从权利97.85万元，转让金额共计347.85万元。

胡某州为工程公司业务员，主要从事司机及业务员工作。工程公司于2012年5月15日成立，法定代表人为魏某。2012年8月至2015年6月，工程公司在多地设立分公司，吸引客户投资“工程创业投资基金”。该公司及法定代表人魏某，均因非法吸收公众存款罪被湖北省十堰市茅箭区人民法院判刑。

【案件焦点】

1. 对胡某州是否以公司更新设备需要资金为由向罗某借款、罗某与工程公司是否签有投资协议等关键事实的认定；2. 罗某与胡某州之间资金往来的定性。

【法院裁判要旨】

湖北省五峰土家族自治县人民法院经审理认为：罗某向胡某州账户转账共计322万元系无争议的客观事实，该数额对一个普通家庭来说并非小数，若借于他人，多以书面形式明确合意。罗某主张其与胡某州之间系借贷关系，并未提供书面借款合同或相关借据，于情理不符；其提交的银行转账凭证及相关陈述，不能形成其所述胡某州因生产、经营向其大额借款事实的证据链。罗某虽然将款项汇入胡某州账户，但胡某州均将相关款项转入魏某账户，且及时由工程公司开具收款凭证。虽无法查实罗某与工程公司是否签有投资协议，但魏某账户接收到上述转款后，每月均按照转款金额的1.5%直接向罗某支付收益累计达32次，直至魏某与工程公司被公安机关查获。综上所述，许某提供的证据不足以证明罗某与胡某州之间的借贷关系成立；反之，本案查明的事实可以证实罗某对其转款系参与魏某公司投资的行为是明知的，其向胡某州转账的行为实际是通过胡某州账户向工程公司投资。现工程公司及魏某均因非法吸收公众存款罪被判刑，本案可能涉嫌犯罪，依法应当驳回起诉。

湖北省五峰土家族自治县人民法院依照《中华人民共和国民事诉讼法》第一百二十四条第三项、第一百五十四条第一款第三项，《最高人民法院关于在审理经济纠纷案件中涉及经济犯罪嫌疑若干问题的规定》第十一条规定，裁定：

驳回许某的起诉。

许某不服一审判决，提起上诉。

湖北省宜昌市中级人民法院经审理认为：许某主张罗某与胡某州之间具有民间借贷法律关系，仅提交了罗某向胡某州转款的银行交易记录。胡某州抗辩称其与罗某没有借贷关系，并提交了银行流水、工程公司收据等证据。胡某州提交的银行流水可以显示罗某所转款项的资金流向，并有工程公司对罗某投资款出具的收据予以佐证。在胡某州已经举证证明二人之间系其他经济往来的情况下，许某应对案涉债务系借款进一步承担举证责任。在许某举证不能的情况下，其起诉胡某州偿还借款，提交的证据尚不足以证明民间借贷关系。

综上，湖北省宜昌市中级人民法院依照《中华人民共和国民事诉讼法》第一百七十条第一款第一项、第一百七十一条规定，裁定：

驳回上诉，维持原裁定。

【法官后语】

随着我国经济的飞速发展，民间借贷方式越来越多样化。根据《最高人民法院关于审理民间借贷案件适用法律若干问题的规定》第一条、第二条等规定，民间借贷是指自然人、法人和其他非法人组织之间进行资金融通的行为，出借人向人民法院提起民间借贷诉讼时，应当提供借据、收据、欠条等债权凭证以及其他能够证明借贷法律关系存在的证据。本案中，许某就罗某和胡某州之间存在民间借贷关系承担举证责任，仅依据金融机构的转账凭证提起民间借贷诉讼，并无借据。本案诉讼标的数额较大，且罗某和胡某州之间经济往来情况复杂，而胡某州提出了相关证据证明双方之间是投资关系。此时，应加大对双方法律关系的事实和证据的审查力度，运用高度盖然性证据规则来认定事实。

高度盖然性，是根据事物发展的高度概率进行判断的一种认识方法，当人们对事物的认识达不到逻辑必然性条件时，不得不采取这种方法认识事物。而高度盖然性证据规则，是将盖然性认识方法运用于司法领域的民事审判中，在现有证据对待证事实的证明无法达到确实充分的情况下，如果一方当事人提出的证据已经证明该事实发生具有高度盖然性，法官即可依据该证据对事实予以认定。人民法院审理民间借贷关系，应综合考虑案件双方当事人的借贷合意、资金来源、借款用途等情况。具体到本案中，许某仅以金融机构转账凭证证明双方借贷关系，双方证据均无法确实充分地证实二人之间的关系，且双方对法庭的调查发问始终各执一词。关于借款合意，许某诉称胡某州系电业公司法定代表人，以公司更新设备需要流动资金为由向罗某借钱，提交了证人证言作证，法院查明胡某州虽为电业公司法定代表人，但其所持股份系受他人委托持有，其不参与公司任何经营活动，也不以公司名义从事任何经营活动，不享有收益权。且许某提供的证人证言为传来证据，罗某数次开庭对胡某州借款原因陈述有矛盾之处，法院不予认定。胡某州抗辩与许某系投资关系，虽无法证实双方是否签有投资协议，但提交了工资发放名册证实自己是工程公司的职工，提交了银行流水、工程公司收据证明罗某转账资金的流向及魏某向罗某支付利息的情况。法院运用高度盖然性证据规则，认为胡某州的证据已证明双方存在其他关系，许某提交的证据不足以证实双方之间存在民间借贷关系，承担不利后果。

另外，高度盖然性证据规则是将双方当事人举证内容的证明力作比较，以优势原则作为法官内心取信的标准，可能受法官主观和客观认识水平的限制，故每个案件最终定论的裁判必须建立在强大的证明力基础上，才能做到于法有据、以理服人。而无论是民间借贷的出借人还是借款人，均应合法履行借贷手续，以保障自身权益免受侵害。

编写人：湖北省五峰土家族自治县人民法院　向瑾

41

借条在民间借贷案件中的证据效力认定

——嵇某诉黄某民间借贷案

【案件基本信息】

1. 裁判书字号

江苏省无锡市中级人民法院（2020）苏02民终2294号民事判决书

2. 案由：民间借贷纠纷

3. 当事人

原告（被上诉人）：嵇某

被告（上诉人）：黄某

【基本案情】

嵇某与黄某系朋友关系，2011年1月18日至2013年2月7日，黄某多次向嵇某借款，嵇某通过本人银行账户或者彭某、房某的银行账户分多笔向黄某转账交付借款共计3128000元。其间，黄某通过本人或者委托他人转账等方式向嵇某或彭某、房某的账户分多笔转账归还部分借款。

2013年2月7日，嵇某为黄某代付了黄某结欠某公司的材料款1057000元。同日，黄某向嵇某出具借条一张，借条载明“今借到嵇某人民币500万元”。

之后，嵇某又通过本人银行账户或者彭某、房某的银行账户分多笔向黄某转账 200 余万元。黄某则通过银行转账、交付承兑汇票、以房抵债等方式归还嵇某共计 5828352 元。

除前述往来外，嵇某认为其于 2014 年 1 月 18 日为黄某代付拖欠钢筋货款 20 万元，也是出借给黄某的款项。

【案件焦点】

500 万元的借条是否是双方结算的真实意思表示。

【法院裁判要旨】

江苏省宜兴市人民法院经审理认为：对于 500 万元的借条能否认定为双方对此前借款往来的有效结算。嵇某对该借条是双方截至当日发生的借还款以及其为黄某代付钢筋款 1057000 元的总结算提供了相应的证据并作了合理陈述，黄某虽辩称借条系醉酒后书写，但并未对此提供相应的证据，即使其确系饮酒后书写的，其作为完全民事行为能力人，也应对自己的行为及法律后果有所认知。故黄某关于 500 万元借条不是结算依据的抗辩意见法院不予采信。黄某于 2013 年 2 月 7 日向嵇某出具 500 万元借条，应认定系双方对截至当日为止发生的所有往来结算后形成（含当日代付的钢筋款 1057000 元）的有效结算凭证。对于嵇某主张在借条出具日后新发生的借还款往来，根据双方提供的证据及所作陈述，法院在革除嵇某主张黄某于 2014 年 1 月 28 日所借的 20 万元（垫付钢筋款）后，对嵇某在本案中主张以转账方式又向黄某出借了 212. 75 万元的事实予以确认，另确认黄某通过各种方式共计归还嵇某的 5828352 元。因此，黄某尚欠嵇某借款本金 1299148 元，并应支付嵇某相应的利息。嵇某超出部分的诉讼请求，法院不予支持。

江苏省宜兴市人民法院依照《中华人民共和国合同法》第一百零七条、第一百九十六条、第二百零七条、第二百一十条，《最高人民法院关于审理民间借贷案件适用法律若干问题的规定》第二十七条、第二十九条规定，判决：

一、黄某于本判决发生法律效力之日起 10 日内归还嵇某借款本金 1299148

元及以该款为基数自 2019 年 5 月 24 日起至实际付清之日止按年利率 6%计算的利息；

二、驳回嵇某的其他诉讼请求。

黄某不服一审判决，提起上诉。

江苏省无锡市中级人民法院经审理认为：黄某对 500 万元借条作为结算凭证予以否认，但黄某并不能提供依据证明其签署该借条时并非完全民事行为能力，其辩称醉酒，法院不予采信。一审法院以 2013 年 2 月 7 日时间节点确认黄某结欠嵇某借款 500 万元有事实和法律依据。双方当事人在 2011 年至 2013 年 2 月 7 日有多种渠道多笔借款往来，在出具结算性质的借条后，黄某诉讼中否认借条的效力不符合诚实信用的基本原则。嵇某对 500 万元借条的组成所作的陈述尚属合理，目前书证亦能查明在借条出具前其交付黄某借款 3128000 元，而嵇某主张代黄某支付货款 1057000 元亦得到了款项流转的数个单位及某公司的认可，且经手人员的证人证言和某公司账页可以印证该事实，加之嵇某主张工程借款中包含利息亦属合乎常理，而黄某的辩解并不能推翻上述关联证据效力，故原审认可 500 万元借条效力并无不当。

江苏省无锡市中级人民法院依据《中华人民共和国民事诉讼法》第一百七十条第一款第一项规定，判决：

驳回上诉，维持原判。

【法官后语】

随着市场经济的发展，民间借贷的数量和规模不断扩大。由于民间借贷多发生在亲属、朋友之间，不签订借款合同或仅由借款人出具一张简单的借条或欠条的情况比较常见。一旦发生纠纷，出借人通常持借条或欠条作为主张借贷事实存在及借款金额的证据，借款人出于自身利益，往往对出借人举证的借条或欠条的证据效力和证明力等提出异议。因此，在民间借贷纠纷案中，法院对借条或欠条的认定意见，对诉讼案件的结果有重大影响。

《中华人民共和国民事诉讼法》第六十四条第一款规定："当事人对自己提出的主张，有责任提供证据。"《最高人民法院关于适用〈中华人民共和国民事诉讼法〉的解释》第九十一条第一项进一步明确“主张法律关系存在的当事人，应当对产生该法律关系的基本事实承担举证证明责任。”由于民间借贷属于一种合同关系，故主张借款合同关系存在的当事人应当对该法律关系存在提供证据。《最高人民法院关于审理民间借贷案件适用法律若干问题的规定》第二条第一款规定“出借人向人民法院起诉时，应当提供借据、收据、欠条等债权凭证以及其他能够证明借贷法律关系存在的证据。”因此，借条是出借人用以证明借贷关系存在的基本证据。由于借条是以其记载的内容证明案件事实的，故在证据分类中应被归为书证。书证具有其内容与待证事实之间的关联直接、显著，易于判断，物理上具有稳定性等特征和优点，因此，借条相较其他类型的证据在对事实的证明中具有较高的可信度。本案中，由于嵇某举证了借条作为其债权凭证，故法院根据该借条和其他证据综合认定嵇某与黄某之间存在借款合同关系。

对于双方争议巨大的借款金额问题。前述《最高人民法院关于审理民间借贷案件适用法律若干问题的规定》（2020年）第二十六条中规定“借据、收据、欠条等债权凭证载明的借款金额，一般认定为本金”。在审判实践中，借条等债权凭证一般应认定为借款人与出借人达成借款合意且以借条的方式确认按照载明本金数额收到款项，具有推定借贷事实已经实际发生的初步证据效力。本案的特殊之处在于，500万元借条的形成，并非因双方在借条形成日实际发生了一笔金额为500万元的借款往来而产生，而是双方在此前已有大量经济往来的情况下，黄某向嵇某出具的一份债权凭证。现双方对该借条是否是双方在借条形成日对此前所有经济往来的有效总结算产生争议。嵇某对此进一步提供了借条形成日之前双方之间大量经济往来的证据，也对500万元的组成作出了相对合理的陈述。黄某作为出具借条一方，现否认借条上记载的借款金额，其实质是要推翻借条的效力，应由黄某对此承担举证证明责任。但黄某除自述借条是其醉酒后碍于面子书写外，并未提供充分有效的证据，故人民法院认定500万元的借条体现了双方之间结算的真实意思表示。

编写人：江苏省宜兴市人民法院　钱晋　骆叶香

42

内容存在瑕疵的借条证据效力的认定

——李某诉田某民间借贷案

【案件基本信息】

1. 裁判书字号

北京市第二中级人民法院（2020）京02民终2853号民事裁定书

2. 案由：民间借贷纠纷

3. 当事人

原告（上诉人）：李某

被告（被上诉人）：田某

【基本案情】

李某与田某原系恋爱关系。李某持有《借条》一份，主张田某向其借款25万元，要求田某偿还借款。《借条》载明："今有田某向李某借款17000元，于2014年10月一次性还清，另借款25万元于2016年3月24日一次还清，将房产证押于李某。借款人：田某　收款人：李某　2014.3.24。"经询，李某称借条全文及落款日期均系其书写，借款人处系田某签名捺印。

李某对于借条中转账支付部分和现金支付部分的数额前后陈述不一，对于现金支付部分的款项来源、交付时间、交付地点等均存在前后陈述不一致的情形，存在诸多疑点。

【案件焦点】

1. 李某提交的《借条》存在内容瑕疵的情况下能否证明双方存在借贷合

意；2. 李某提交的《借条》中所涉款项是否已实际交付。

【法院裁判要旨】

北京市房山区人民法院经审理认为：主张法律关系存在的当事人，应当对产生该法律关系的基本事实承担举证证明责任。民间借贷法律关系的成立，应具备当事人之间存在借贷合意以及款项实际交付两个构成要件。出借人行使债权请求权要求借款人偿还借款的，应当对是否已形成借贷合意，是否已将款项实际交付给借款人等事实承担举证责任。本案中，李某主张其与田某存在民间借贷法律关系，应当就双方之间存在借贷合意以及款项实际交付承担举证责任。

关于借贷合意是否达成。李某提交《借条》一份主张双方之间存在借贷合意，田某对该份《借条》的真实性提出疑问。对于《借条》中记载的关于17000元的借款问题，李某称系田某让其书写，为了证明双方之间17000元的借款已经清偿完毕，"于2014年10月一次性还清"的时间记载错误，应为2013年10月。法院认为，就该17000元的债务清偿情况，李某已向田某出具《收条》，田某再次要求书写《借条》予以证明清偿情况，不符合常理。且17000元的款项性质并非《借条》中载明的借款性质。故李某关于17000元款项记载合理性的陈述，法院不予采信。考虑到双方原系恋爱关系，《借条》内容存在瑕疵，故对于该份《借条》的真实性，法院予以存疑。

关于款项是否实际交付。李某先是称向田某银行转款16万元、交付现金9万元，后又称转款149000元，交付现金101000元，一笔9万元，一笔11000元。且关于现金9万元的交付时间、地点等，李某亦前后陈述不一致，且有矛盾之处。关于149000元的转款，田某称其工资卡一直由李某持有至2012年双方分手时，并提交了相应的证据证明上述款项已被李某用于购车等消费；李某称其在2008年至2009年下半年曾经持有田某工资卡，2009年下半年之后不再持有。根据田某提交的交易日期为2010年2月15日、2010年2月11日的个人业务凭证可见，客户签名为李某。故对李某所称其2009年下半年之后不再持有田某工资卡的陈述，法院不予采信。根据现已查明的事实和李某提交的现有证据，无法认定李某已将《借条》中载明的25万元款项交付给田某。李某提交的《借条》存在瑕疵，且未提交有效的证据证明已将其主张的25万元借款款项实际交付给田某，现有证据不足以证明李某与田某之间存在借贷关系。

北京市房山区人民法院依照《中华人民共和国民事诉讼法》第一百一十九条、第一百五十四条第一款第三项，《最高人民法院关于适用〈中华人民共和国民事诉讼法〉的解释》第九十条、第九十一条、第二百零八条第三款规定，裁定：

驳回李某的起诉。

李某不服一审裁定，提起上诉。

北京市第二中级人民法院经审理同意一审法院裁判意见，依照《中华人民共和国民事诉讼法》第一百七十条第一款第一项、第一百七十一条规定，裁定：

驳回上诉，维持原裁定。

【法官后语】

借条是借款人向出借人出具的确认双方借贷关系的书面凭证，是证明借款基本事实的法定证据，在证据类型上属于书证，具有较高的证据证明力。虽然借条是直接证据，具有较强的证明力，但直接证据并不等于能够独立证明，证明力较强不等于当然会被采信。

在借款人对借条提出合理异议时，法院应根据借贷关系实践合同的性质，加强对借条记载内容的真实性和合法性的审查，根据案情需要可以要求出借人本人或者有关经办人员到庭参加诉讼，陈述双方的关系、达成借贷合意的经过、借款交付方式、具体时间、地点、出借款项的来源、用途等，并接受对方当事人和法庭的询问。若出借人陈述存在自相矛盾、不符合生活常理和逻辑推理等情况，则应要求其说明理由，或者要求提供其他证据佐证借贷事实的发生。

尤其是当借条内容存在瑕疵的情况下，此时借条虽然仍可作为民间借贷纠纷诉讼中的直接证据，但因其某方面瑕疵的存在必然会导致其证明力的下降甚至消失，从而影响到对借贷事实的最终认定。

法院为了查明事实，应当根据瑕疵借条的瑕疵程度来判断其对借贷事实的证明力大小。一般来说，瑕疵借条，因证明力的下降，原则上不能单独作为定案的证据，尤其是借款人对借条的真实性提出异议的情况下，应适用证据补强规则，证据的补强责任应当由提供瑕疵证据一方当事人承担，即出借人必须作出合理解释并用其他证据来消除瑕疵才能认定借贷事实。

判断瑕疵借条的证明力，法官应在遵循证据规则的前提下，综合案件全部证据，按照逻辑推理和日常生活经验，依证据的高度盖然性标准，综合判断瑕疵借条的证明力是否明显大于对方证据的证明力。若最终因借条的证明力无法判断而导致争议事实难以认定的，则应当依据结果意义上的举证责任分配规则作出裁判，即出借人因对借条瑕疵的消除举证不能而承担不利后果。

本案中，虽然李某提交了一份落款有田某签字的《借条》，但该份借条的正文系李某书写，田某签名存疑，田某否认该《借条》的真实性。法院从三个方面，对该份《借条》的真实性和证据效力进行了考察：一是从双方关系来说，李某与田某原系恋爱关系，基于此种特殊关系，借条的真实性存疑；二是从借条的内容来说，借条存在记载日期前后矛盾的内容瑕疵，借条中关于17000元款项的记载不符合生活逻辑；三是从款项交付来看，李某对现金交付的时间、地点等，到庭陈述前后不一致；对李某主张向田某工资卡转账支付149000元，田某举证证明转账时其工资卡由李某持有，李某陈述与查明的事实存在矛盾之处。基于上述三点，对于该份《借条》的真实性，法院存疑，且李某未提交有效的证据证明已将其主张的25万元借款款项实际交付给田某，现有证据不足以证明李某与田某之间存在借贷关系，故依法驳回了李某的起诉。

编写人：北京市房山区人民法院　朱乐

43

仅以转账凭证提起民间借贷之诉的正确认定

——王某甲诉刘某甲等民间借贷案

【案件基本信息】

1. 裁判书字号

山东省淄博市中级人民法院（2020）鲁03民终151号民事判决书

2. 案由：民间借贷纠纷

3. 当事人

原告（上诉人）：王某甲

被告（被上诉人）：刘某甲、王某乙、刘某乙、王某丙

【基本案情】

王某甲提供借款凭证一份，证实2009年3月1日，刘某甲、王某乙、刘某乙、王某丙借王某甲8万元，2013年2月8日刘某甲、王某乙、刘某乙、王某丙归还了王某甲2万元，余款6万元未还。刘某甲、王某乙对王某甲提供的借款凭证不予认可，认为王某甲不能提供证据证明其资金来源，主张2009年3月1日刘某乙、王某丙借款时，刘某甲、王某乙并未签字，2013年2月8日归还王某甲2万元时，刘某甲、王某乙才签了字。庭审中，王某甲认可2013年2月8日归还王某甲2万元借款时，刘某甲、王某乙才在借款凭证签字。王某甲曾于2018年11月14日起诉刘某乙、王某丙、刘某甲、王某乙要求归还借款6万元，法院于2018年12月19日依法驳回了王某甲的起诉。在这次起诉中，王某甲用其妻子张某给黄某出具的8万元借条证明资金来源。在本案诉讼中，王某甲提供张某甲、张某乙出具的两份证明，王某甲各向张某甲、张某乙借款4万元用以证明资金来源。

【案件焦点】

在仅有借款凭证的情形下民间借贷关系是否成立应如何正确认定。

【法院裁判要旨】

山东省淄博市淄川区人民法院经审理认为：民间借贷合同属于实践性合同，民间借贷关系成立的前提是借款的实际支付，借贷双方之间是否形成借贷关系，除对借款数额、偿还期限等内容意思表示一致外，还要求出借人将货币交付给借款人，这样借贷关系才正式成立。刘某乙、王某丙于 2009 年 3 月 1 日给王某甲出具 8 万元借据，但是对于借款本金 8 万元这样大额的资金交付，王某甲既没有提供通过银行向刘某乙、王某丙、刘某甲、王某乙转账等交易明细，也未提供自己在银行的提款回单及其他有效证据来证明资金来源及交付。且同一笔借款王某甲先后提供的资金来源证明相互矛盾。因此，王某甲要求刘某甲、王某乙、刘某乙、王某丙偿还借款本金 6 万元及支付自 2018 年 10 月 25 日起至本金付清之日止按同期银行利率计算的利息的诉讼请求，证据不足，依法不予支持。

据此，山东省淄博市淄川区人民法院依据《中华人民共和国合同法》第二百一十条，《最高人民法院关于审理民间借贷案件适用法律若干问题的规定》第九条，《中华人民共和国民事诉讼法》第六十四条、第一百四十四条，《最高人民法院关于民事诉讼证据的若干规定》第二条规定，判决：

驳回王某甲的诉讼请求。

王某甲不服一审判决，提起上诉。

山东省淄博市中级人民法院经审理认为：本案中，王某甲以其持有的借款凭证主张王某丙、刘某甲、刘某乙、王某乙向其借款 8 万元。但从王某甲提供的出借款项来源证据来看，其在本案中提供的出借款项来源系其妻子向张某甲、张某乙分别借款 4 万元。而在前案中，王某甲主张出借给王某丙、刘某甲、刘某乙、王某乙的 8 万元系其妻子向黄某借款 8 万元。由于王某甲对涉案借款的资金来源陈述前后矛盾，且无其他实际交付借款的证据证实涉案借贷行为实际发生，故一审以王某甲主张借款及利息的证据不足而驳回其诉求，并无不当。

据此，山东省淄博市中级人民法院依照《中华人民共和国民事诉讼法》第一百七十条第一款第一项规定，判决：

驳回上诉，维持原判。

【法官后语】

本案主要涉及仅有借款凭证情形下民间借贷关系是否成立的正确认定问题。

民间借贷作为一种民间信用借款形式，随着社会经济的不断发展，目前已经成为正规金融领域的有益补充。与之相伴的则是民间借贷纠纷诉讼的大量增加。在民间借贷纠纷中，借据等债权凭证系证明双方借贷关系存在的基础性证据。在原告提供债权凭证以作为民间借贷关系成立的初步证据的情况下，如果被告没有充分的证据证明双方之间借款关系尚未成立或者已经还款完毕，则该证据的证明目的应该予以采信。但民间借贷行为属于借款合同的范畴，借款合同在法律上属于实践性合同，即借款合同必须在借款交付后方才生效，或者说借贷事实才真实发生。否则仅凭借据等债权凭证并不能说明民间借贷已经成立。当然对于借贷事实是否实际发生的问题，实践中还是应当结合借贷金额、当事人的经济能力、款项交付、当地或者当事人之间的交易方式、交易习惯、当事人财产变动情况等事实证据予以综合判断。因此，民间借贷纠纷案件中需要审查的法律事实，不仅包括如上所述的最基本的借贷合意的形成与款项是否实际给付，还包括借款的数额及利息等多方面内容。但由于民间借贷游离于正规金融体系之外，借贷主体的法律意识相对淡薄，且容易伴随非法集资、非法吸收公众存款等违法犯罪活动，对于民间借贷纠纷案件的审理越来越多地从形式审查发展为借贷关系事实的实质性认定，即不能仅以借据、收据、欠条等债权凭证即认定借贷关系的发生及借贷关系的内容。

在审判实践中，许多民间借贷，特别是发生在自然人之间的借款关系，双方当事人均没有签订正式的书面借款合同，仅通过借款人出具债权凭证的方式记录借款的过程。而原告起诉到法院时，往往手中仅持有书面的债权凭证，而欠缺款项支付的相关证据。该问题就导致原告所举证据与借款合同项下对于借贷合意及款项实际给付的证据要求存在差异。在原告仅凭借债权凭证提起诉讼的民间借贷纠纷案件中，要正确进行裁判，则应当根据以下审判思路予以正确把握。

1. 正确认识债权凭证在民间借贷纠纷案件中的证据效力。对债权凭证的证据效力予以认定，其原因在于债权凭证多发生于现金给付的情形之下，而债权凭证中多记载了借贷双方关于款项往来的具体过程，如在借条中一般记载借款的数额、时间、还款期限等，而收条亦会将上述内容予以明确记载，并且上述材料中借款人均需要签名确认，而债权凭证的原件均由出借人持有。无论债权凭证的形式如何，其内容中一般能体现出借贷双方的借款合意或者款项已经收取的书面确认。其作为民间借贷案件的书面证据，亦是此类案件中的主要证据。因此，债权凭证应作为民间借贷关系成立的初步证据，如果被告没有充分的证据证明双方之间借款关系尚未成立或者已经还款完毕，则应当对该证据的证明目的予以采信。

2. 被告在此类案件中的抗辩意见将决定举证责任的分配不同。如果被告抗辩已经偿还借款，该情形适用《最高人民法院关于审理民间借贷案件适用法律若干问题的规定》(2020年）第十五条第一款的规定。根据被告的此项抗辩意见，可以认定原告所提供的债权凭证能够证明双方存在真实的借款关系，且款项已经交付被告。根据“谁主张，谁举证”的基本举证规则，被告应当对已经偿还款项的抗辩意见承担举证责任，若其不能举证证明款项已经实际偿还，则原告的诉讼主张成立。但如果被告已经举证证明款项实际偿还，则原告仍应就双方之间存在借贷关系承担举证责任，即需要证明双方之间存在借贷合意以及款项已经实际发生的事实存在。

3. 被告如果抗辩借贷行为尚未实际发生，应适用《最高人民法院关于审理民间借贷案件适用法律若干问题的规定》（2020年）第十五条第二款的规定。这也是审判实践中的难点和重点问题。在具体的审判过程中，首先，应要求被告对于借贷行为尚未发生作出合理的说明，例如，被告抗辩原告的财力状况不足以出借债权凭证中的款项、款项给付的时间与债权凭证中约定的时间存在差别等，若被告能够做出此类合理说明，则需要对于款项实际履行的证据进行综合考虑。而如果被告仅抗辩款项未实际发生，但无法作出合理解释，则在综合考虑原告借贷事实证据时，应加强对于被告举证责任的要求。其次，对于《最高人民法院关于审理民间借贷案件适用法律若干问题的规定》（2020年）第十五条第二款所列举的诸多考量因素要进行综合判断，此时，对于借贷金额、款项交付、当事人经济能力等事实因素，不能从单一的因素中作出最终的判断。除应当审查借款合同、借据等直接证据形式上的真实性、合法性和关联性外，还应当根据证据的取得方式、证据的形成原因、证据提供者情况及上述因素与案件的关系，对于当事人证据的证明力进行审查。并且在考量影响民间借贷事实发生的因素时，需要结合当事人举证的情况，对比当事人提供证据的证明力大小，按照高度盖然性的基本原则形成内心确信，以作出最终的判断。

总之，民间借贷作为借款合同具有实践性特征，出借人行使债权请求权要求借款人偿还借款本息的，应当对是否已形成借贷合意、借贷内容以及是否已将款项交付给借款人等事实承担举证责任。借条为借贷双方形成借贷合意的凭证，同时具有推定借贷事实已实际发生的初步证据效力，但在借款人提出借贷事实未实际发生的抗辩且人民法院对借贷事实产生不可排除的合理怀疑时，出借人仍负有排除相应合理怀疑的举证责任，其还应提交其他证据印证借贷事实的实际发生，否则就应承担举证不能的不利法律后果。如在本案中，王某甲仅依据借款凭证提起民间借贷诉讼，王某丙、刘某甲、刘某乙、王某乙提出抗辩，动摇了法官的内心确信，且王某甲作为出借人对款项来源前后陈述自相矛盾，故仍有举证责任。在王某甲进一步举证不能的情况下，法院认定王某丙、刘某甲、刘某乙、王某乙抗辩主张成立并因此驳回王某甲的诉讼请求。

编写人：山东省淄博市中级人民法院　荣明潇　杨富元

山东省淄博市博山区人民法院　刘盛灵

44

仅凭金融机构的转账凭证主张借款的认定

——曾甲诉刘某民间借贷案

【案件基本信息】

1. 裁判书字号

广西壮族自治区柳州市中级人民法院（2020）桂02民终3536号民事判决书

2. 案由：民间借贷纠纷

3. 当事人

原告（被上诉人）：曾甲

被告（上诉人）：刘某

【基本案情】

2018年1月11日至2018年3月5日，曾甲通其账户共计向刘某转账418000元。曾甲的姐姐曾某子于2019年4月2日向法院起诉刘某，要求刘某归还曾某子借款351880元。对此，广西壮族自治区柳州市中级人民法院作出（2019）桂02民终3330号民事判决书，判决驳回曾某子的诉讼请求。该民事判决书中认定2017年7月至2018年4月，曾某子共计向刘某转账462030元。曾某子和曾乙于2008年1月6日登记结婚，于2017年11月10日离婚。2018年1月11日，在曾甲向刘某转账之前，同日曾某子通过银行账户向曾甲转账535000元。曾甲对此申请曾某子作为证人出庭作证，并提供了丘某（曾甲及曾某子的母亲）书写的《情况说明》，曾某子的前夫曾乙向丘某书写的《借条》两张（2008年7月10日和2013年6月18日各一张），以及2008年7月10日前曾乙及曾某子的银行存款单和2013年6月17日、18日丘某向曾乙转账64万元的转账凭证，用于证实2018年1月11日曾某子向曾甲转账，是根据丘某的要求将款项转至曾甲的账户用于归还上述《借条》对应的部分借款。

【案件焦点】

刘某以其与曾甲的姐姐曾某子之间的经济往来进行抗辩，并主张曾甲的转账行为与曾某子的转账行为性质一致的辩称是否成立。

【法院裁判要旨】

广西壮族自治区柳州市柳北区人民法院经审理认为：曾甲主张向刘某转账的金额是出借给刘某的借款。虽然曾甲没有能够提交借款合同作为直接证据，但提交了款项实际支付的银行转账凭证，对双方之间借款合同关系的存在完成了初步举证责任。刘某否认双方之间为借贷关系，应对双方之间款项支付的其他事实基础承担举证责任。首先，刘某称曾甲向其转账是基于曾甲的姐姐曾某子的指示而为，作为曾某子的还款及所需的其他支出，但未提供证据证实曾某子尚欠刘某的款项金额为多少，刘某与曾某子的微信聊天记录，也没有提到曾甲的转账金额用于曾某子的还款及所需的其他支出的相关内容，该微信聊天记录无法确认与曾甲的转账行为存在直接关联。其次，刘某认为曾甲转账金额来源于曾某子，对此曾甲提交了曾某子的前夫曾乙向丘某出具的《借条》、丘某书写的《情况说明》，以及相应的银行存款单和丘某向曾乙转账的银行凭证，用于说明2018年1月11日曾某子向曾甲转账的535000元，是用于归还丘某的部分借款，具有客观性，可确认丘某出借款项的事实，曾某子2018年1月11日向曾甲转账的行为，曾甲及曾某子、丘某认可是归还部分借款，具有高度可能性。最后，相同的时间段中，曾甲及曾某子向刘某转账，且转账合计金额较大。刘某既未能举证证实曾某子的前夫曾乙躲避赌债的房屋租金金额、水电费金额、小孩上学所需金额，也未能举证证实刘某为此实际垫付款项的具体情况，无法证实在曾某子向其转账的同时，还另外获取曾甲的转账金额存在其他的理由。为此，结合当事人的陈述、证人证言以及双方提供的证据材料，综合前述理由，刘某的举证责任未完成，法院对于刘某的辩称，不予采信。曾甲所陈述的借款出借情况，存在高度盖然性，法院予以采信。双方没有约定借款期限，曾甲可以催告刘某在合理期限内返还。现曾甲要求刘某归还借款 50000 元，并主张刘某从起诉之日起，以尚欠借款为基数，按照年利率 6% 支付利息至本案生效判决确定的履行期限届满之日止，符合法律规定，法院予以支持。

广西壮族自治区柳州市柳北区人民法院依据《中华人民共和国民法总则》第七条，《中华人民共和国合同法》第六条、第一百零七条、第二百零六条、第二百零七条，《最高人民法院关于审理民间借贷案件适用法律若干问题的规定》第十七条、第二十九条，《最高人民法院关于适用〈中华人民共和国民事诉讼法〉的解释》第九十条规定，判决：

刘某归还曾甲借款 50000 元并支付相应的利息（利息计算方法：以尚欠借款为基数，按照年利率 6%，从 2020 年 4 月 24 日计算至本案生效判决确定的履行期限届满之日止）。

刘某不服一审判决，提起上诉。

广西壮族自治区柳州市中级人民法院经审理同意一审法院裁判意见，依照《中华人民共和国民事诉讼法》第一百七十条第一款第一项规定，判决：

驳回上诉，维持原判。

【法官后语】

本案是仅凭金融机构的转账凭证主张借款的民间借贷纠纷案件。处理这类案件，关键是把握好《最高人民法院关于审理民间借贷案件适用法律若干问题的规定》（2020 年）第十五条的理解与适用，即如何进行欠缺借款合同的案件中举证责任的分配。该条文制定的初衷是鉴于现实生活中一些借款合同当事人缺乏法律意识，在既没有签订书面借款合同亦没有出具借据的情况下，出借人要证明借款关系的存在的确困难很大，因此确认原告作为出借人提出金融机构转账凭证时，其已对民间借贷关系的存在完成了初步举证责任，此时应当进一步结合被告的答辩情况，对双方是否存在民间借贷关系进行分析、认定。被告所持的抗辩内容，实际上形成了一个新的主张，即双方当事人之间还存在曾甲所主张的借款关系之外的权利义务，而原告所持的金融机构转账凭证与案外权利义务关系相对应。如果被告虽主张存在其他债权债务关系，但是不能提供相应的证据予以证明，或者即使提供了证据，原告能够对其作出合理解释，人民法院可以认定该证据与案涉金融机构转账凭证不具有事实和法律关系的，则被告的反对主张不能推翻原告的主张，此时案件审理程序亦能结束，原告也不必再进行下一步举证。

本案中，刘某原是曾甲的姐姐曾某子的朋友，与曾某子之间存在很多经济往来。刘某与曾某子之间的纠纷，已有生效判决书予以认定。这一情况比较特殊，该特殊情形成为刘某拒绝还款的理由。双方当事人争议的主要问题是：曾甲向刘某转账的金额是否是借款。针对这一问题，法院重点审查了刘某与曾某子的经济往来与曾甲的转账行为的关联。首先，刘某称曾甲向其转账是用于曾某子的还款及所需的其他支出，但无法证实曾某子是否尚欠刘某的款项、金额以及刘某所称的其他支出具体金额，刘某与曾某子的微信聊天记录无法确认与曾甲的转账行为存在直接关联。其次，曾甲对于为何在曾甲转账给刘某之前，曾甲收到曾某子转账金额535000元进行了合理解释，即曾某子的前夫曾乙多年前曾向丘某借款，曾某子向曾甲转账，是用于归还丘某的部分借款，丘某对此亦予以确认，具有客观性。最后，相同的时间段中，曾甲及曾某子都陆续向刘某转账，且转账合计金额较大。刘某无法说明在曾某子向其转账的同时，还另外获取曾甲的转账金额存在其他的理由。为此，刘某关于本案并非借款的辩称不能成立。

现实生活中，由于支付方式日益便捷，借款前未签订借款合同，借款后未书写借条的情况越来越常见。产生纠纷后，曾甲仅能证明款项支付事实，无法提供配套的、能够说明款项发生背景的借款合同甚至借条、借据、收据、欠条等债权凭证，应当适用《最高人民法院关于审理民间借贷案件适用法律若干问题的规定》（2020年）第十五条对双方当事人举证责任的规定，对案件事实作出认定。法院结合该条文的举证责任规定，综合予以分析，最终支持了曾甲的诉讼请求。本案对于那些欠缺借款合同的民间借贷纠纷案件的审理起到一定的借鉴作用。

编写人：广西壮族自治区柳州市柳北区人民法院　覃素红

45

仅凭转账记录起诉的民间借贷案件证据认定规则

——家居公司诉章某民间借贷案

【案件基本信息】

1. 裁判书字号

北京市第三中级人民法院（2020）京 03 民终 9244 号民事判决书

2. 案由：民间借贷纠纷

3. 当事人

原告（上诉人）：家居公司

被告（被上诉人）：章某

【基本案情】

2018 年 5 月初，章某为补充自身经营企业流动资金，提出向家居公司借款 300 万元，并承诺尽快归还。2018 年 5 月 7 日、5 月 18 日、6 月 4 日，家居公司通过银行汇款方式向章某出借 300 万元。章某至今未能归还。

家居公司提供的《借款协议》复印件载明：借款金额 300 万元，借款用途为借款人因经营需要，甲方处加盖家居公司印章，并有“林某”字样签字。乙方处有“章某”字样签字。落款日期均为 2018 年 5 月 4 日。

章某提供《股权转让协议书》原件一份。证明章某与家居公司间存在股权转让事宜。

章某名下银行账户历史交易明细表显示家居公司于 2018 年 5 月 7 日向章某转账 100 万元，客户摘要显示“附言：购买股份款，备注：购买股份款”。当日，章某将该笔款项转入目标公司，客户摘要“注资”。家居公司于 2018 年 5

月 18 日向章某转账 100 万元，客户摘要显示“附言：购买股份款，备注：购买股份款”。2018 年 5 月 22 日，章某将该笔款项及账户余款共计 150 万元转入目标公司，客户摘要“注资”。家居公司于 2018 年 6 月 4 日向章某转账 100 万元，客户摘要显示“附言：个人其他合法收入，备注：EU”。2018 年 6 月 5 日，章某将该笔款项转入目标公司，客户摘要“注资”。

【案件焦点】

家居公司与章某之间是否存在借贷关系。

【法院裁判要旨】

北京市通州区人民法院经审理认为：原告仅依据金融机构的转账凭证提起民间借贷诉讼，被告抗辩转账系偿还双方之前借款或其他债务，被告应当对其主张提供证据证明。被告提供相应证据证明其主张后，原告仍应就借贷关系的成立承担举证证明责任。家居公司仅提供《借款协议》复印件，未能提供原件，章某对《借款协议》的真实性不予认可，且家居公司并未提供充分证据证明《借款协议》原件由章某持有。在家居公司未能提交《借款协议》原件予以审核的情形下，法院对章某要求笔迹鉴定的申请不予准许，对《借款协议》的真实性不予确认。至于家居公司提交的银行转账凭证，家居公司向章某的转账中注明款项性质为“购买股份款”及“个人其他合法收入”，无法推断出家居公司和章某之间存在借贷的意思表示。章某提供的《股权转让协议书》及其个人招商银行账户转让记录能够相互印证并据此提出抗辩，家居公司未能就双方之间存在借贷关系进一步提供证据予以证明。家居公司以民间借贷纠纷提起诉讼，并要求章某偿还借款及利息，无事实和法律依据，应予驳回。

综上，北京市通州区人民法院依照《中华人民共和国合同法》第一百九十六条，《最高人民法院关于审理民间借贷案件适用法律若干问题的规定》第十七条，《中华人民共和国民事诉讼法》第六十四条第一款规定，判决：

驳回家居公司的诉讼请求。

家居公司不服一审判决，提起上诉。

北京市第三中级人民法院经审理认为：《借款协议》复印件的真实性实难采信。章某提供的《股权转让协议》不能作为直接证据予以认定。但结合其提供的招商银行账户历史交易明细表，显示家居公司在转账时备注了“购买股份款”及“个人其他合法收入”等间接证据，二者相互印证，其作为反证足以使法院产生合理怀疑涉案款项具有股权转让款性质或其他债务性质。故而家居公司作为本证，应当就本案双方存在借款合意进一步提供证据。家居公司未能就双方存在借款合意进一步提供充分有效证据予以证明，应当承担举证不能的不利后果。

综上所述，北京市第三中级人民法院依照《中华人民共和国民事诉讼法》第一百七十条第一款第一项规定，判决：

驳回上诉，维持原判。

【法官后语】

依据《最高人民法院关于审理民间借贷案件适用法律若干问题的规定》（2020 年）第十五条规定，原告提供转账凭证等证据证明存在民间借贷关系之后，若被告抗辩转账系偿还双方之间其他债务，对于被告主张的其他债务，证明责任转由被告承担。而在被告完成证明责任后，原告仍需就借贷关系成立进一步承担举证责任，证明责任再次回到原告身上。举证责任出现了两次转移。

第一次举证责任的转移在被告提出转账实际属于其他欠款或者债务承担举证责任时。对于这一规定，有学者认为存在两种解释，一种解释是该规定实质是否定借贷合意，另一种解释为被告并未实际否认收到款项，才将举证责任转移至被告。[①] 依文义解释，此处隐含了另一层含义，即被告承认转账事实，但是否认转账与原告所主张的民间借贷行为存在关联关系。即在此处被告并非单纯反驳民间借贷关系不存在或者已因得到偿还而灭失，而是提出双方之间存在其他的法律关系。被告在此处实际提出了双方存在其他法律关系的新主张，依

---

① 刘生亮：《仅有金融机构转账凭证的民间借贷案件如何运用举证规则》，载《法律适用》2017 年第 24 期。

据“谁主张，谁举证”原则，举证责任发生转移。

第二次举证责任的转移，系被告提供相应证据证明其主张后，原告对借贷关系的成立进一步承担举证责任。《最高人民法院关于审理民间借贷案件适用法律若干问题的规定》（2020年）第十五条对原告的初步举证责任要求较低，原告承担的初步举证责任中实际并未明显体现双方之间民间借贷关系的合意，只能通过转账记录进行推定，一旦被告不承认并提出其他证据，原告则需对双方之间存在借贷关系的合意进一步证明。故而举证责任第二次转移至原告一方时，原告主要需证明的是双方之间主观的借贷合意是否存在。按照《最高人民法院关于审理民间借贷案件适用法律若干问题的规定》（2020年）第十五条规定，只要被告辩称双方之间的转账记录属于其他欠款或债务，并提出证据，即可将举证责任再次转移至原告一方。针对被告提供证据的证明力度，存在合理可能标准、阻却标准、中高度盖然性标准、高度盖然性标准等，并非只要被告提出证据均发生举证责任的转移。

由于原告的初步举证责任仅仅提供有效的转账记录即可，若此时要求被告承担证明双方间属于其他关系的高度盖然性举证责任，对被告而言必然不公，在民间借贷案件中对其他关系进行高度盖然性审查，亦会造成法官审理过程中的负担过重，不符合审判规则，若对被告的举证责任程度不加限制，一旦被告提出证据即将举证责任转移至原告身上，在证据无法达到令人对原告的主张产生动摇的程度时，亦会造成原告证明责任负担过重。故被告的证明责任应当低于高度盖然性标准，但被告仅简单提出证据并未完成其举证责任。由于原告初步提供转账记录的证据证明力度相对较弱，被告的证明责任应当与原告提供转账记录的初步举证责任相当，只要被告能够提供一定的证据证明双方之间的转账记录可能属于其他法律关系，足以阻却双方间民间借贷关系成立的高度盖然性即可。因后续证明民间借贷关系成立的进一步举证责任在于原告，被告在此处的证明责任无须达到证明其他法律关系高度盖然存在的标准。本案两审法院的审判思路均遵循了上述逻辑。

编写人：北京市通州区人民法院　智耀军　曾晓梅

46

关联交易对民间借贷关系影响及民间借贷现金交付认定标准

——张某诉杨某、肖某民间借贷案

【案件基本信息】

1. 裁判书字号

广东省茂名市中级人民法院（2020）粤09民终507号民事判决书

2. 案由：民间借贷纠纷

3. 当事人

原告（被上诉人）：张某

被告（上诉人）：杨某、肖某

【基本案情】

杨某与肖某为夫妻关系，张某与杨某、肖某为朋友关系。杨某因建造房屋缺乏资金，分别两次向张某借款共378000元。张某于2014年5月28日转账14万元、于2014年10月20日再转账23.8万元给杨某。2017年5月1日，杨某以经营生意资金周转困难为由，向张某借款20万元并出具《借据》一份交张某收执为凭，《借据》主要内容为："今借到张某现金20万元，特立此为凭证。1.2%月息，每月结清。借款人：杨某。"此外，2017年10月10日，肖某以其家庭经营生意资金周转困难为由，向张某借款5万元并出具《借据》一份交张某收执为凭。该借款由于肖某尚未偿还，张某已另案提起诉讼。后肖某又于2017年11月30日，再以同样理由继续向张某借款15万元并出具《借据》一份交张某收执为凭，该《借据》主要内容为："今借张某现金款15万元，每月结息1.2%。借款人：肖某。"杨某于2015年3月2日还款10万元、于2017年

10月9日还款7920元、同年10月10日还款10万元、2018年8月31日还款10万元，剩余借款本息杨某、肖某至今未还清，张某遂诉至法院。

张某对其主张的事实提供了杨某、肖某分别向其出具的《借据》三份及《银行卡取款回单》两份作为证据。

【案件焦点】

1. 张某于2014年5月28日转账给杨某的14万元、于2014年10月20日转账给杨某的23.8万元，属于借款还是双方其他的经济往来款项；2. 2017年5月1日《借据》中的20万元借款是否已经实际交付。

【法院裁判要旨】

广东省茂名市电白区人民法院经审理认为：张某对其主张杨某以建屋为由向其借款两笔共378000元后，再以经营需要资金周转为由向其借款20万元的事实，提供其分别两次向杨某转账凭证及《借据》作为证据。事实清楚，证据充分，法院予以认定。杨某提出上述张某向其两笔转账是其与张某合作经营其他生意时互相之间资金来往发生的行为与本案债权、债务关系无关。杨某对其主张没有提供任何证据能够证实其与张某确实存在生意上的伙伴、合作关系及为支付其他债务的原因，故其提出上述两笔转账不是张某向其支付出借款的抗辩，法院不予支持。杨某主张其向张某出具《借据》后，分别三次还款共207920元，实际上已还清所欠张某的债务。张某承认收到包括杨某四次还款合计307920元。由于杨某分别向张某借款三次，三次借款本金合计为578000元，扣除杨某对张某的上述四次还款共307920元后，杨某实际还欠张某借款本金270080元。对于张某主张肖某分别两次向其借款共20万元，其中5万元借款已另案起诉的事实，肖某承认其中借款15万元的《借据》是其向张某出具，但以其出具《借据》给张某收执后，张某没有向其支付出借款为由，否认该借贷关系真实发生。肖某在其向张某出具的《借据》中清楚表述为“今借张某现金款15万元，每月结息1.2%……”按字面意思完全能够理解为肖某借到了张某现金15万元。肖某对其主张的没有收到借款就出具上述《借据》给张某且事后又不主张撤销行为，肖某作为完全民事行为能力人，对此不能作出合理解释。结合双方当事人的经济能力以及张某多次借款给杨某、肖某夫妇等实际情况出发，张某持肖某向其出具的《借据》，主张肖某向其借款15万元之事实，法院予以认定。肖某应当向张某偿还该15万元债务。对于张某提出杨某于2017年5月1日向其借款20万元，双方约定借款利息为月利率1.2%的主张。由于杨某否认其本人或委托过肖某在《借据》上书写“1.2%月息，每月结息”字样行为，张某对其主张双方借款时约定利息事实未完成举证，法院不予认定，张某据此主张杨某按月利率1.2%支付利息，法院不予支持，该利息应当按年利率6%计算。肖某在其向张某出具借款15万元的《借据》中明确表示借款“每月结息1.2%”，因此，肖某向张某借款15万元应当认定双方约定的借款利息为月利率1.2%，张某主张肖某按此利率支付借款利息，符合《最高人民法院关于审理民间借贷案件适用法律若干问题的规定》第二十九条第二款第一项的规定，法院予以支持。对于张某提出杨某、肖某向其举债为家庭开支属其夫妻共同债务应共同承担的主张，因杨某、肖某向张某举债为个人行为，张某不能举证证实杨某、肖某个人债务用于家庭实际开支或夫妻合意，故法院不予支持。

广东省茂名市电白区人民法院依照《中华人民共和国民法通则》第九十条、第一百零八条，《最高人民法院关于审理民间借贷案件适用法律若干问题的规定》第二十六条第一款、第二十九条第二款第一项，《最高人民法院关于审理涉及夫妻债务纠纷案件适用法律有关问题的解释》第三条，《最高人民法院关于民事诉讼证据的若干规定》第二条规定，判决：

一、限杨某在本判决发生法律效力之日起十日内，向张某偿还借款本金270080元及利息（按年利率6%计算，自张某起诉之日即2019年10月30日起计算至杨某实际还清借款之日止）；

二、限肖某在本判决发生法律效力之日起十日内，向张某偿还借款本金15万元及利息（按月利率1.2%计算，自2017年11月30日起计算至肖某实际还清借款之日止）；

三、驳回张某的其他诉讼请求。

肖某、杨某不服一审判决，提起上诉。

广东省茂名市中级人民法院经审理认为：肖某在二审中申请撤回上诉，法院予以准许。故本案现只围绕杨某的上诉请求进行审理。结合双方的诉辩意见，本案争议焦点有二：

1. 张某于 2014 年 5 月 28 日转账给杨某的 14 万元、于 2014 年 10 月 20 日转账给杨某的 23.8 万元，是属于借款还是双方其他的经济往来款项。杨某上诉称该两笔汇款是张某支付给其的水产品货款，同时其主张涉案 2017 年 5 月 1 日 20 万元的《借据》是对双方货款的结算、其中包含了上述两笔 2014 年的汇款。法院认为，首先，杨某未能提供关于其与张某存在水产品买卖合同关系的证据。其次，在 2017 年 5 月 1 日的《借据》上，没有任何涉及“货款”“结算”内容的意思表示；相反，《借据》中所记载的“借到”“借款人”“每月结息”等内容，明显符合民间借贷法律关系的特征。故对于该两笔汇款属于货款的抗辩，法院无法采信。根据《最高人民法院关于审理民间借贷案件适用法律若干问题的规定》第十七条“原告仅依据金融机构的转账凭证提起民间借贷诉讼，被告抗辩转账系偿还双方之前借款或其他债务，被告应当对其主张提供证据证明。被告提供相应证据证明其主张后，原告仍应就借贷关系的成立承担举证证明责任”的规定，杨某未能证明该两笔转账款项属于买卖合同所产生的货款，应由杨某承担举证不能的法律后果。因此，该两笔转账款项应认定为张某出借给杨某的借款，杨某依法应承担该借款的还款责任。

2. 2017 年 5 月 1 日《借据》中的 20 万元借款是否已经实际交付。首先，如前点所述，杨某关于该借据是由货款结算而来的观点不成立。其次，《借据》中明确注明“借到”，可表明杨某已收到借款。且据杨某提交的由肖某出具的关于其代杨某偿还 10 万元给张某的《证明》，也可印证该借贷关系真实存在。再次，结合另有张某以现金出借借款给杨某的妻子肖某的事实，可推定本案当事人之间有现金出借的交易习惯。最后，至于杨某何时、如何建房以及张某在 2016 年 9 月 2 日另转账 21 万元给杨某的事实，与本案借款的事实并无充分的关联性，不能以此否定涉案的借贷关系。综上，2017 年 5 月 1 日《借据》中的 20 万元借款真实成立，杨某应承担还款责任。综上所述，杨某的上诉请求不能成立，应予驳回；一审判决认定事实清楚，适用法律正确，应以维持。

广东省茂名市中级人民法院依照《中华人民共和国民事诉讼法》第一百七十条第一款第一项规定，判决：

驳回上诉，维持原判。

【法官后语】

本案中，张某以本案杨某向其出具的《借据》及银行转账记录证明双方存在民间借贷关系，杨某即以双方曾经存在合作经营其他生意时互相之间资金来往发生的行为与本案债权、债务关系无关。根据《中华人民共和国民事诉讼法》证据规则，杨某对其主张没有提供任何证据证实，故其提出上述两笔转账不是张某向其支付出借款的抗辩，依法不应予以认定。对于肖某向张某出具借据但未收到借款为由否认借款事实的存在，张某主张已经通过现金方式支付出借款，本案综合考虑双方平时借款存在现金交付的交易习惯等综合因素且肖某对其主张没有提供证据证明而依法应认定借款事实的发生。

因此，当事人对其主张应当提供证据证明，同时对其提供的证据应当符合真实性、合法性、关联性的要求，债务人不能仅以曾经发生买卖等交易的转账凭证作为间接证据，将因无法形成完整的证据链而面临不足以认定债权人向其转账的其他款项性质为涉案借款而不予采信。民间借贷中夫妻共同债务的认定是困扰出借人、借款人及其配偶的重要问题，其中涉及举证责任的分配、债权人利益保护、配偶的合法权益、公平正义理念的实现等核心事项。如何平衡债权人与一方配偶的法定权益是博弈的重心所在，债权人应对债务人对其承担的债务用于家庭实际开支或夫妻合意承担举证责任，故在民间借贷案件中，出借人在清楚借款用途后根据实际情况采取要求一方配偶在借款人处签名或事后追认等方式，从而有效保证其合法权益。故法院在审理现金交付出借款的民间借贷纠纷案件中，应当充分结合双方经济往来交易习惯、借款凭证内容、债务人的还款行为、交易习惯等因素综合认定借贷事实的成立及生效，如果债权人不能提供证据证明款项交付事实，也不能就借款发生的具体情况作出合理说明的，对其请求不予支持。

编写人：广东省茂名市电白区人民法院　陈桂伟

47

涉及仅有转账凭证的民间借贷案件之认定及处理

——李某诉杨某民间借贷案

【案件基本信息】

1. 裁判书字号

广东省汕头市中级人民法院（2020）粤05民终812号民事判决书

2. 案由：民间借贷纠纷

3. 当事人

原告（被上诉人）：李某

被告（上诉人）：杨某

【基本案情】

李某、杨某经人介绍认识，杨某曾在李某处工作两个月，双方此外没有其他生意往来。2017年11月8日，李某向杨某转账10万元，附言“借款”，2017年11月13日，李某向杨某转账237000元，该笔转账汇款银行回单上载明用途为“货款”。

【案件焦点】

出借人仅提供转账凭证证明钱款交付事实，但无法证明双方存在借款合意，且借款人抗辩相关转账系偿还双方之前借款或其他债务之情形下应如何处理。

【法院裁判要旨】

广东省汕头市金平区人民法院经审理认为：李某依据金融机构的转账凭证提起本案诉讼，证明其通过银行转账借给杨某337000元，杨某抗辩该款系李某委托其用于购买高档礼物赠送客户，李某是付还杨某垫付的款项，但无法提供证据予以证实，故杨某应对其主张承担举证不能的法律后果，其抗辩意见依法不予采纳。现李某要求杨某付还借款本金337000元及自起诉之日起按年利率6%计算的利息，证据充分，依法应予以支持。

广东省汕头市金平区人民法院依照《中华人民共和国合同法》第二百零六条。《最高人民法院关于审理民间借贷案件适用法律若干问题的规定》第二十九条第二款第一项，《中华人民共和国民事诉讼法》第六十四条、第一百六十四条第一款规定，判决：

杨某于判决发生法律效力之日起十日内付还李某借款本金337000元及偿付该款自2020年2月24日起至还清欠款之日止按年利率6%计的利息。

杨某不服一审判决，提起上诉。

广东省汕头市中级人民法院经审理认为：本案系民间借贷纠纷。综合本案证据和双方当事人的诉辩主张，本案二审争议的焦点是李某所主张的借款事实是否真实存在。《中华人民共和国民事诉讼法》第六十四条第一款规定，当事人对自己提出的主张，有责任提供证据。《最高人民法院关于适用〈中华人民共和国民事诉讼法〉的解释》第九十条规定，当事人对自己提出的诉讼请求所依据的事实或者反驳对方诉讼请求所依据的事实，应当提供证据加以证明，但法律另有规定的除外。在作出判决前，当事人未能提供证据或者证据不足以证明其事实主张的，由负有举证证明责任的当事人承担不利的后果。第九十一条规定，人民法院应当依照下列原则确定举证证明责任的承担，但法律另有规定的除外：1. 主张法律关系存在的当事人，应当对产生该法律关系的基本事实承担举证证明责任；2. 主张法律关系变更、消灭或者权利受到妨害的当事人，应当对该法律关系变更、消灭或者权利受到妨害的基本事实承担举证证明责任。本案中，李某对其关于双方存在借款关系以及杨某应偿还其借款337000元的主张，提交了其于 2017 年 11 月 8 日、2017 年 11 月 13 日向杨某转账 10 万元和 237000 元的银行转账凭证予以证明。杨某虽对上述银行转账凭证的真实性予以确认，但抗辩该转账系李某付还其代购烟酒的垫资款。对于李某主张的 2017 年 11 月 8 日的借款 10 万元，因该笔银行转账汇款附言已清晰备注为“借款”，在李某已提交了款项实际支付的相应证据且相关转账凭证上的备注内容亦与李某的主张能够相互印证的情况下，应当认为其对与杨某之间存在借贷关系的事实完成了初步举证。结合《最高人民法院关于审理民间借贷案件适用法律若干问题的规定》第十七条关于“原告仅依据金融机构的转账凭证提起民间借贷诉讼，被告抗辩转账系偿还双方之前借款或其他债务，被告应当对其主张提供证据证明。被告提供相应证据证明其主张后，原告仍应就借贷关系的成立承担举证证明责任”的规定，杨某应对其抗辩主张提供证据证明。结合杨某所举示之证据，在其未能举证证明其主张之代购事项与李某及该 10 万元转账款项存在关联性，且李某对杨某的抗辩主张也予否认的情况下，杨某未能就其主张的法律关系完成举证证明责任，应承担不利的诉讼后果。一审法院据此认定杨某应承担该 10 万元的还款责任并无不当，杨某的该项上诉主张缺乏事实和法律依据，依法应予驳回。但对于李某主张的 2017 年 11 月 13 日的借款 237000 元，因该笔转账汇款的银行回单上载明用途为“货款”，在李某既未能就该笔转账凭证上关于转账款项用途的备注为“货款”作出合理说明，又未能进一步举证证明该款项系支付出借款项，且杨某亦不认可双方之间存在借款合同关系的情况下，李某对其主张的双方之间借款合同关系的存在尚未完成初步举证责任，依法应承担举证不能的不利后果。一审法院认定该 237000 元为借款并判决杨某承担还款责任错误，依法应予纠正。如李某认为该笔转账侵害其合法权益，可另循法律途径解决。

广东省汕头市中级人民法院依照《中华人民共和国民事诉讼法》第一百七十条第一款第二项规定，判决：

一、变更广东省汕头市金平区人民法院民事判决为：杨某应于本判决发生法律效力之日起十日内付还李某借款本金 10 万元及偿付该款自 2020 年 2 月 24

日起至还清借款之日止按年利率6%计的利息；

二、驳回李某的其他诉讼请求。

【法官后语】

本案属于民间借贷纠纷中当事人之间仅存在转账凭证的类型，原告仅提供了转账凭证，被告则抗辩该转账系基于其他法律关系而发生。自然人之间借贷合同的成立与生效包含两个要素：一是出借人和借款人形成了借贷合意，即以书面或口头等形式表现出的民间借贷合同，证明双方就借贷事项达成一致意见；二是出借人支付了款项，完成了出借款项的义务。这两个要素须同时具备，缺一不可。根据《最高人民法院关于审理民间借贷案件适用法律若干问题的规定》（2020年）第十五条的规定，出借人需要承担初步举证责任以及借款人抗辩后的进一步举证证明借贷关系存在的责任。本案当事人对双方之间的经济往来陈述各异，且除李某提交的两份转账凭证及双方共同确认曾存在短暂雇佣关系外，是否均未能就其主张或抗辩另行举示充分证据予以证明。故此，转账凭证上的附言成为认定当事人双方就转账款项是否存在借款合意之关键所在。案涉10万元款项的转账凭证附言“借款”，可以认定李某已就双方存在借款合意完成初步举证，杨某抗辩转账款项系李某偿还其代购烟酒的垫资款，但未能就其抗辩理由予以举证证明而需承担相应不利后果。案涉237000元款项的转账凭证附言为“货款”，且李某未能就附注内容作出合理解释，故杨某虽同样未能就相同抗辩事由予以举证证明，但借由转账附言内容予以佐证，已动摇法官对原告所主张事实之内心确信，在李某未能对双方就该笔款项存在借款合意予以进一步举证证明之情形下，相应不利后果改由李某承担。

民间借贷尤其是自然人之间借贷的借贷形式往往比较简单随意，如果出借人仅提供转账凭证证明钱款交付事实，但无法证明双方存在借贷合意，且借款人抗辩相关转账系偿还双方之前借款或其他债务时，应适用《最高人民法院关于审理民间借贷案件适用法律若干问题的规定》（2020年）第十五条的规定，通过以下三个步骤进行审理：首先，出借人提交相关转账凭证证明钱款交付事实，对借贷合意进行初步举证。转账凭证可以推定当事人之间存在借贷合意，因此当事人提供相关转账凭证后即完成了对借贷合意的初步举证。其次，在出借人提交转账凭证后，借款人抗辩转账是偿还之前借款或其他债务的，应对此承担举证责任。出借人提供的转账凭证仅能推定双方存在借贷合意，该推定可以被其他有效证据推翻。借款人的举证是针对转账凭证的推定效力，借款人的“抗辩”在性质上属于“否认”，只需动摇法官对出借人所主张事实达成的内心确信即可。因此，在借款人的举证使出借人关于借贷关系或者借贷合意存在的主张陷入“真伪不明”的状态后，举证责任又转换至出借人一方。如本案中，杨某对其抗辩的10万元系返还垫资款而非借贷的主张承担举证责任。杨某可以提供双方存在其他法律关系及该法律关系与该转账有关的证据，但杨某无法提供相关证据，结合该笔转账附言情况最终认定该10万元款项的性质为借款。最后，借款人提供相应证据证明其主张后，出借人仍应就借贷关系的成立承担举证责任。在转账凭证的推定效力被推翻后，出借人需进一步补强证明双方之间存在借贷合意。如果出借人进一步举证后，仍无法证明借贷合意存在的，由出借人承担不利的诉讼后果。如本案另一笔237000元转账款项，杨某抗辩转账事由与前笔一致，亦未能举示直接证据予以证明，但因其借由转账附言内容予以佐证，已使李某主张该笔款项系借款的法律事实处于真伪不明的状态，且李某又未能就其主张之借款原因、形成口头借款协议的时间、地点、在场人等具体情节或者其与杨某曾就该笔借款事实通过电话、短信、微信、电子邮件等方式进行沟通予以进一步举证证明的情况下，则无法证明借贷合意存在的相应法律后果只能由李某承担。

见微知著，民间借贷主体需提高制作、保留文书意识，在不违反法律、行政法规的强制性规定、不违背公共秩序和善良风俗的情况下，作为出借人应尽量向借款人本人账户以转账方式履行款项交付义务，并要求借款人出具相应转款通知或确认收款手续，共同促进民间借贷阳光化发展进程。

编写人：广东省汕头市中级人民法院　庄晓燕

48

民间借贷中借条记载金额与实际转账金额不一致情形下的举证责任分配

——张某诉李某民间借贷案

【案件基本信息】

1. 裁判书字号

山东省淄博市中级人民法院（2020）鲁03民终3168号民事判决书

2. 案由：民间借贷纠纷

3. 当事人

原告（被上诉人）：张某

被告（上诉人）：李某

【基本案情】

张某与李某系朋友关系。2018年3月至10月李某先后给张某打借条16份，上述借条金额共计为192180元。2018年3月至6月，张某通过微信向李某转款11笔，款项共计33368元；2018年3月至5月，张某通过支付宝向李某转款15笔，款项共计43900元。上述转款数额合计为77268元。

2018年3月至11月，李某通过微信分9笔向张某转款，共计转款12900元。2018年11月张某曾提起诉讼，请求李某归还借款192180元并支付相应利息，该次诉讼中李某向张某偿还6万元，张某撤回起诉。2019年2月5日前李某向张某还款14025元。上述李某向张某还款计86925元。

【案件焦点】

李某向张某借款事实的认定与实际借款、还款的数额的认定。

【法院裁判要旨】

山东省淄博市临淄区人民法院经审理认为：双方一定时间内持续性地发生转款收款的借贷关系，但微信、支付宝转款数额与借条体现的数额及时间无法一一对应，张某对此解释为除了支付宝、微信转款之外，出借款项支付的是现金，其主张有异于通常民间借贷的交付习惯、交付方式。对于实际借款金额，李某称虽向张某出具16张借条，但每张借条均无相对应数额的转账记录，且每张借条上的出借金额都远远高于实际转账金额，张某主张每张借条载明的出借金额与实际转账金额不足部分均系现金交付，显然不符合常理，真实借款情况是借款中存在“砍头息”，即借款时在本金中预先扣除利息，剩余款项通过微信、支付宝转账给李某。关于李某“砍头息”的抗辩主张是否成立问题，在对债权数额有异议的情况下，李某有充分的时间和手段通过书面、微信、电话录音、短信等方式对其主张已还清借款的事实做出反应，但其亦未实施相应行为；张某主张借贷事实虽与一般的民间借贷交付习惯、交付方式有区别，但结合双方证据情况，因李某无法否认借条的效力，其关于张某出借借款本金时预先扣除利息的主张没有证据证实。

为此，山东省淄博市临淄区人民法院依照《中华人民共和国民法通则》第一百零八条、第一百三十四条第一款第七项，《中华人民共和国民事诉讼法》第六十四条规定，判决：

一、李某向张某偿还借款本金105255元；

二、李某向张某支付自2018年11月1日起至借款付清之日止的利息（以105255元为基数，自2018年11月1日至2019年8月20日前的利息，按照中国人民银行同期贷款利率计算，自2019年8月20日起至借款付清之日止的利息，按照全国银行间同业拆借中心公布的贷款市场报价利率计算）。

李某不服一审判决，提起上诉。

山东省淄博市中级人民法院经审理认为：本案借条金额虽为192180元，但张某实际通过微信、支付宝转账出借金额为 77268 元，对借条金额与实际转账金额之间的差额张某主张为现金交付，但未提交相关证据证实，亦违反双方多次借贷还款交易习惯，对张某主张出借差额系现金交付的主张，不予采纳。因此本案借款本金应以实际出借金额 77268 元为据，一审认定出借金额为借条金额 192180 元，举证责任分配有误，予以纠正。双方对借款利息并无约定，2018 年 11 月 13 日张某起诉李某归还借款前，李某已归还 12900 元，出借本金应为 64368 元。张某起诉后李某在诉讼中又归还 6 万元，张某于 2018 年 12 月 7 日自愿撤回起诉。至 2018 年 12 月 7 日借款本金为 6608 元，2019 年 2 月 5 日前李某还款 14025 元，至此李某超额归还借款本金 7139 元，因此至 2019 年 2 月 5 日前，李某已全部归还完毕张某出借款项，张某再次向李某主张还款，于法无据，不予支持。

据此，山东省淄博市中级人民法院依照《中华人民共和国民事诉讼法》第一百七十条第一款第二项规定，判决：

一、撤销山东省淄博市临淄区人民法院民事判决；

二、驳回张某的诉讼请求。

【法官后语】

本案主要涉及民间借贷中借条载明的借款金额与实际转账金额不一致时的举证责任分配问题。

民间借贷在本质上属于借款合同的范畴，而借款合同又系实践性合同，需借款交付后方可成立生效。故在民间借贷纠纷诉讼中，原告一方面需要提供借据等借款凭证从而证明借贷合意或者说是借贷关系成立，另一方面还需要提供借款实际交付的证据，如转账凭证等。实践中借款凭证和转账凭证数额一致的，人民法院一般都能够较为明确地认定借贷行为已经发生并且确定借款数额。然而本案则是实践中较为常见的另外一种情况，那就是借款凭证记载金额和转账凭证载明的金额不一致，甚至相差甚远。在此情况下则需要人民法院根据法律和司法解释的规定对举证责任进行合理分配，从而得出正确裁判结果。

从实践来看，在借款凭证记载金额和转账凭证载明金额不一致的情况下，往往都是借款凭证记载金额高于转账凭证金额。如在本案中，涉案每张借条均无相对应数额的转账记录，且每张借条上的出借金额都远远高于实际转账金额。而此时原告即出借人通常都解释为差额部分为现金交付。对于此种情形，应当根据《最高人民法院关于审理民间借贷案件适用法律若干问题的规定》（2020年）第十五条的规定进行合理判断。该条规定："原告仅依据借据、收据、欠条等借款凭证提起民间借贷诉讼，被告抗辩已经偿还借款的，被告应当对其主张提供证据证明。被告提供相应证据证明其主张后，原告仍应就借贷关系的存续承担举证责任。被告抗辩借贷行为尚未实际发生并能作出合理说明的，人民法院应当结合借贷金额、款项交付、当事人的经济能力、当地或者当事人之间的交易方式、交易习惯、当事人财产变动情况以及证人证言等事实和因素，综合判断查证借贷事实是否发生。"因此，在出借人已举证证明借贷合意与按照借款凭证载明数额如实交付款项的前提下，借款人主张利息已经提前扣除即"砍头息"的，应当对该事实承担举证责任。但是，在出借人未能举证证明其已按照借款凭证载明数额实际支付款项，且存在不可排除的合理怀疑时，则出借人作为原告仍应承担进一步的举证责任从而证明其主张的借贷事实存在。例如，借款凭证载明的部分款项通过银行转账而其余部分款项以现金交付且无其他证据佐证的，借款人对此提出合理抗辩如主张利息已经提前扣除的，人民法院应该要求出借人补强证据，以排除合理怀疑。如果出借人不能证明与借款凭证载明数额的差额系以现金交付这一事实的，则出借人对于差额部分的诉讼请求应承担举证不能的不利法律后果，即人民法院对其差额部分的诉讼请求不应予以支持。本案中，一审法院在已查明微信、支付宝转款与借条数额存在差距且时间无法一一对应的前提下，应当要求出借人张某就其主张的现金支付方式提供证据加以证明。但一审法院却在张某主张的借贷事实与一般民间借贷交付习惯、交付方式有明显区别的情况下，以李某虽对债权数额有异议但无法证明，在充足时间内未以合理有效的方式如书面、微信、电话录音、短信等与张某就已还清借款的事实进行交涉为由，认定李某无法否认借条效力，从而未采信其关于张某出借本金时截留"砍头息"的主张，系举证责任分配明显有误，进而导致了本案实体判决结果的错误。二审在涉案多份借条记载金额19万余元基础上，将借条记载金额与实际转账金额之间未有转账记录的11万余元差额以现金形式交付的举证责任分配给张某，纠正了一审举证责任分配上的错误，契合了“谁主张、谁举证”的举证原则，其举证责任分配合法合理。在此基础上，在张某无法举证证明的前提下，二审依据借款合同实践性要求与相关法律规定，依法认定以其微信与支付宝转账的金额77268元为实际出借金额，对本案作出了公正处理。

综上，支付宝、微信是新兴的转账方式，便捷迅速，借贷方可在转账时附加转账说明，如出借资金等，以便维护自身权益。对借贷中的现金转账，也要通过现场录音与拍照、中间人见证、出具收到条等方式来留存好证据，以备出现纠纷时，能够形成合理的证据链条，从而取信于法院。当然，从理念上看，民间借贷因多发生于亲友之间，会有人身信赖因素掺杂其中，故其既是法律上的实践性合同，也是生活中的诚信性合同，若以“有借有还，再借不难”的诚信理念来自觉履约自是最好不过。

编写人：山东省淄博市中级人民法院　荣明潇　杨富元

山东省淄博市周村区人民法院　张蓓

49

出借人仅提供转账凭证的应对借贷合意承担举证责任

——田某诉胡某民间借贷案

【案件基本信息】

1. 裁判书字号

广东省珠海市中级人民法院（2020）粤04民终3966号民事判决书

2. 案由：民间借贷纠纷

3. 当事人

原告（上诉人）：田某

被告（被上诉人）：胡某

【基本案情】

2018年8月17日，田某向胡某的银行账户转账200万元，后又于同年10月11日向该账户转账951000元，于同年10月12日向该账户转账200万元，转账附言均为“转支”，田某与胡某没有签订借款合同，胡某也没有出具借款借据。田某、胡某及案外人吴某之间互相有多笔款项往来，每笔款项的转账附言也均为“转支”。胡某与案外人吴某曾为夫妻关系，二人于2015年4月16日离婚。

【案件焦点】

田某与胡某之间是否成立民间借贷法律关系。

【法院裁判要旨】

广东省珠海市香洲区人民法院经审理认为：虽然胡某对田某向其账户汇款共计4951000元没有异议，但转账附言没有载明为“借款”，双方也没有签订借款合同，胡某没有出具借款借据，田某亦没有提交证据证明双方曾口头约定借款金额、借期、利息等，亦没有提交证据证明其曾向胡某主张借款债权的事实，因此，田某提交的证据不足以证明双方已就案涉借款达成合意，所以认定双方不存在民间借贷法律关系。

广东省珠海市香洲区人民法院依照《最高人民法院关于审理民间借贷案件适用法律若干问题的规定》第二条第一款，《中华人民共和国民事诉讼法》第六十四条规定，判决：

驳回田某的全部诉讼请求。

田某不服一审判决，提起上诉。

广东省珠海市中级人民法院经审理认为：虽然胡某收到了田某的转账汇款，

但是田某没有提交相应的借据凭证。考虑到款项数额特别巨大，田某主张是向他人借款后再转借给胡某，没有提交相应的证据予以证明。胡某抗辩称田某系其前夫吴某手下人员，田某向其账户转账系受吴某指示，涉案款项在进入胡某账户后立即转入了其他人账户，且提交了其与田某、吴某等人微信聊天记录予以证明。另，胡某所提交的银行交易流水显示多笔款项进入胡某账户后又转入他人账户。田某与胡某的银行交易流水均显示田某、胡某及吴某之间互相存在多笔款项往来，每笔款项的转账附言均为“转支”。

虽然胡某提交的证据难以确证胡某的抗辩主张，但是使得双方是否形成借贷合意的待证事实处于真伪不明的状态，田某在此情形下仍需要进一步举证借贷合意形成的事实。而田某在本案中仅提供了支付凭证，而且其向胡某所有的转账附言中均没有“借款”或“出借”之意。另田某没有提交证据证明双方曾约定了借款期限和借款利息，也没有提交证据证明其曾向胡某催讨过借款等，显然不符合常理，故田某应承担举证不能的不利后果。同时即使按照田某所述，其在出狱后不到两年时间内，在没有提交证据证明其有大额收入的情况下，先后向他人借款再转借给案外人吴某高达550万元、转借给胡某高达4951000元，且没有提交从他人处借款的证据，也没有将2019年1月2日向胡某转款的308200元（扣除已还的10万元，还剩20余万元）一并主张，显然不太符合常情常理。田某上诉主张其向胡某转账支付的4951000元系民间借贷，理据不足，且不符合常情常理。

广东省珠海市中级人民法院依照《中华人民共和国民事诉讼法》第一百七十条第一款第一项规定，判决：

驳回上诉，维持原判。

【法官后语】

法院对于民间借贷关系成立与否的审查原则是借贷合意和借贷事实两个构成要件。借贷合意主要表现为借条、欠条、借款合同或者口头协议，借贷事实主要表现为转账凭证、收条等。主张存在借贷关系的一方应当就上述两部分内容承担举证责任。但在司法实践中，经常出现原告仅能证明款项交付事实，欠缺借贷合意证据的情况；此时，对于原告的诉请应否支持，应当根据现行法律规定，合理分配双方的举证责任，比较双方各自所提供证据的证明力大小，从而作出裁判。当然，这种举证责任要掌握动态分配原则。

本案是民间借贷纠纷涉及民事诉讼举证责任分配的典型案例。举证证明责任分配是一个实体法问题，在我国具体有两层含义：一是当事人对自己主张的法律关系所依据的事实有提供证据加以证明的责任；二是当经过诉辩双方举证、质证之后，待证事实仍然处于真伪不明状态时，由负有举证责任的一方承担不利后果。根据举证责任分配原则，主张法律关系存在的一方应承担证明该法律关系发生的举证责任，主张法律关系不存在的一方应承担证明该法律关系未发生或已消灭的举证责任；当待证事实陷入真伪不明时，对该事实负有举证责任的当事人未能进一步提交补强证据时，法官根据举证责任分配原则，确定对该事实负有举证责任的当事人，判决其承担不利后果。具体到民间借贷案件中，《最高人民法院关于审理民间借贷案件适用法律若干问题的规定》（2020 年）第十五条规定即对缺乏借款合同的案件中举证责任分配的具体规定，“原告仅依据金融机构的转账凭证提起民间借贷诉讼，被告抗辩转账系偿还双方之前借款或其他债务，被告应当对其主张提供证据证明。被告提供相应证据证明其主张后，原告仍就借贷关系的成立承担举证证明责任”。该规定一方面将原告一次性的举证责任分两阶段进行，另一方面明确了被告对其抗辩主张的举证责任。应当注意的是，此时被告所承担的举证责任所应达到的证明标准并不要求“高度盖然性”标准，因被告此处的举证为“反证”，反证的证明标准较低，只需要使待证事实处于真伪不明的状态即可。

法官审理案件的过程，就是根据现行法律规定，运用逻辑推理和日常生活经验，通过合理分配举证责任，对比各方证据的证明力大小，推断出当事人之间既往发生的法律关系的事实的过程。而对当事人举证责任的分配是一种动态的过程，目的就是最大可能实现司法审判工作“事实认定符合客观真相，办案过程符合程序公正，办案结果符合实体公正”的目标。

编写人：广东省珠海市中级人民法院　孟庆锋　游美婷

50

民事诉讼中举证责任分配问题

——米业公司诉熊某借贷案

【案件基本信息】

1. 裁判书字号

湖南省张家界市中级人民法院（2020）湘 08 民终 534 号民事判决书

2. 案由：借贷纠纷

3. 当事人

原告（被上诉人）：米业公司

被告（上诉人）：熊某

【基本案情】

熊某于 2010 年首次在米业公司就职，2011 年离职，离职后于 2013 年重新在米业公司处就职，并担任米业公司销售部经理。为开拓市场，米业公司曾设立张家界办事处，并在电商平台设立网上商铺及线下旗舰店销售公司产品，熊某经米业公司派遣常驻张家界市区负责相关销售工作。米业公司产品的主要营销方式有网上平台、实体旗舰店、超市供货等其他方式。2015 年 9 月，米业公司产品因质量问题被湖南省食品药品监督管理局查处。2016 年 7 月至 8 月，经与米业公司仓库保管员朱某对账结算，熊某分别出具了三张欠条：欠米业公司货款 216457.39 元，落款日期为 2016 年 7 月 15 日；欠米业公司货款 46305.8 元，落款日期为 2016 年 7 月 22 日；欠米业公司货款 65898.2 元，落款日期为 2016 年 8 月 3 日。三张欠条均附有相关货物清单。2018 年，熊某从米业公司处离职，米业公司遂以熊某未偿还欠款为由诉至法院。

另查明，案涉三张欠条审批意见一栏邹某书写的“同意三年内还清”及欠条所附三张清单上朱某书写的“清算人朱某……”均为邹某、朱某自行补签，自述添补的主观目的是避免债权超过诉讼时效。

【案件焦点】

1. 熊某是否应偿还案涉欠款；2. 本案法律关系性质（案由）及应偿还数额如何确定。

【法院裁判要旨】

湖南省桑植县人民法院经审理认为：熊某作为公司销售管理人员，有多年的市场销售、运营及管理经验，且文化程度较高，熟知市场交易习惯和结算规则，对账务结算后出具欠条作为债务依据可能产生的法律后果应当预知。米业公司提交的欠条及清单虽有补签内容这一瑕疵，但属于米业公司原法定代表人法律知识不足，过度维权所致，且没有给熊某造成实际损害，也未改变欠条载明的原有内容和作为债权债务依据的属性。欠条具有民事合同性质，是明确欠条持有人和出具人权利义务关系的协议，对当事人具有法律约束力，如有违反法律规定的情形，当事人可以请求确认无效或撤销，本案中熊某提交的证据均属结算时考量的因素，欠条系结算的最后结果，具有确定性，熊某以欠条内容存疑或有其他理解为由，否定该债权凭证，无事实和法律依据，其反驳理由不足以推翻米业公司主张，故熊某以案涉欠条及清单仅为出货凭证而非对其的债权凭证进行抗辩的证据不足，理由不充分，亦不符合常理，不予支持。根据法定证据规则，应由负有举证责任的熊某承担不利后果，即本案熊某应根据案涉欠条履行还款义务。

湖南省桑植县人民法院依据《中华人民共和国合同法》第八条、第六十条、第二百零六条，《最高人民法院关于审理民间借贷案件适用法律若干问题的规定》第十五条、第二十五条第一款，《最高人民法院关于审理民事案件适用诉讼时效制度若干问题的规定》第六条，《中华人民共和国民事诉讼法》第六十四条，《最高人民法院关于适用〈中华人民共和国民事诉讼法〉的解释》

第九十条、第一百零五条，《最高人民法院关于民事诉讼证据的若干规定》第五十三条第一款规定，判决：

一、熊某在本判决书生效之日起三十日内偿还米业公司欠款 328661.39 元；

二、驳回米业公司的其他诉讼请求。

熊某不服一审判决，提起上诉。

湖南省张家界市中级人民法院经审理认为：米业公司为证实熊某尚欠其货款，向法院提交了熊某于 2016 年 7 月 15 日、2016 年 7 月 22 日、2016 年 8 月 3 日分别出具的三张欠条及对账清单，欠条总计金额 328661.39 元。经查明，该三张欠条系熊某与公司仓库保管员朱某对账结算后所出具，熊某作为完全民事行为能力人，且系从事多年市场销售管理的高学历人员，对自己出具欠条的法律后果应该有清楚的认知，现熊某不能证实其出具欠条时对方存在欺诈、胁迫等情形，据此可以认定双方经清算已就债权债务进行了约定，即米业公司享有对熊某的 328661.39 元债权，反之，熊某对米业公司负有 328661.39 元的债务。虽然米业公司提交的欠条及清单上存在米业公司单方补签的内容，但该补签内容可以识别，故对该部分补签内容不予认定后，不会损害熊某的合法权益，不会影响其权利义务的享有和承担。根据查明的事实，双方并未在欠条中约定还款的具体期限，根据《最高人民法院关于审理民事案件适用诉讼时效制度若干问题的规定》第六条“不能确定履行期限的，诉讼时效期间从债权人要求债务人履行义务的宽限期届满之日起计算”的规定，现米业公司要求熊某偿还欠条所载明的货款，没有超过诉讼时效。故熊某应当偿还 328661.39 元的货款，其关于双方债权债务关系不真实、本案已过诉讼时效的主张不能成立，不予支持。

湖南省张家界市中级人民法院依照《中华人民共和国民事诉讼法》第一百七十条第一款第一项规定，判决：

驳回上诉，维持原判。

【法官后语】

《中华人民共和国民事诉讼法》第六十四条第一款规定：“当事人对自己提出的主张，有责任提供证据。”《最高人民法院关于民事诉讼证据的若干规定》

第二条规定，当事人对自己提出的诉讼请求所依据的事实或者反驳对方诉讼请求所依据的事实有责任提供证据加以证明。没有证据或者证据不足以证明当事人的事实主张的，由负有举证责任的当事人承担不利后果。第七条规定，在法律没有具体规定，依本规定及其他司法解释无法确定举证责任承担时，人民法院可以根据公平原则和诚实信用原则，综合当事人举证能力等因素确定举证责任的承担。以上法律法规阐明了我国诉讼中举证责任的分配原则——“谁主张、谁举证”制度，同时也确立了法官在审判中对举证责任进行分配的主要权利。审判实践中，就当事人的主张应提供哪些证据以证明，或者说当事人提供的证据是否能证明自己的主张，其判断权在于法官，即法官必须就证据是否完整进行举证责任分配，并依当事人提供证据的完整性作出裁判结果。本案中熊某对其主张的“双方的欠款关系不能成立”负有举证责任，且提交的证据均属结算时考量的因素，欠条系结算的最后结果，具有确定性，熊某以欠条内容存疑或有其他理解为由，否定该债权凭证，无事实和法律依据，其反驳理由不足以推翻米业公司主张，故熊某以案涉欠条及清单仅为出货凭证而非对其的债权凭证进行抗辩的证据不足，理由不充分，亦不符合常理，法院不予支持。根据法定证据规则，应由负有举证责任的熊某承担不利后果，即本案熊某应根据案涉欠条履行还款义务。

编写人：湖南省桑植县人民法院　黄瑶

51

当事人申请再审期间逾期提交新证据的认定标准

——黄某诉王某、杜某民间借贷案

【案件基本信息】

1. 裁判书字号

北京市第一中级人民法院（2020）京01民申359号民事裁定书

2. 案由：民间借贷纠纷

3. 当事人

原告（再审被申请人）：黄某

被告（再审申请人）：王某

被告：杜某

【基本案情】

黄某与杜某系朋友及同乡关系，杜某与王某系夫妻关系。杜某因资金周转需要向黄某提出借款请求。2014 年 10 月 28 日，杜某书写《欠条》载明："今借黄某 30 万元，用于投资，随要随还；借款人：杜某。"

2014 年 10 月 30 日，黄某通过其中国建设银行账户向杜某银行账户转账 30 万元。上述借款，杜某至今未还。

2018 年 3 月 28 日，王某曾到庭接受询问，称其与杜某现在仍是夫妻关系，但是长期处于分居状态。

【案件焦点】

当事人申请再审期间逾期提交新证据的认定标准。

【法院裁判要旨】

北京市海淀区人民法院经审理认为：杜某向黄某借款，黄某支付了钱款，杜某书写了《欠条》，双方形成民间借贷关系，系双方的真实意思表示，未违反法律、行政法规的强制性规定，应属合法有效，双方应当按照约定全面履行义务。

《欠条》中未约定还款期限，根据法律规定，黄某有权在给予合理催告期限之后，随时要求还款，法院确定本案立案之日的 2017 年 9 月 4 日为催告期限届满之日。现还款期限届满，黄某要求偿还上述借款的主张，证据充分，于法有据，法院予以支持。

根据法律规定，夫妻一方在婚姻关系存续期间以个人名义超出家庭日常生活需要所负的债务，债权人以属于夫妻共同债务为由主张权利的，人民法院不予支持，但债权人能够证明该债务用于夫妻共同生活、共同生产经营或者基于夫妻双方共同意思表示的除外。本案中，王某不认可诉争债务属于夫妻共同债务，称其自2009年之后就不再参与公司的经营。根据黄某提交的企业信用信息公示报告显示，杜某、王某共同经营技术公司，杜某、王某均是该公司股东，杜某系该公司的法定代表人，王某系该公司监事，属于夫妻共同生产经营。据此，黄某要求王某承担共同还款义务的主张，于法有据，法院予以支持，对于王某的该项抗辩意见法院不予采信。

就黄某主张逾期利息一节，欠条中并无利息的约定，根据法律规定，借期内视为无利息。根据民间借贷相关司法解释的规定，既未约定借期内的利率，也未约定逾期利率，出借人主张借款人自逾期还款之日起按照年利率6%支付资金占用期间利息的，人民法院应予支持。法院已经确定2017年9月4日还款期限届满，故自第二日起为逾期日。黄某主张的逾期利息部分，于法有据，法院予以支持。

北京市海淀区人民法院依照《中华人民共和国合同法》第二百零六条、第二百一十条，《最高人民法院关于审理涉及夫妻债务纠纷案件适用法律有关问题的解释》第三条，《最高人民法院关于审理民间借贷案件适用法律若干问题的规定》第二十九条第二款第一项规定，判决：

一、杜某、王某于本判决生效之日起十日内偿还黄某借款本金30万元及逾期利息（以30万元为基数，按照年息6%，自2017年9月5日起计算至实际付清之日止）；

二、驳回黄某的其他诉讼请求。

王某不服一审判决，申请再审。

北京市第一中级人民法院经审查认为：关于王某所提涉案债务非夫妻共同债务的主张，其在一审中已经提出这一抗辩理由。根据黄某提交的企业信用信息公示报告显示，杜某、王某共同经营技术公司，杜某、王某均是该公司股东，杜某系该公司的法定代表人，王某系该公司监事，属于夫妻共同生产经营，一审法院据此对于王某的该项抗辩意见不予采信，并无不当。王某重复提出此项主张申请再审，法院不予支持。

关于王某提交的杜某向黄某转款的明细，黄某予以否认，主张双方另有其他经济往来，且提交了其与杜某的短信、微信记录，证明杜某一直承认欠款事实。从目前的证据看，黄某持有杜某所写欠条的原件，且杜某在能够提供银行转账明细的情况下不参诉、不申辩。因此，王某提供的证据不足以推翻原判认定的事实，法院不予采信。

另外，王某在一审中曾到庭接受询问，其明知一审诉讼，且填写了送达地址确认书，但未到庭应诉，视为其放弃诉讼权利。现王某申请再审，虽主张其取得新证据，即杜某的银行转账明细，但该证据系其在一审中可以取得的证据，且根据该证据显示的打印时间为2019年5月14日，因此其以此作为新证据提出再审申请，亦超过了自知道或应当知道之日起六个月的法定期限，法院不予支持。

北京市第一中级人民法院依照《中华人民共和国民事诉讼法》第二百零四条第一款、第二百零五条，《最高人民法院关于适用〈中华人民共和国民事诉讼法〉的解释》第三百九十五条第二款规定，裁定：

驳回王某的再审申请。

【法官后语】

本案是当事人怠于行使诉讼权利后又以有新证据为由申请再审的案件，因原审缺席审判，且当事人提交的新证据表面看来否定原判认定的事实，故对于本案是否符合提起再审条件存在一定的争议。本案争议的核心问题是新证据采纳的标准如何判断，其中既包括对实质性要件的判断也包括对逾期举证是否应予采纳的判断。现分述如下：

一、对再审新证据实质性要件的判断标准

根据《中华人民共和国民事诉讼法》第二百零七条第一项的规定，有新证据，足以推翻原判决、裁定的，符合再审的条件。上述规定对再审新证据的实质性要件进行了明确，即“足以推翻原判”的标准。《最高人民法院关于适用

〈中华人民共和国民事诉讼法〉的解释》第三百八十七条对“足以推翻原判”的标准进行了细化，即再审申请人提供的新的证据，能够证明原判决、裁定认定基本事实或者裁判结果错误的，属于“足以推翻原判”的情形。因此，实践中首先需要把握基本事实的定义，基本事实是指对原判决、裁定的结果有实质性影响、用以确定当事人主体资格、案件性质、具体权利义务和民事责任等主要内容所依据的事实。其次要把握“足以推翻”的标准，实务中有两种做法：一是采取必然性标准，即再审后必须改变原裁判；二是盖然性标准，即该证据可能推翻原裁判。笔者认为，申请再审审查阶段的主要目的是审查生效裁判是否具备法定的再审事由，不能用再审审理的功能和目的取代再审审查的功能和目的。因此，在再审审查阶段，对“足以推翻”标准的把握，应以盖然性标准，以最大限度保障当事人的诉讼权益。

本案中，再审申请人所举新证据虽然看似否定了借款人尚欠债权人欠款的事实，但被申请人所提抗辩及所举证据，能够证明双方借贷关系的存续，而借款人明知诉讼而一直不应诉、不申辩，因此被申请人的抗辩事由成立，再审申请人所提供的新证据不能推翻原判认定的欠款事实。

二、证据失权制度在再审审查阶段的适用

《中华人民共和国民事诉讼法》第六十八条确立的证据失权制度，并未一概否定逾期举证的效力，而是将逾期提交证据理由的正当性作为区分处理的标准。根据这一规定，当事人在申请再审阶段提交的新证据，也应以未在原审提供的理由是否正当作为是否采纳的重要标准，而不应以其未在原审提供证据为由轻易否定证据资格。另外，根据《最高人民法院关于适用〈中华人民共和国民事诉讼法〉的解释》第一百零二条的规定，即便当事人因故意或重大过失逾期提供证据，但该证据与案件基本事实有关的，法院仍应采纳，并按规定对当事人训诫、罚款。

从上述规定可以看出，对于逾期提交的证据，还是要对其实质性要件进行审查，即是否与案件基本事实有关，如果有关，则不产生证据失权的不利后果，仅因拖延诉讼产生处罚后果。由于再审新证据事由的实质性要件为足以推翻原判，故而，在再审审查阶段，判断逾期举证是否发生证据失权后果，首先要判断该证据是否能够证明原判认定的基本事实错误，是否能够达到推翻原判的标准，再判断再审申请人未在原审提供证据的理由是否成立。

最后，新证据的采信还要受到申请再审期限的限制，即便再审申请人提交的新证据足以推翻原判，如果其自知道或应当知道新证据之日起，超过六个月才申请再审，也不能依据第二百条第一项提起再审。上述情况如果依据该证据发现生效判决、裁定、调解书确有错误，人民法院院长认为需要再审的，应依据《中华人民共和国民事诉讼法》第二百零五条，提交审判委员会讨论决定。

本案中，当事人存在严重怠于行使诉讼权利的情况，再审申请人在一审中不积极应诉，一审判决后取得新证据但未在法定期限内申请再审。再审审查阶段，其既不能对逾期举证作出合理解释，也不能对被申请人的答辩和举证进行抗辩，因此，法院认为，申请人所举新证据不足以推翻原判认定的事实，且申请再审超过法定期限，应驳回其再审申请。

编写人：北京市第一中级人民法院　王新

52

对权利侵害人认识错误时，诉讼时效的起算时间的认定

——张某芳诉赵某、边某民间借贷案

【案件基本信息】

1. 裁判书字号

北京市第三中级人民法院（2020）京03民终12599号民事判决书

2. 案由：民间借贷纠纷

3. 当事人

原告（被上诉人）：张某芳

被告（上诉人）：赵某

被告（被上诉人）：边某

第三人：王某

【基本案情】

赵某、边某系夫妻。2013年10月8日，张某芳向边某转账500万元；2014年1月14日，赵某、边某向张某芳出具总额为2300万元的《借条》，载明："因本人周转资金困难，从张某芳处借用资金共计2300万元，具体资金借款日期及利息如下：1.9月17日1000万元，利息每月4%到某公司账户；2.10月8日500万元，利息每月4%，到边某账户；3.1月6日300万元，利息每月2.5%，到边某账户；4.500万元，利息每月2.5%（暂未到账）。"2014年1月22日，张某芳向边某转账500万元。2014年9月2日，边某将1000万元打入张某芳之子孟某账户，并将《借条》中的第2项、第4项划掉。

另查，孟某向北京市朝阳区人民法院提起（2019）京0105民初9164号民事诉讼，要求王某、张某、某公司连带偿还本金2000万元及相应利息。该案诉讼中，就边某、赵某与该案借款纠纷的关系，孟某称边某、赵某向其借款再出借给王某。此案经北京市朝阳人民法院一审、北京市第三中级人民法院二审。

北京市第三中级人民法院（2019）京03民终14271号案件中认定，王某、张某、某公司所称边某所偿还的1000万元系代其偿还给孟某，证据不足，未予采信。关于尚欠本息数额问题，因自2014年4月1日起，双方还有另案的500万元借款，法院视为2014年4月1日之后的还款均是针对本案2000万元及另案500万元的共同还款，并按照还款发生时尚欠两笔借款本金的比例予以核算还款的数额。判决：改判王某、张某、某公司连带支付孟某借款本金14262724元及相应利息。

再查，张某芳称就本案中所提到的两笔500万元，实际用款人为王某，且因王某一直在偿还利息，故其误认为王某所偿还的利息中包含本案两笔500万元2014年9月2日前的利息；但是在（2019）京0105民初9164号案件中，王某对此予以否认，终审判决也如此认定；边某、赵某称本案中两笔500万元系其替王某所借，王某为实际借款人，张某芳应当向王某主张相应的利息。庭审中，张某芳与边某、赵某均称双方曾有口头约定，本案中两笔500万元借款的利息由王某负担。

【案件焦点】

张某芳的诉讼请求是否已经超过诉讼时效。

【法院裁判要旨】

北京市平谷区人民法院经审理认为：借款人应当按照约定的期限支付利息。借贷双方约定的利率未超过年利率24%，出借人请求借款人按照约定的利率支付利息的，人民法院应予支持。借贷双方约定的利率超过年利率36%，超过部分的利息约定无效。借款人请求出借人返还已支付的超过年利率36%部分的利息的，人民法院应予支持。借贷双方对逾期利率有约定的，从其约定，但以不超过年利率24%为限。向人民法院请求保护民事权利的诉讼时效期间为三年。法律另有规定的，依照其规定。诉讼时效期间自权利人知道或者应当知道权利受到损害以及义务人之日起计算。

基于张某芳与赵某、边某之间的借条以及张某芳已将两笔500万元转入边某账户，依据合同相对性，双方形成借款合同关系，双方当事人均应按照约定履行自己的义务。张某芳给付借款后，赵某、边某偿还了本金但并未给付利息，现张某芳要求赵某、边某按月息2%的标准给付利息，并不违反法律规定，应予支持。对于张某芳要求赵某、边某给付逾期付息违约金一节，鉴于其所主张的利率标准已至法律所保护的上限，在此基础上，其再主张逾期付息违约金，于法无据，不予支持。就赵某、边某辩称双方不存在债权债务关系一节，与合同相对性相背，不予采纳；关于赵某、边某辩称王某已支付本案两笔500万元利息一节，法院生效判决已经确认王某于2013年10月28日至2019年1月2日之间的还款并不包含本案中张某芳所主张的两笔借款于2014年9月2日前产生的利息，故对其辩称不予支持；赵某、边某辩称本案存在重复起诉一节，因法院生效判决并未就本案两笔500万元于2014年9月2日前所产生的利息进行处理，张某芳提起本次诉讼，并不构成重复起诉，故对该辩称不予支持；关于赵某、边某辩称张某芳诉请已超过诉讼时效一节，因双方均称曾口头约定诉请的利息由实际用款人王某负担，而王某自2013年10月28日至2019年1月2日一直在偿还利息，直到2019年12月5日北京市第三中级人民法院生效民事判决确认王某一方的还款行为与本案所诉请利息无关后，张某芳方知晓应偿还利息的义务人系何人，故本案诉讼请求的诉讼时效应当自该生效判决书作出之日起计算，故张某芳之诉讼请求并未超过三年的诉讼时效。赵某、边某应当连带偿还张某芳借款利息1814794.5元。

北京市平谷区人民法院依照《中华人民共和国合同法》第二百零五条，《最高人民法院关于审理民间借贷案件适用法律若干问题的规定》第二十六条、第三十条，《中华人民共和国民法总则》第一百八十八条规定，判决：

一、赵某、边某于本判决生效后十日内连带偿还张某芳借款利息1814794.5元；

二、驳回张某芳的其他诉讼请求。

赵某不服一审判决，提起上诉。

北京市第三中级人民法院同意一审法院裁判意见，依照《中华人民共和国民事诉讼法》第一百七十条第一款第一项规定，判决：

驳回上诉，维持原判。

【法官后语】

本案中，债权人和债务人均对应当履行债务的义务人的认识存在错误的情况下，诉讼时效是否应当从债权人知道或者应该知道真正的债务履行义务人时开始计算，是本案的主要争议焦点。笔者认为，在此特殊的案件中，诉讼时效应当自债权人知道或者应当知道真正的履行债务义务人时起算，这其实是抽象的公平正义的具体体现。

诉讼时效的起算，分为主观起算模式和客观起算模式。

主观起算模式即从权利人知道或者应当知道起权利受损之日起计算诉讼时效，其中包含两个必要条件，一是存在权利人的权利受到侵害的事实，二是权利人知道或者应当知道其权利受到损害。客观起算模式即自权利受到侵害之时即开始计算诉讼时效。

根据诉讼时效起算方式的不同，各国的立法模式分为三种：一是诉讼时效自权利受到侵害或者请求权发生时起算；二是从请求权能够行使时开始起算；三是从知道权利受到侵害时起算。

《中华人民共和国民法典》采用的是主观起算模式与客观起算模式相结合的制度，分别规定了普通诉讼时效、特别诉讼时效和最长诉讼时效。根据《中华人民共和国民法典》规定，普通诉讼时效的期间为三年。特别诉讼时效即该类案件权利人行使权利不受三年时间的限制，例如，《中华人民共和国保险法》规定人寿保险的被保险人或者受益人向保险人请求给付保险金的诉讼时效期间为五年，自其知道或者应当知道保险事故发生之日起计算。此特别规定不受《中华人民共和国民法典》所规定的三年诉讼时效的限制。最长诉讼时效时间系自权利受到侵害之日起二十年，而无论权利人是否知晓相对义务人。

《中华人民共和国民法典》第一百八十八条规定，诉讼时效期间自权利人知道或者应当知道权利受到损害以及义务人之日起计算。从中可以看出，普通诉讼时效的起算需符合三个条件：1. 权利人的权利在客观上受到了侵害；2. 权利人知道或者应当知道其权利受到侵害；3. 权利人知道或者应当知道具体侵害人。该条规定相较于《中华人民共和国民法通则》，新增了“知道义务人”开始起算一项，即权利人的权利受到损害，但其并不清楚义务人是谁，此时诉讼时效并未开始起算，而是自权利人知道相对义务人是谁时才开始起算。

本案中，张某芳、赵某、边某与王某均认为涉案款项由王某偿还赵某、边某所借张某芳的本金和利息。直至2019年在张某芳与王某的诉讼中，北京市朝阳区人民法院认定第三人所偿还的借款及利息并不包含赵某、边某所借张某芳款项的利息，即三方对权利侵害人的认识均存在错误。然而，此错误并非张某芳自身的原因，不能将认识错误的不利后果归咎于张某芳。因此，张某芳的诉讼时效应自北京市朝阳区人民法院所作出的判决书生效之日起计算。

编写人：北京市平谷区人民法院　孙钰　李建伟

53

构成表见代理外观表象的证据认定

——杨某杰诉建设公司等民间借贷案

【案件基本信息】

1. 裁判书字号

山东省济南市中级人民法院（2020）鲁01民终13473号民事判决书

2. 案由：民间借贷纠纷

3. 当事人

原告（被上诉人）：杨某杰

被告（上诉人）：建设公司

被告（被上诉人）：林某山、林某翰、林某龙、林某征、林某珍

【基本案情】

某中学修缮工程项目，经公开招标方式，确定建设公司为中标人。2019年6月24日，建设公司与林某生签订建设工程内部承包经营协议，建设公司将该工程项目转包给林某生。约定承包范围为建设公司与建设单位某中学签订的建设工程施工合同中约定的承包范围。承包方式为建设公司以内部员工承包经营负责制的方式承包给林某生，由林某生负责承担全部管理责任；林某生对本工程实行独立核算、自负盈亏，并承担所承包工程发生的全部工程质量、安全、经济等法律责任。2019年6月29日，林某生与杨某杰签订合伙协议，内容约定合伙经营项目和范围为建设公司中标合同确认的项目内容范围，该项目委托林某生全面负责，因林某生资金不足愿与杨某杰合伙共同完成，杨某杰全额出资该工程所有款项，预算投资265万元；发包单位首次拨款后优先支付杨某杰

的投资款或者最迟在2019年10月20日之前由林某生归还杨某杰的全部投资，盈余分配双方各按50%分红，如因管理不善造成亏损由林某生全部承担。杨某杰与林某生的债权纠纷在合伙协议中虽载明为投资款，双方均认可为借款行为。根据银行流水、转账记录可以证实：2019年6月20日杨某杰向林某生转账两笔共计5万元，2019年6月29日杨某杰向林某生转账两笔共计130万元，并由林某生出具证明一份，载明收到杨某杰投资项目资金165万元（包括2019年4月21日支付的投标保证金35万元）。2019年7月16日，杨某杰向林某生转账40万元，并由林某生出具收条一份，当日另转账10万元但未出具收到证明。2019年7月31日，杨某杰向林某生转账50万元，并由林某生出具收条一份。林某山、林某翰、林某贵认可上述事实。

另查明，根据双方当事人提供的证据无法确认林某生系建设公司职工。林某生于2020年3月15日死亡，双方当事人均认可林某生的法定继承人为其子林某山、林某翰及其父林某贵。林某贵于2020年7月3日死亡，双方当事人均认可林某贵的法定继承人为其子林某龙、林某征及其女林某珍。

【案件焦点】

1. 杨某杰所主张的238万元款项性质如何认定；2. 若认定为借款，林某生的行为是否构成表见代理，建设公司应否承担还款责任。

【法院裁判要旨】

山东省济南市济阳区人民法院经审理认为：合法的借贷关系，依法受到保护，合同当事人应当遵循诚实信用原则，按照合同约定行使权力，履行义务。本案中，林某生持与建设公司的内部承包协议，在没有代理权或者超越代理权限的情况下与杨某杰签订名为合伙、实为借款的协议，在客观上形成具有代理权的表象，杨某杰主观上善意没有过失，林某生的行为构成表见代理，建设公司依法应当承担还款责任。

综上，山东省济南市济阳区人民法院依照《中华人民共和国民法总则》第七条、第一百七十二条，《中华人民共和国合同法》第四十九条、第一百九十六条，《最高人民法院关于审理民间借贷案件适用法律若干问题的解释》第九条、第十六条第一款，《中华人民共和国民事诉讼法》第六十四条，《最高人民法院关于适用〈中华人民共和国民事诉讼法〉的解释》第九十条规定，判决：

一、建设公司于本判决生效之日起十日内偿还杨某杰借款2380000元；

二、驳回杨某杰的其他诉讼请求。

建设公司不服一审判决，提起上诉。

山东省济南市中级人民法院经审理认为：关于涉案238万元款项性质的认定问题。林某生与杨某杰的约定虽名为投资，实为借贷，欠付借款本金为238万元。

关于林某生的行为是否构成表见代理的问题。本案中，杨某杰主张林某生以某中学维修项目负责人的身份借款，构成表见代理，建设公司应承担还款责任；建设公司则主张林某生并非其公司职工，没有代理权限，对涉案款项不知情也与其公司无关。杨某杰在一审中提供了其与林某生于2019年6月29日签订的《合伙协议》，协议中的“甲方”为林某生本人签字，林某生既未以建设公司名义订立合同，也未表明其具有公司职务，建设公司亦未盖章确认，因此，林某生系以个人名义与杨某杰签订协议，而非以建设公司名义订立合同，不符合表见代理的法定构成要件。涉案借款支付至林某生个人账户，并未支付至建设公司账户，现有证据亦无法证实建设公司实际使用涉案借款。一审法院认定林某生的行为构成表见代理，建设公司对涉案借款承担偿还责任于法无据。

林某生与建设公司虽于2019年6月24日签订《建设工程内部承包经营协议》，但建设公司和林某生的继承人均认可林某生并非建设公司员工，林某生亦不属于职务行为，基于该《建设工程内部承包经营协议》所产生的法律关系与本案不是同一法律关系，林某生的继承人可以另行向建设公司主张权利，杨某杰亦可以按照合同法的有关规定行使债权人代位权。

林某生应对涉案借款238万元承担还款责任，因林某贵、林某生已死亡，林某生的遗产均由林某龙继承，故涉案借款238万元应由林某龙以所得遗产实际价值为限向杨某杰承担偿还责任。

山东省济南市中级人民法院依照《中华人民共和国民事诉讼法》第一百七十条第一款第二项规定，判决：

一、撤销山东省济南市济阳区人民法院民事判决；

二、林某龙于本判决生效之日起三十日内以其继承的林某生遗产实际价值为限向杨某杰返还借款238万元；

三、驳回杨某杰的其他诉讼请求。

【法官后语】

表见代理是基于被代理人的过失或其与无权代理人之间存在特殊关系，使相对人有理由相信无权代理人享有代理权而与之为民事法律行为，代理行为的后果由被代理人承受的制度。根据《中华人民共和国民法典》第一百七十二条规定，行为人没有代理权、超越代理权或者代理权终止后，仍然实施代理行为，相对人有理由相信行为人有代理权的，代理行为有效。认定是否构成前述法律规定的表见代理行为，应当具有如下三个要件：一是行为人无代理权，但其存在的代理权的表象与被代理人的行为直接相关；二是行为人与第三人之间的合同需以被代理人的名义订立；三是相对人相信行为人有代理权出于善意、谨慎、理性、无过失。本案中，林某生不是与建设公司存在劳动关系的项目经理或其他工作人员，从事的借贷行为也不是履行职务的行为；林某生与建设公司签有建设工程内部承包经营协议，即使其曾向杨某杰出示过该协议，造成有代理权的表象，但林某生与杨某杰签订涉案合伙协议时并未以建设公司的名义，而是以其个人名义进行交易，系独立行为，应自行承担后果，不应当构成表见代理；涉案借款支付至林某生个人账户，并未支付至建设公司账户，现有证据亦无法证实建设公司实际使用涉案借款，综上分析，一审法院认定林某生的行为构成表见代理，建设公司对涉案借款承担偿还责任于法无据，二审法院对此予以改判。该案属于工程类借贷纠纷中比较常见的案例，若认定个人借款，出借人有可能面临无法收回借款的窘境，但也不能因此而模糊了对表见代理法定构成要件的审查。

编写人：山东省济南市中级人民法院　尹逊航

54

主动履行部分还款义务不必然起算诉讼时效

——张某强诉陈某女、张某慧民间借贷案

【案件基本信息】

1. 裁判书字号

广东省茂名市中级人民法院（2020）粤09民再10号民事判决书

2. 案由：民间借贷纠纷

3. 当事人

原告（被上诉人、再审申请人）：张某强

被告（上诉人、再审申请人）：陈某女

被告（上诉人、再审被申请人）：张某慧

【基本案情】

1998年7月1日、1998年10月15日、1999年4月1日，张某慧先后向张某强出具《借据》，分别借到张某强26000元、26615元、13000元，约定利息按月利率2%~3%计付，均没有约定借款期限。借款后张某慧陆续支付了部分利息给张某强，2012年1月20日最后一次支付利息4000元。

【案件焦点】

1. 借款是否已过诉讼时效；2. 借款是否属于夫妻共同债务。

【法院裁判要旨】

广东省茂南区人民法院经审理认为：

一、关于张某慧是否借到张某强本案三笔借款

张某强为佐证张某慧向其借了本案三笔借款，提供了张某慧出具的三份《借据》予以佐证，张某慧对该三份《借据》的真实性没异议，承认都是其出具给张某强的，在张某慧没有提供其他相反的证据足以推翻上述三份《借据》的情况下，应认定张某慧借到张某强本案三笔借款。

二、关于本案是否过诉讼时效

本案三份《借据》均没有约定还款期限，只约定计息方法，因而三笔借款均属无期限的借款，张某强可随时向张某慧主张权利，且张某强与张某慧为叔侄关系，张某强、张某慧为邻居，张某强住上屋，张某慧住下屋，张某慧出入必须经过张某强家门口，张某强向张某慧随时主张权利亦不违常理。故本案应未过诉讼时效。

三、关于张某慧所还的51100元是还利息还是归还本金，还是其中部分还息，超出部分算还本金

由于本案三笔借款均约定要计息，故张某慧所还款理应先付息后还本。鉴于三笔借款约定的已付息的利率未超出法律规定的利率上限，张某慧已付息部分应按约定利率计息，超出部分的利息应视为归还本金，未还部分的利息应按月利率2%计算。至于张某慧提到2011年2月1日还了18000元给张某强的主张，因张某慧并未提供相应证据予以佐证，张某强对此亦不予确认，张某慧该主张依据不足，不予采纳。

四、关于本案三笔借款是否属陈某女、张某慧夫妻共同债务

本案三笔借款均发生在陈某女、张某慧夫妻关系存续期间，根据《最高人民法院关于适用〈中华人民共和国婚姻法〉若干问题的解释（二）》第二十四条“债权人就婚姻关系存续期间夫妻一方以个人名义所负债务主张权利的，应当按夫妻共同债务处理。但夫妻一方能够证明债权人与债务人明确约定为个人债务，或者能够证明属于婚姻法第十九条第三款规定情形的除外。夫妻一方与第三人串通，虚构债务，第三人主张权利的，人民法院不予支持。夫妻一方在从事赌博、吸毒等违法犯罪活动中所负债务，第三人主张权利的，人民法院不

予支持”的规定，由于张某慧并没有提供证据证明张某强与张某慧明确约定本案债务为个人债务，或者能够证明属于《中华人民共和国婚姻法》第十九条第三款规定的情形，亦没有提供证据证明本案债务属张某慧与张某强串通，虚构债务或者属张某慧从事赌博、吸毒等违法犯罪活动中所负债务，本案债务应认定为夫妻共同债务。张某强请求张某慧在婚姻关系存续期间以个人名义所欠的上述债务，由张某慧、陈某女共同偿还的主张，依法有据，应予支持。

综上所述，张某强的诉请依据充分，予以支持。结合借款时间及张某慧还款时间，就本案借款评判如下：1. 1998 年 7 月 1 日，张某慧向张某强借款 26000 元，按约定月息 3%计算，月息为 780 元，至 2003 年 12 月 31 日止，共 65. 5 个月的利息为 51100 元。张某强主张张某慧所还的 51100 元都是归还第一笔借款的利息，符合本案的实际，予以支持。该借款 2004 年 1 月 1 日起至付清款日止的利息张某强主张按月利率 2%计算，依法有据，予以支持。2. 1998 年 10 月 15 日，张某慧向张某强所借的 26615 元，张某强诉请从 1998 年 10 月 15 日起至付清款日止的利息按月利率 2%计算，依法有据，予以支持。3. 1999 年 4 月 1 日，张某慧向张某强所借的 13000 元借款，张某强诉请从 1999 年 4 月 1 日起至付清款日止的利息按月利率 2%计算，依法有据，予以支持。

广东省茂南区人民法院依照《中华人民共和国合同法》第四十四条、第六十条第一款、第一百零七条、第二百零五条、第二百零六条、第二百零七条、第二百一十一条，《最高人民法院关于审理民间借贷案件适用法律若干问题的规定》第一条、第二十六条，《最高人民法院关于适用〈中华人民共和国婚姻法〉若干问题的解释（二）》第二十四条规定，判决：

限张某慧、陈某女于本判决生效之日起十日内共同偿还借款本金 65615 元及利息（其中 26000 元借款本金的利息从 2004 年 1 月 1 日计起，26615 元借款本金的利息从 1998 年 10 月 15 日计起，13000 元借款本金的利息从 1999 年 4 月 1 日计起，均按照月利率 2%计算，均计至本金付清之日止）给张某强。

张某慧、陈某女不服一审判决，提起上诉。

广东省茂名市中级人民法院经审理认为：关于借款是否已过诉讼时效的问

题。三笔借款没有约定还款期限，双方没有补充协议，属于履行期限不明确的情形，根据《中华人民共和国民法通则》第一百三十五条“向人民法院请求保护民事权利的诉讼时效期间为二年，法律另有规定的除外”，《中华人民共和国合同法》第六十二条第四项“履行期限不明确的，债务人可以随时履行，债权人也可以随时要求履行，但应当给对方必要的准备时间”和《最高人民法院关于审理民事案件适用诉讼时效制度若干问题的规定》第六条“未约定履行期限的合同……诉讼时效期间从债权人要求债务人履行义务的宽限期届满之日起计算，但债务人在债权人第一次向其主张权利之时明确表示不履行义务的，诉讼时效期间从债务人明确表示不履行义务之日起计算”的规定，按照“谁主张、谁举证”原则，陈某女应举证证明张某强有提出履行义务的宽限期，且从该宽限期起算诉讼时效已超过法律规定的范围，或者举证证明张某慧在张某强向张某慧主张权利时明确表示不履行义务，但陈某女无法举证存在上述情形。至于张某慧在 2012 年 1 月 20 日还款 4000 元给张某强，属于主动履行合同义务的行为，不属于张某强向张某慧主张债权且张某慧明确表示不履行义务的情形，不能作为起算诉讼时效的时间。综上，张某强从 2017 年 2 月开始通过发信息向张某慧主张还款，2018 年 4 月 2 日向广东省茂南区人民法院起诉张某慧、陈某女，本案三笔借款均未过诉讼时效。陈某女主张借款已过诉讼时效缺乏证据证明，不予支持。二审认定第一笔借款已过诉讼时效有误，属于认定事实错误，应予纠正。

关于借款是否属于夫妻共同债务的问题。陈某女于 1997 年下岗，失去生活来源，张某慧在与陈某女婚姻关系存续期间借张某强款项，且双方还有孩子需抚养，张某慧所借款项用于夫妻共同生活具有高度盖然性。根据《中华人民共和国婚姻法》第四十一条“离婚时，原为夫妻共同生活所负的债务，应当共同偿还。共同财产不足清偿的，或财产归各自所有的，由双方协议清偿；协议不成时，由人民法院判决”和《最高人民法院关于审理涉及夫妻债务纠纷案件适用法律有关问题的解释》第二条“夫妻一方在婚姻关系存续期间以个人名义为家庭日常生活需要所负的债务，债权人以属于夫妻共同债务为由主张权利的，人民法院应予支持”的规定，虽然张某慧以个人名义向张某强借款，但其在与陈某女婚姻关系存续期间借款，且借款用于家庭日常生活，故该债务属于夫妻共同债务。张某强主张本案债务是夫妻共同债务有理，应予支持。

广东省茂名市中级人民法院依照《中华人民共和国民事诉讼法》第一百七十条第一款第一项规定，判决：

一、撤销广东省茂名市中级人民法院民事判决；

二、维持广东省茂名市茂南区人民法院判决。

【法官后语】

本案主要涉及无约定还款期限的借款合同的诉讼时效起算问题。在审判实践中，出借人和借款人签订无借款期限的借款合同后，时隔十几年再到法院起诉的例子屡见不鲜。本案中，债务人主张从最后一次还款时起算诉讼时效。如何确定诉讼时效起算时间，对裁判结果和当事人权益至关重要。

一、法律应更侧重保护守约方的合法权益

从立法精神和诚实信用原则看，更应侧重保护诚信守约一方的合法权益。债权人依约出借款项给债务人，已经完整履行其合同义务，作为债务人，应当依约履行还款义务。债务人迟延履行甚至不履行还款义务，本就是一种不诚信、不守约行为，有违社会主义核心价值观。《最高人民法院关于深入推进社会主义核心价值观融入裁判文书释法说理的指导意见》提出，案件涉及多种价值取向的，法官应当依据立法精神、法律原则、法律规定以及社会主义核心价值观进行判断、权衡和选择，确定适用于个案的价值取向。法官在作出裁判前，应当依据立法精神、法律规定和社会主义核心价值观等进行价值判断，显然守约方的合法权益更应当得到保护。根据《中华人民共和国民法典》第七条规定，民事主体从事民事活动，应当遵循诚信原则，秉持诚实，恪守承诺。违约不履行还款义务属于不诚信行为，有违民法典精神，倘若违约行为得到支持，则容易形成不诚信反而得益的错误价值取向。通过法院裁判使守约方的合法权益得到维护，有利于彰显诚实守信的社会价值取向，弘扬社会主义核心价值观。对于违约方提出的诉讼时效抗辩，应当谨慎全面审查是否超过诉讼时效期间，不能轻易机械地适用诉讼时效规定，驳回作为守约方债权人的诉讼请求。

二、债务人主动履行部分还款义务不一定起算诉讼时效

债务人主动还款是其应该履行的合同义务，如果简单认定以债务人其最后一次还款时间起算诉讼时效，则容易起到债务人故意还部分款项触发起算诉讼时效，继而拖延至超过诉讼时效而使债权人丧失胜诉权的错误导向。根据《最高人民法院关于审理民事案件适用诉讼时效制度若干问题的规定》第六条规定，未约定履行期限的合同，诉讼时效从债权人要求债务人履行义务的宽限期届满之日和债务人在债权人第一次向其主张权利之时明确表示不履行义务之日起计算。本案借款没有约定还款期限，应适用二十年诉讼时效。债务人张某慧在2012年偿还部分利息属于主动履行合同义务的行为，不存在《最高人民法院关于审理民事案件适用诉讼时效制度若干问题的规定》第六条的情形，不能作为起算诉讼时效的时间。

编写人：广东省茂名市中级人民法院　谭振邦

55

利息债权的诉讼时效不应与本金债权的诉讼时效分割处理

——郭某诉董某民间借贷案

【案件基本信息】

1. 裁判书字号

浙江省温州市中级人民法院（2020）浙03民终153号民事判决书

2. 案由：民间借贷纠纷

3. 当事人

原告（上诉人）：郭某

被告（被上诉人）：董某

【基本案情】

董某于2008年3月12日、4月26日、7月11日分别向郭某借款20万元、40万元、70万元，并由董某向郭某出具借款收据，借款收据载明月利息2%，利息每三个月结付一次。借款后董某已按月利率2%后降为1.5%支付郭某利息至2011年10月7日，并于2011年9月27日偿还郭某借款本金100万元。

【案件焦点】

借贷双方明确约定了利息定期支付，且被告对利息债权诉讼时效提出抗辩的，利息债权的诉讼时效期间是否可以独立于本金债权诉讼时效单独计算处理。

【法院裁判要旨】

浙江省温州市鹿城区人民法院经审理认为：郭某要求董某偿还借款30万元及利息于法相符，应予支持。因双方已约定利息每三个月结付一次，而郭某提供的证据无法证明其有向董某催讨利息，本案起诉时间为2019年10月15日，故利息应从2016年10月15日起开始计算为宜。鉴于双方虽约定月利率为2%，但董某实际按月利率1.5%支付郭某利息，利息应按月利率1.5%计算。

浙江省温州市鹿城区人民法院依照《中华人民共和国合同法》第二百零五条、第二百零六条，《中华人民共和国民法总则》第一百八十八条，《中华人民共和国民事诉讼法》第一百四十四条，《最高人民法院关于审理涉及夫妻债务纠纷案件适用法律有关问题的解释》第三条规定，判决：

一、董某于本判决生效之日起十日内偿还郭某借款30万元及利息（从2016年10月15日起按月利率1.5%至计算至债务履行完毕之日止）；

二、驳回郭某的其他诉讼请求。

郭某不服一审判决，提起上诉。

浙江省温州市中级人民法院经审理认为：因利息有从属性及连续性，与主债务的诉讼时效不应分割处理，一审法院以双方已约定利息三个月结付一次，郭某提供的证据无法证明其有向董某催讨，故利息从 2016 年 10 月 15 日开始计算，存在不妥，应予以纠正。

浙江省温州市中级人民法院依照《中华人民共和国民事诉讼法》第一百七十条第一款第二项，判决：

一、撤销浙江省温州市鹿城区人民法院民事判决书；

二、董某于本判决生效之日起十日内偿还郭某借款 30 万元及利息（从 2011 年 10 月 8 日起按月利率 1.5%计算至债务履行完毕之日止）；

三、驳回郭某的其他诉讼请求。

【法官后语】

一方面，利息债权系基于本金债权而产生的从权利，具有从属性和附随性。利息债权依附于本金债权这一主权利而存在，本金债权未超过诉讼时效，而基于借款本金所产生的利息却超过诉讼时效，不符合法理。即使双方约定了利息定期支付的期限，在本金债权未受到侵害，本金债权诉讼时效未开始起算之前，无所谓债权人的利息请求权已经受到侵害，因而也就不存在利息之债的诉讼时效问题。虽然《中华人民共和国民法典》第六百七十四条对于利息支付期限作出了明确规定，借贷双方对于利息支付期限有约定的，借款人应当按照约定的期限支付利息，对于没有约定利息支付期限的，该条款亦作了法定支付利息期限的规定，但该条款并不涉及利息债权的诉讼时效问题，利息支付期限与利息债权诉讼时效期间的起算并无关联。另一方面，利息系基于借款合同履行过程中持续定期发生的债务，属于定期给付之债，虽然各期利息具有一定的独立性，但是其系在同一合同项下订立、基于同一债务原因产生，当事人在同一合同项下对同一性质的债务进行一并约定的情形下，全部债务的整体性和关联性大于独立性。且当事人往往将该继续性债务作为一个整体进行理解和履行，基于债务为整体债务的信赖，债权人往往并非每一期债务履行期限届满之日主张权利，而等待最后履行期限届满一并主张。在该情形下，请求履行定期给付利息之债请求权的诉讼时效期间从最后一笔债务履行期限届满之日起算，也更符合保护债权人的合理信赖利益。故从该角度分析，一审法院认为部分借款利息已超诉讼时效也存在不妥。综上，利息债权与本金债权的诉讼时效不应分割处理，利息债权与本金债权的诉讼时效应保持一致，即利息债权的诉讼时效仍应依附于本金债权来计算其诉讼时效的起算点，除非利息债权已整体独立于本金债权而存在（如债权人与债务人已就利息债权单独进行结算并出具借条等）。

编写人：浙江省温州市中级人民法院　李劼

图书在版编目（CIP）数据

中国法院2022年度案例．民间借贷纠纷／国家法官学院，最高人民法院司法案例研究院编．—北京：中国法制出版社，2022.2

ISBN 978-7-5216-2509-7

Ⅰ.①中…　Ⅱ.①国…②最…　Ⅲ.①民间借贷-经济纠纷-案例-汇编-中国　Ⅳ.①D920.5

中国版本图书馆CIP数据核字（2022）第025264号

策划编辑：李小草　韩璐玮（hanluwei666@163.com）
责任编辑：韩璐玮　　封面设计：李宁

中国法院2022年度案例．民间借贷纠纷

ZHONGGUO FAYUAN 2022 NIANDU ANLI. MINJIAN JIEDAI JIUFEN

编者/国家法官学院，最高人民法院司法案例研究院
经销/新华书店
印刷/三河市紫恒印装有限公司
开本/730毫米×1030毫米　16开　　印张/16.25　字数/186千
版次/2022年2月第1版　　2022年2月第1次印刷

中国法制出版社出版
书号ISBN 978-7-5216-2509-7　　定价：68.00元

北京市西城区西便门西里甲16号西便门办公区
邮政编码：100053　　传真：010-63141600
网址：http://www.zgfzs.com　　**编辑部电话：010-63141802**
市场营销部电话：010-63141612　　**印务部电话：010-63141606**

（如有印装质量问题，请与本社印务部联系。）

中国法院2012~2022年度案例系列

国家法官学院　最高人民法院司法案例研究院　编

简便易用、专业实用——打造“好读有用”的案例

1. 专业的作者：国家法官学院自2012年起推出《中国法院年度案例》丛书，至今已有11年，旨在探索编辑案例的新方法、新模式，以弥补当前各种案例书的不足。自2020年起，丛书由国家法官学院与最高人民法院司法案例研究院共同编辑，每年年初定期出版。

2. 强大的规模：2012、2013年各推出15本，2014年推出18本，2015年推出19本，2016年推出20本，2017年推出21本，自2018年起推出23本，含传统和新近的热点纠纷，这些案例是从全国各地法院收集到的上一年度审结的近万件典型案例中挑选出来的，具有广泛的选编基础和较强的代表性。

3. 独特的内容：不再有繁杂的案情，高度提炼案情和裁判要旨，突出争议焦点问题。不再有冗长的分析，主审法官撰写“法官后语”，展现裁判思路方法。

4. 数据库增值服务：2022年继续推出数据库增值服务，凡购买本书，扫描前勒口二维码，即可在本年度免费使用往年同类案例数据库，并可免费下载民法典全文及新旧对照。

1. 婚姻家庭与继承纠纷
2. 物权纠纷
3. 土地纠纷（含环境资源纠纷）
4. 房屋买卖合同纠纷
5. 合同纠纷
6. 买卖合同纠纷
7. 借款担保纠纷
8. 民间借贷纠纷
9. 侵权赔偿纠纷
10. 道路交通纠纷
11. 雇员受害赔偿纠纷（含帮工损害赔偿纠纷）
12. 人格权纠纷
13. 劳动纠纷（含社会保险纠纷）
14. 公司纠纷
15. 保险纠纷
16. 金融纠纷
17. 知识产权纠纷
18. 行政纠纷
19. 刑事案例一
20. 刑事案例二
21. 刑事案例三
22. 刑事案例四
23. 执行案例

新规则案例适用系列

民法典新规则案例适用	108 元
刑法修正案（十一）新规则案例适用	78 元
知识产权新规则案例适用	即出
民法典担保制度新规则案例适用	即出

民法典时代

中华人民共和国民法典释义与案例评注：总则编	125 元
中华人民共和国民法典释义与案例评注：物权编	156 元
中华人民共和国民法典释义与案例评注：人格权编	65 元
中华人民共和国民法典释义与案例评注：婚姻家庭编	68 元
中华人民共和国民法典释义与案例评注：继承编	65 元
中华人民共和国民法典释义与案例评注：侵权责任编	108 元
中华人民共和国民法典释义与案例评注：合同编	246 元
中华人民共和国民法典总则编释义	158 元
中华人民共和国民法典合同编释义	228 元
中华人民共和国民法典人格权与侵权责任编释义	158 元
中华人民共和国民法典婚姻家庭编与继承释义	98 元
中华人民共和国民法典物权编释义	148 元

新法释义系列

中华人民共和国个人信息保护法释义	78 元
中华人民共和国数据安全法释义	58 元